NEGATIVE
ENTROPY
네트로피

* 이 도서의 국립중앙도서관 출판예정도서목록(CIP)은 서지정보유통지원시스템 홈페이지(http://seoji.nl.go.kr)와 국가자료공동목록시스템(http://www.nl.go.kr/korisnet)에서 이용하실 수 있습니다. (CIP제어번호: CIP2015018956)

무기력한 나를 벗어나 최고의 나를 만나다

NEGATIVE ENTROPY

네트로피

한지훈 지음

은행나무

개인적으로 《네트로피》는 제가 가장 아끼고 사랑하는 책 중 하나입니다. 이 책이 출판되고 지난 5년간 저는 수많은 사람들과 다양한 대화를 나눴습니다. 이 책은 '지독하게 우리 의지대로 삶을 살 수 있다', 즉 우리 자신을 스스로 통제하는 방법에 관해 설명하고 있는 책입니다.

엄밀히 말하자면 이 책은 공부에 관한 책이 아닙니다. 단지 이 책을 정의내릴 정확한 분류기준이 없어서 학습법으로 분류했던 것뿐입니다. 5년 전 처음 책이 출판될 때 중고등학습서 분야에 제 책이 놓여 있어서 약간 당황했던 기억이 있습니다. 이 책의 독자는 변화를 꿈꾸는 모든 사람들입니다.

이 책에서 다루는 내용은 아주 명확합니다. '우리는 무질서하다. 하지만 노력여하에 따라 우리 스스로에게 거대한 의미와 질서를 부여할 수 있다.' 자각하지 않는다면 우리는 모두 의미를 상실한 한 마리 작은 짐승이 되어 버립니다.

《네트로피》개정판을 내는 과정에서 저는 끊임없이 프리드리히 니체를 생각했습니다. "복종하기보다는 절망하라"는 니체의 강력한 충고를 떠올리며, 홀로선 자가 느끼는 강력한 힘을 생각해 보았습니다. 이 책을 통해 독자에게 전달하고자 하는 저의 작은 메시지는 '당당한 실존적 삶'입니다.

이 책을 집필하는 데 가장 큰 영감을 주었던 책은 미하이 칙센트미하이의 《몰입》입니다. 저자는 《몰입》이라는 책에서 심리적 엔트로피, 네트로피, 집중의 개념을 설명하고 있습니다. 저는 이 개념에 영감을 받아 저만의 독특한 네트로피 이론을 구성할 수 있었습니다.

네트로피 학습법의 핵심은 학생 스스로 자신의 현재 상태가 무질서 상태라는 것을 인식하도록 해주는 것입니다. 자신이 현재 엔트로피적 무질서 상태에 있다는 것을 끊임없이 자각시켜 부정적인 자아를 확인하도록 도와줍니다. 더불어 네트로피 상태로 가면 공부를 잘할 수 있다는 믿음과 그에 따른 방법론을 정확히 제시하고 있습니다.

제가 확실하게 말할 수 있는 것이 있다면 이 책은 기존에 나온 학습법과는 완전히 차별화되어 있다는 점입니다. 기존에 가지고 있던 학습법들은 실행이 어렵다는 문제점을 가지고 있었습니다. 하지만 이 책을 읽은 독자들은 기분 좋은 강박증에 시달리게 됩니다. 이 책을 읽는 것만으로도 분명 생활의 많은 부분이 변화하게 될 것입니다.

이 책의 구성은 크게 4장으로 되어 있습니다. 1장과 2장에서는 엔트로피 상태와 네트로피 상태로 가기 위한 방법 및 이론 설명이 되어 있습니다. 이 책을 읽는 독자께서는 꼭 1, 2장을 잘 이해하셔야 됩니다. 1, 2장을 이해하지 못하면 3, 4장을 이해하지 못하게 됩니다. 3장과 4장은 주로 실천적으로 네트로피 단계로 진입하기 위한 방법을 제시합니다. 1, 2장에 대한 부연설명이고 구체적인 실천법입니다.

네트로피 학습법은 우리가 알고 지내지만 놓치고 있었던 삶의 원리와 학습의 기술을 제시합니다. 저의 작은 소망이 있다면 네트로피 학습법을 통해 많은 학생, 학부모, 일반인들이 새로운 긍정적 삶의 운영원칙과 공부법칙을 이해했으면 하는 바람입니다.

이 책에 서술된 내용 중 강한 실천을 위해 때로는 격한 표현이나 비유가 나올 때가 있습니다. 하지만 이 책을 읽기 시작한 지 얼마 지나지 않아 당신은 엄청난 변화를 경험하게 될 것이라는 것을 자신합니다. 따라서 독자들의 넓은 이해를 구합니다. 필자가 그렇게 표현한

의도를 정확하게 이해해 주시기 바랍니다.

　끝으로 부족한 저를 물심양면으로 내조해 준 나의 아내 희정과 그 외 가족들에게 감사드리며 세상 밖으로 저의 작품을 다시 한 번 내보내 준 은행나무출판사 여러분에게 깊은 감사를 드립니다.

한지훈

목차

네트로피가 알려주는 성공의 비밀

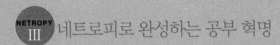

NETROPY III 네트로피로 완성하는 공부 혁명

NETROPY IV 엔트로피 습관을 바꾸는 위대한 방법

NEGATIVE ENTROPY

새로운 세상을 여는
네트로피

엔트로피 vs 네트로피

인간은 끝이 정해진 삶을 산다. 태어나고 성장하고 언젠가는 죽는다. 하지만 우리는 죽음이 전제되지 않은 삶을 살며 그것을 망각한 채 살아간다.

죽음을 고려하지 않는 삶은 낙천적인 삶이 아니다. 죽음을 염두에 두지 않고 살면 삶 자체의 목표의식을 잃고 만다. 이유는 간단하다. 영생을 누리듯이 인생을 허비해도 되는 것처럼 여기기 때문이다. 인생이란 분명 그 끝이 있는 게임이다. 인생이라는 게임에서 20~30년을 더 살고 덜 사는 것에 큰 의미를 부여할 필요가 없다.

'장수'라는 말은 모든 사람에게 축복일까? 아니다. 정확히 말해서 동물적 삶의 연장이라 인식하는 사람들에게 장수란 도살장에서의 죽음을 망각한, 우리 속에서 길러지는 돼지의 삶과 동일하다.

네트로피는 '죽음을 인식'하면서부터 시작된다. 사람은 누구나 언젠가 죽는다는 것을 전제로 해야 내 삶의 데드라인(deadline, 마감일)이 생기고, 그 제한선이 생겨야 인생의 목표가 생긴다.

죽음은 두려움이 아니라 앞으로 남은 우리 인생을 인간답게 혹은 의미 있게 살 수 있도록 도와주는 도구이다. 기억하라. 우리는 시한부 인생이다. 결국 인간은 죽음 앞에서는 너무도 무기력하다. 미래에 죽음이라는 물리적 한계선이 과학기술의 발전으로 해결될지 몰라도 인간의 육체와 영혼을 온전하게 보존하지는 못할 것은 자명한 사실이다.

결국 죽음을 인식한다는 것은 새로운 나를 만나는 첫 단계이다. 이제 죽음이라는 피할 수 없는 제한선을 인식했다면 엔트로피라는 개념을 이해해야 한다.

엔트로피란 무엇인가?

'엔트로피(entropy)'는 과학에서 사용되는 전문어이다. 필자는 이 단어를 과학 전문용어로 활용하지 않고 미하이 칙센트미하이가 《몰입》에서 규정한 것과 같이 우리 인간의 심리적 부분의 무질서 정도를 나타내는 단어로 사용할 것이다.

독일의 물리학자 클라우지우스(Clausius, 1822~1888)는 엔트로피란 무질서 상태라는 개념을 도입했다. 모든 자연계의 물질은 시간이 흐르거나 외부적 작용이 없으면 보다 무질서한 상태로 빠져 들어간다. 이것이 엔트로피의 기본개념이다.

무질서란 무엇인가? 인간의 뇌는 자연 상태에서는 엔트로피, 즉 무질서 상태이다. 편안하게 쉬고 있거나 아무것도 하고 있지 않은 상태에서는 엔트로피가 지속적으로 증가하여 결국 무질서의 극단에 이르게 된다.

무질서한 인간의 뇌 구조를 극복하는 유일한 방법은 물리적 노력이다. 물리적 노력을 극대화하면 할수록 점차 질서 상태로 돌아간다. 하지만 물리적 노력이 멈추어지는 순간 다시 우리 뇌는 무질서 상태로 돌아간다. 그러므로 끊임없이 외부적 물리적 노력이 가해지지 않으면 우리 뇌는 언제나 무질서 상태인 엔트로피를 경험하게 된다.

엔트로피 증상이 있는 사람들에게 나타나는 16가지 특성

엔트로피(무질서) 증상이 있는 사람들에게 나타나는 16가지 특성들은 다음과 같다.

1. 현재를 항상 불만족하게 살아가며 바쁘거나 심심해하면서 시간을 허비한다. 예를 들어 바쁘면 바쁘다고 불평하고, 갑자기 시간이 나면 심심하고 할 일이 없다고 절망한다.

2. 시간만 나면 집중하지 못하고 자신처럼 부정적이고 만만한 사람들에게 메시지를 보낸다. 겉으로 보면 매우 도덕적으로 보이며, 잘 웃지 않고 항상 삐쳐 있는 듯한 모습이다.(처음 보면 마치 카리스마가 있는 것처럼 보인다.) 공공장소에서는 그렇게 행동하지만 조금이라도 혼자 있는 시간이 주어지면 아직 자신을 잘 알지 못하는 사람들에게 끊임없이 전화나 메시지를 보낸다. 특히 조금이라도 이성적으로 호감이 있다고 느껴지면 끊임없이 장난 메시지를 보내며 시간을 허비한다.

3. 자주 화를 내고 삐친다. 하루 중 거의 3분의 1은 삐쳐 있는 상태에서 지낸다. 자신이 원하는 삶을 살지 못하니 항상 화와 분노가 가슴속에 가득하다. 그래서 조금이라도 자신에게 불리한 상황이 전개되면 불같이 화를 내 버린다.

4. 적은 돈에 아주 예민하고, 자신은 언제나 피해자라고 생각하며 살아간다. 무질서한 인생이기 때문에 그저 돈만 쳐다보고 산다. 아무것도 하지 않고 TV만 보다가 늙어가는 삶이 인생에 목표가 되어 버린다.

5. 과거의 나쁜 기억에서 벗어나지 못해 항상 불안감과 긴장감 속

에서 살아간다. 현재를 지겨운 시간의 연속이라고 생각하고 끊임없이 일탈을 꿈꾼다. 무질서한 습관을 가진 사람은 항상 아직 용서하지 못한 사람들을 머릿속에 떠올리고 그것에 연연하며 살아간다. 현재라는 시간은 그저 대기하는 바보 같은 삶일 뿐이다.

6. 지금 하고 있는 일은 그저 돈 때문에 마지못해 하는 의무감일 뿐이다. 무질서하기에 꿈이 없다. 그래서 결국 돈을 많이 버는 것이 꿈이 되어 버린다.

7. 자신의 학벌, 외모 혹은 자신이 했던 과거의 어리석은 행적들을 들킬까봐 항상 불안해하며 늘 거짓말을 입에 달고 산다. 무질서가 장기화되면 자신을 조금이라도 나타내기 위해 끊임없이 과장된 거짓말을 한다. 그래서 결국 오랫동안 친구를 사귈 수 없게 되며 항상 우울하고 불안한 삶을 산다.

8. 가족들에게는 항상 삐쳐 있는 듯한 모습을 보이고 친구들과 대화할 때 자기 자랑과 자기 이야기만 늘어놓는다.

9. 주변에 터놓고 이야기할 친구가 없다. 그래서 늘 새로운 사람을 만나지만 오래가지 못하고 관계가 계속 깨진다.

10. 작은 일에도 계속 신경 쓰며 아무것도 못하고 무기력하게 다람쥐 쳇바퀴 돌 듯 이제까지 해왔던 것만 반복한다. 이것을 스스로는 근면, 성실이라고 위로한다.

11. 자신은 일과 공부 때문에 지옥 같은 시간을 보내고 있다고 생각하며 편안하게 휴양지에서 쉬는 것을 꿈꾸지만, 막상 그런 시간이 주어지면 지루해 한다.

12. 책을 읽지 않는다. 더 정확히 말하면 책을 읽을 만큼 마음에 여유가 없다. 그래서 늘 부러움과 열등감으로 뒤범벅된 삶을 살게 된다.

13. 자신의 주변 사람들이 귀찮거나 하찮게 느껴지며, 가족 간에 서로 소통하지 않는다.

14. 마음속에 어리석은 자기 판단 기준이 있다. 예를 들어 '저 사람은 못 배웠어', '저 사람은 어디 살아' 등등 마음속에서 끊임없이 자신만의 차별 기준을 만들어 내고 이기적으로 살아간다.

15. 항상 아프다. 실패하는 사람들은 충동적이고 욕구충족에 실패하기 때문에 항상 감기와 같은 질병을 달고 산다. 그리고 이상한

통증들이 자꾸 생겨나서 병원을 자주 가지만 원인을 알 수 없다.

16. 남을 믿지 못한다. 늘 상대를 경계하고 진심을 보지 못한다. 그래서 고립된 삶을 살고 우울함을 달고 산다.

네트로피란 무엇인가?

'네트로피(netropy)'란 네거티브 엔트로피(negative entropy)를 줄여서 나타내는 말이다. 결국 네트로피란 엔트로피의 반대 개념, 즉 질서가 잡혀 있는 상태라고 할 수 있다.

물리학자 슈레딩거는 자신의 저서 《생명이란 무엇인가》에서 '결국 생물이란 네트로피를 먹고 사는 존재'라고 말했다.

물이 위에서 아래로 떨어지듯이, 혹은 자연의 법칙에 따라 봄은 언제나 돌아오듯이 인간은 자연스럽게 엔트로피 상태를 지향한다. 그래서 대부분의 사람들은 엔트로피 상태에서 살다가 그대로 죽어간다. 하지만 자신의 뇌 상태가 무질서한 상태라는 것을 인식하고 이를 고치려는 물리적 행위(노력)를 행하는 소수자는 그 시대의 리더가 되고 인류사를 이끌어가는 위대한 인물이 된다.

기본적으로 인간의 뇌는 엔트로피적 무질서 상태라고 미하이 칙센트미하이는 규정한다. 일반인들은 이 상태를 벗어나고 싶어 하지만 정확하게 자신의 뇌가 무엇이 문제인지 파악하지 못하기 때문에 그저 엔트로피 상태에 머물다 늙어가고 죽어간다.

하지만 궁극적으로 인간이 동경하는 삶은 네트로피 상태에 있다. 그래서 우리는 네트로피, 즉 질서가 잡힌 상태의 사람이 되거나 그러한 상태가 되길 희망한다. 국회의원을 뽑을 때도 네트로피적 사고를 하는 질서 잡힌 사람을 뽑고 싶어 하고, 집을 고를 때도 엔트로피적인 집보다는 네트로피적인 질서 상태에 있는 집을 가지고 싶어 한다. 이 행동을 슈레딩거는 생물의 존재 본능이라고 말했다.

하지만 모순된 것은 자신의 현재 뇌 상태가 깊은 무질서 상태라는

학습에 도입한 엔트로피 vs 네트로피 이론

엔트로피 (무질서 상태) 자연현상 : 긍정 → 부정	네트로피 (질서 상태) 이상적 공부 상태
• 죽음을 인식하지 못함	• 죽음을 인식함
• 즉흥적, 본능적 행동 (동물적 상태) • 무질서 상태로 우선순위가 없음	• 이성적 질서를 갖추고 공부를 모든 일에 최우선으로 배치
• 부정적 마인드 소유	• 긍정적이고 적극적인 마인드 소유
• 사실(fact) 인식 못함, 부정적 환상 상태	• 욕심이 적고, 꿈을 가짐
• 부정적 감정 제어 불가	• 부정적 감정 상태를 극복하려 노력함
• 공부에 집중을 못할 정도로 엔트로피적 무질서 상태 증가	• 끊임없는 질서 지향
• 공부 외 TV, 게임, 이성 등 말초적 신경을 자극하는 1차원적인 행위에 관심	• 모든 행위 우선순위를 이성적 공부에 둠
• 행위의 결과로 쾌락, 편리, 편법 추구	• 행위의 결과로 논리적 진리탐구, 이성적 판단

것을 인식하지 못하고 살아가고 있다는 점이다. 인간의 뇌는 자연 상태에서 엔트로피 상태를 그대로 유지하려 하며, 이 상태로 방치할 경우 더욱 엔트로피 상태는 깊어진다. 우리가 살아가는 자연계는 엔트로피 상태를 정상적인 상태로 인식한다.

흔히 엔트로피적인 사고를 하는 상태에서는 즉흥적이고 순간적인 쾌락만을 추구하게 된다. 하는 일에 우선순위가 없기 때문에 지금 당장 원초적인 욕구부터 해결하기 급급하다.

예를 들어 배가 고프면 그냥 밥을 먹는다. 혹은 심심하다면 그냥 게임을 한다. 바로 이것이 엔트로피적인 사고를 하는 상태이다. 질서가 없이 급한 것, 지금 당장 아쉬운 것만 해결하고는 현실의 고민에 갇혀 끊임없이 불필요한 고민만을 반복하며 엔트로피 무질서를 늘려 나간다.

엔트로피적인 사고 상태에서는 자신의 상황을 인식하지 못한다. 만약 지금 현재 자신의 뇌가 엔트로피적인 사고 속에 있다고 인식할 수만 있다면 이 책의 임무는 끝난 것이다.

엔트로피를 인식하는 순간 인간은 그 상태를 극복하려고 작은 노력이라도 하게 될 것이고, 그 상태를 벗어나고자 하는 일반적인 노력은 곧 질서를 부여하려는 의지가 될 것이다.

이 책을 읽는 수많은 독자들에게 전하고 싶은 메시지는 아주 간단하고 명료하다. 머릿속은 무질서 상태이며 그러한 무질서 상태에서의 모든 사고체계는 모두 즉흥적이고 무의미하며 죽음을 망각한 무질서의 연장이라는 점을 인식하라는 것이다.

그리고 그 모든 것을 잡아줄 수 있는, 즉 의미 있는 것을 찾아 진정으로 노력하라는 것이다. 미하이 칙센트미하이가 말한 것처럼 이것의 핵심은 집중이며, 집중할 수 있는 힘을 기르기 위해서는 엔트로피를 벗어나야 한다. 마치 어질러진 집을 깨끗이 정돈하기 위해서 청소를 해야 하듯이 우리 뇌 역시 질서를 잡는 노력을 해야 한다. 집중하고 또 집중해서 지금 우리가 경험하는 엔트로피적인 상태를 벗어나야 한다.

인생이란 결국 무질서한 우리의 뇌에 끊임없이 질서를 부여하는 일련의 행위이다. 우리 뇌는 무질서 상태에서도 행복감을 느낄 수 있다.

가령 나의 뇌가 극한의 무질서 상태에 있다면 우선 지금 일어나고 있는 순간순간의 하찮은 일들에 주목하기 시작한다. 그래서 버스 옆자리에 앉아 있는 사람이 나를 얄밉게 쳐다보면 기분이 나빠진다. 그리고 외면하려고 해도 그 기억은 다시 과거의 또 다른 나쁜 기억을 불러와서 기분을 침체시킨다. 이것이 일반적으로 무질서 상태에서 나타나는 부정적 엔트로피 상태이다.

이 상태를 극복하기 위해 엔트로피 상태에 싸인 사람들은 부정적인 해결 방안(즉흥적, 임기응변적)을 강구한다. 여성의 경우 미니스커트를 입거나 화장을 진하게 함으로써 엔트로피 상태를 해결하려 애쓴다.

남자의 경우는 호탕한 척하거나, 혹은 연극배우처럼 대담한 척, 혹은 즐거운 척함으로써 자신의 엔트로피적 상태를 벗어나려고 한다.

물론 이와 같은 일련의 행동들이 일시적으로 엔트로피적 상태를 벗어나게 해줄 수는 있다. 하지만 영원한 질서를 부여하지는 못한다. 즉 이러한 일반적 행위는 결국 완전한 해결 방안이 되지 못하며 더욱 큰 무질서 상태로 인간을 내몬다.

필자는 10여 년간 수많은 학생들을 가르쳐왔다. 끊임없이 수업과 상담을 하면서 고민을 했다. 도대체 어떻게 하면 학생 스스로 공부를 하게 할 수 있을까? 학생 스스로 공부하도록 유도할 수 있다면, 그리고 공부가 정말 가치 있는 것이라는 걸 학생들에게 느끼게 할 수 있는 방법이 있다면 그것은 정말 위대한 비법이라고 늘 생각했다. 그리고 오랜 고민 끝에 얻은 해답은 본인 스스로가 엔트로피 상태임을 인식하고 이 상태를 극복해야겠다고 마음먹는 것이었다. 일단 상태 극복에 대한 의지만 있다면 공부의 가치를 일차적으로 깨달은 것과 같다.

인간이 엔트로피 상태를 유지하는 것은 피할 수 없는 숙명이다. 그러므로 엔트로피 상태를 벗어난다는 것은 물리적 노력이 필요한 힘들고 외로운 싸움일 수도 있다. 그래서 우리는 이것을 벗어난 소수의 위대한 사람들을 존경하고 그들을 선구자 혹은 성공한 사람이라고 부르는 것이다.

이 책을 읽는 독자 모두는 분명 위대한 소수자 혹은 선구자가 될 무한한 가능성을 가지고 있다. 진정으로 현재의 부정적 엔트로피 상태를 벗어나기를 원한다면 우선 자신이 엔트로피 상태에 놓여 있다는 점을 명확히 인식하라. 엔트로피 상태에서 나타날 수 있는 여러 현상들을 정확히 인지하고 그것을 고쳐나가려는 의지를 만들어라.

자신이 엔트로피 상태라는 것을 인식하지 못한 상태에서의 무조건적인 노력은 결국 무의미한 돌팔매질일 뿐이다.

엔트로피 상태에 있는 사람들의 생활 방식

1) 인간관계

엔트로피(무질서) 정도가 높은 사람일수록 혼란스럽고 즉흥적인 친구관계를 유지한다. 그러나 무질서한 친구관계를 유지하는 사람들은 좋은 친구와 나쁜 친구의 개념을 자신의 기분에 따라 구분한다. 그렇기 때문에 서로 무질서 정도가 비슷한 친구를 사귀거나 애인을 만나게 된다. 우리가 흔히 하는 "끼리끼리 만난다"는 이야기는 이와 같은 현상을 두고 하는 말이다.

무질서 정도가 심한 사람들은 그것을 해결하기 위해 누군가를 필요로 한다. 그리고 빨리, 즉흥적으로, 별다른 노력 없이 엔트로피 상태를 벗어나고자 한다.

그들은 인간관계에 있어 우선 보다 자극적이길 원한다. 그래서 대화도 좀 더 자극적이고 폭력적이어야 하고, 연인 간의 스킨십도 자극적이어야 한다.

담배와 술 역시 마찬가지다. 친구를 만나면 우선 담배를 피우거나 술을 마시면서 일시적으로 엔트로피 상태를 벗어나고자 한다. 돈을 걸고 하는 놀이(내기), 내기 당구, 컴퓨터 게임, 집단 따돌림(왕따), 음란물 중독 등도 엔트로피 정도를 일시에 해결하고자 하는 욕구에서 비롯되는 것이다.

일반적으로 이러한 행위가 엔트로피 상태를 줄일 수 있을 것으로 착각하지만 이것은 결국 더 큰 엔트로피를 부른다. 더 큰 자극을 찾게 되는 것이다. 우리는 이러한 상태를 '중독'이라고 부른다.

그래서 어른들은 친구나 애인을 보면 그 사람을 알 수 있다고 말한다. 이것은 모두 이러한 비밀을 담고 있는 말이다.

2) 가족생활

엔트로피 상태가 높을수록 텔레비전과 게임에 중독되기 쉽고, 포기도 쉽게 하며, 화를 잘 내는 등 감정의 기복이 심하고 즉흥적이다. 그리고 이러한 엔트로피적 가족환경의 무질서 정도는 텔레비전, 인터넷 등을 통해 더욱 심화된다.

엔트로피 정도가 심한 가족의 예를 들어보자. 아버지는 매일 돈을 벌어오는 고생에 대한 보상을 가족에게서 받고 싶어 한다. 무질서 정도가 높은 아버지일수록 쉽게 화내고, 자신만을 생각하며, 권위적이다. 또한 말수가 적으며 매사에 피곤해 한다. 어머니는 매사에 부정적인 말만을 되풀이한다. 이것은 무질서 상태를 벗어나고 싶다는 처절한 몸부림이지만 결국 가족 전체를 더욱 더 큰 무질서 상태로 빠뜨리고 만다.

이러한 엔트로피적 환경 속에 자라는 자녀는 청소년기에 심한 갈등을 경험한다. 성격의 기복이 심하고 자아상실감이 커 무질서 상태에서 무질서한 꿈을 꾸게 된다.

무질서한 상태에서의 미래 희망은 매일매일 다르게 나타난다. 그리고 이것이 자신의 꿈이라고 착각한다. 만약 지금 텔레비전에 나오는 연예인이 멋있다고 느껴지면 이 아이는 막연하게 TV스타를 동경하게 된다. 혹은 영화에서 킬러를 멋있게 봤다면 무질서 상태에서 즉흥적으로 그 킬러를 동경하게 된다. 하지만 결국 며칠 못 가서 이꿈들은 또 다른 자극에 의해서 다른 형태로 표출된다.

무질서한 집안에서 나타나는 행동들은 결국 상호 간 감정의 극한 대립 또는 동물적 화해의 연속으로 이루어진다. 아버지는 공부하라고 짜증을 내고, 어머니는 아버지에게 아들, 딸 들의 비행을 고자질하고, 아이들은 무질서 상태를 극복하기 위해서 또 다시 거짓말과 분노와 짜증을 연속적으로 분출한다.

결국 이러한 무질서 상태의 연속은 집안 전체를 극단의 무질서 상태에 빠지게 만든다. 이런 경우 일반적으로 행위자 본인들은 무질서 상태를 인식하지 못하므로 자신의 행위가 매우 정당하다고 느끼게 된다.

돈을 열심히 벌어온 아버지 입장에서는 무질서의 극단으로 가고 있는 우리 가정의 문제점을 인식하지 못하고 모든 원인을 아내와 자식에게 돌린다. 그리고 틈만 나면 자녀와 부인에게 사회생활이 힘들다고 이야기하며 무질서 상태를 일시적으로 해결하려 든다.

결국 그 말의 진짜 의미는 아버지의 사회생활 역시 무질서 상태에서 벗어나지 못하고 있다는 사실을 인정하는 것이다. 엄마와 자녀 역시 가정 무질서 상태의 지속적 악화의 원인이 본인에게 있지 않다고 발뺌한다. 결국 가족 무질서 상태가 극대화될수록 불신과 불안감은 증폭되고, 대화는 끊어지며, 여러 가지 신체적이고 정신적 병리적 현상들이 복합적으로 나타나기 시작한다.

3) 심리 상태

엔트로피 상태가 높으면 높을수록 자기 자신을 빨리 엔트로피 상태에서 벗어나게 하고 싶어 조급해진다. 자신이 늘 고통 받고 있다고 여기며 마음이 불안하다. 정도와 상태에 따라 달리 나타날 수는 있지만 대부분 엔트로피적 고민에 휩싸여서 불행한 하루하루를 보내게 된다. 그렇기 때문에 보다 자극적이고 즉흥적인 행위 속에 자신을 몰아넣고 싶어한다.

그래서 공부 따위는 지겹고, 두려운 것으로 인식한다. 그리고 말   신경을 자극시켜 줄 수 있는 그 무엇인가를 찾아 헤맨다. 멋진 이성을 만나기 위해 노력하고, 더 멋진 차 혹은 유명한 메이커의 옷을 사기를 원한다. 이렇게 소비하다 보면 분명히 나의 엔트로피 상태가 진정될 것이라 믿는 것이다. 결국 엔트로피 무질서 상태가 극한에 있는 사람일수록 자신이 열등하고 불우하다고 느낀다.

그리고 소수의 몇몇 사람들과 교제를 유지하면서 겉으로 보았을 때 멋진 이성이 아니면 만날 이유가 없다고 생각한다. 다른 가치관이나 생각들에 대해 고려할 필요성을 못 느낀다. 오로지 현재의 엔트로피적 사고를 해결해 줄 그 무언가를, 말초적인 정신세계를 해결해 줄 그 무언가를 갈망한다. 먹는 것, 입는 것, 소유하는 것이 최고의 가치가 되어간다.

그리고 그것을 잃어버리거나, 소유하지 못하면 불같이 화를 내거나 걱정을 한다. 이 모든 행위는 엔트로피 상태를 벗어나기 위한 엔트로피적 해결 방안이다. 즉 이러한 행동은 인간을 더욱 극단의 엔트로피적 상태로 끌어들인다.

결국 엔트로피적 사고를 하는 사람들은 거짓말을 자주 하거나, 혹은 자아 정체성을 상실해서 균형감 있는 대인관계를 유지하지 못하게 된다. 자신보다 윗사람(돈이 많은 사람, 이성적으로 멋있는 사람)이라고 생각되면 급격히 친절하고 예의 바른 사람으로 변신하기도 하고, 자신과 동급 혹은 아랫사람이라고 인식되는 사람(부모, 형제, 돈이 없는 사람, 자신보다 못하다고 생각되는 이성이나 동성 친구, 나이가 어린 사람)에게는 안하무인으로 대한다. 이 모든 행위는 즉흥적인 위기모면 혹은 쾌락을 추구하기 위해 이루어지는 행동양식들이다.

또한 엔트로피적 사고에 휩싸인 사람들은 쉽게 분노하고 쉽게 좌절한다. 문제를 해결하기보다는 회피하기에 급급하다. 이 모든 것을 해결하는 데 가장 위대한 치료약은 집중이지만 엔트로피적 사고를 하는 사람들은 이것을 회피한다. 이유는 당연하다. 그들은 네트로피 상태를 충분히 경험해 보지 못했기 때문에 집중하는 것 자체를 지겨운 것, 귀찮은 것, 하찮은 것으로 취급한다.

결국 엔트로피적 사고의 극단에 있는 사람일수록 책 읽기를 싫어하고, 이성적 대화를 회피하며 복잡한 이성적 문제를 싫어한다. 그러므로 어려운 문제에 부딪치면 다른 길을 택하려고 한다. 결국 나는 충분히 무엇이든 할 수 있는 잠재능력을 가지고 있지만 내 엔트로피적 사고체계(마인드)가 나를 병들게 하는 것이다.

우리의 뇌는 어려운 문제를 만나면 버럭 화를 내거나, 회피하려고 하고 두려움을 느끼게 만들어 엔트로피적 발상이 생기도록 명령한다. 그리고 좋은 기회를 스스로 포기하고 난 뒤에 '나는 운이 없는 사람이다' 혹은 '나는 아무 가치도 없는 머리 나쁜 사람이다'라고 자신을 더욱 심한 엔트로피 상태로 빠뜨린다.

엔트로피적 사고를 하는 사람의 또 다른 특징은 교우관계에서도 확인해 볼 수 있다. 피상적인 만남만을 가지고 있으므로 다양한 부류의 사람과 만나지 못한다. 나보다 배울 것이 많은 사람과의 만남은 껄끄럽고 복잡하기 때문에 피하고, 어려운 친척과의 만남은 예절이라는 집중이 필요하므로 회피한다.

엔트로피적 사고를 하는 사람들의 일반적인 만남은 또래에 국한된다. 만났던 친구를 만나고 또 만난다. 아무 의미 없는 만남을 지속하며 결국 무질서한 대화를 연결해 나간다. 성적 욕망, 혹은 편법, 불법적 이야기들이 오고 가는 동안 결국 두 사람은 더욱 엔트로피적 사고로 깊이 빠져 들어간다.

이러한 엔트로피적 사고와 만남이 반복되다 보면 결국 자신 주변이 가치 없게 여겨지는 순간에까지 도달하게 된다. 내 주변에 있는 모든 사람들이 무지하고 가치 없게 여겨지기 시작한다. 부모와 형제 심지어 친구도 마찬가지다. 결국 텔레비전이나 만화에 나오는 허상을 좇아 엔트로피적 방황을 시작한다.

이러한 정신적 상태는 결국 우울증 혹은 열등감, 조울증과 같은 병리적 형태로 나타나게 된다. 또한 신체이상을 가져온다. 척추측만증, 난독증, 신경성 대장증상, 폭력적 행위 등이 해당된다.

결국 엔트로피적 사고 속에 있는 사람들은 늘 전화나 메신저를 기다리거나 혹은 그 속에서 헤어 나오지 못한다. 어떻게 해서든 지금

이 엔트로피적 시간을 벗어나고 싶지만 그것이 맘대로 되지 않기 때문에 괴로워하고 또 괴로워한다.

4) 공부 형태

엔트로피 상태에서 극단적으로 회피하고 싶은 것이 바로 공부이다. 이들에게 공부란 마치 악마가 십자가를 본 것과도 같다. 역설적으로 말하면 공부는 엔트로피 상태를 벗어나기 위한 가장 강력한 무기라는 말이기도 하다.

무질서 상태가 심한 사람들은 집중을 해야 하는 일 자체를 두려워한다. 그러므로 막연하게 쉽게 접근할 수 있는 해결법을 찾는다. 예를 들어 게임을 하거나, 텔레비전을 보는 것은 일시적으로 무질서 상태를 아주 손쉽게 막아주는 도구이므로 엔트로피 상태가 심한 사람들이 선호하는 방식이다.

하지만 이런 행동은 오히려 우리의 뇌를 공황 상태에 빠지게 한다. 이 상태는 고도의 초월적 상태가 아니라 심한 악취가 나는 동물적 공황 상태를 의미한다. 결국 이 공황 상태가 장기화되면 될수록 집중력은 떨어지고 우리가 바라는 네트로피 상태로의 진입은 요원하게 된다.

하지만 텔레비전, 게임, 컴퓨터와 같은 수단은 손쉽게 접근이 가능하고, 우리의 무질서 상태를 일시적으로 진정시켜 줄 수 있기 때문에 끊임없이 찾게 된다. 일종의 새로운 질서를 머리에 부여하는 것이다.

이 새로운 질서의 지향점은 불행하게도 더욱 심한 엔트로피 상태로 치닫는다. 네트로피 상태로 향하는 새로운 질서가 아니라 '메가 엔트로피 상태'로 향해 가는 것이다.

이러한 상태에서는 조울증과 같은 증상을 보이게 된다. 쉽게 결심하고, 쉽게 포기하며, 쉽게 말하고, 쉽게 지친다. 기분이 좋았다가 쉽게 나빠지길 반복해 부모와의 관계 역시 좋을 수가 없다. 엔트로피적 혼란 상태에서는 공부를 제대로 할 수 없는 것이 자명하다. 결국 엔트로피적 상태에서 탈출할 수 있는 유일한 길은 집중밖에 없다.

엔트로피 극복 방법 – 집중과 질서

1) 엔트로피 상태를 뛰어넘어라

"자신의 엔트로피 상태를 뛰어넘기 위해서 가장 유용한 도구는 집중이다"라고 미하이 칙센트미하이는 말했다. 엔트로피 상태에서 질서를 잡기 위해서는 우선 집중할 줄 알아야 한다. 하지만 자신이 처한 상태를 정확하게 인지하지 못한다면 집중 자체가 불가능하다. 집중을 하려면 우선 자신의 하루 일과가 엔트로피적 상태에 있다는 것을 정확히 인식해야 한다.

친구들과 하는 일도 없이 웃고 떠들고 있거나, 이유도 없이 텔레비전 앞에서 시간을 보내고 있다면 이는 틀림없이 엔트로피적 상태에 빠져 있는 것이다. 자신의 현재 상태를 분명하게 자각하라. 자각하지 않으면 본인이 엔트로피 상태라는 사실 자체를 이해하지 못하므로 집중은 이미 물 건너 간 것이다.

우선 하루 중 엔트로피 상태에 깊게 빠지는 순간이 어느 시간인지를 집중적으로 관찰하고 자신의 상태를 점검하는 것이 필요하다.

엄밀히 말해 엔트로피적 상태에서의 삶은 무질서한 다른 바이러스가 자신의 삶을 대신 살아가는 것이다. 이때의 삶은 감정적인 삶이라고 규정할 수 있겠다.

성적이 많이 떨어져서 상당히 우울해 있다고 가정해 보자. 우울한 상태에서의 삶은 죽어 있는 삶이다. 즉 무질서한 상태이다. 이 무질서한 상태에서의 삶은 그 자체로 괴로움이며 혼란이다. 즉 엔트로피 상태이다. 이것은 자아가 자신의 삶을 살아가는 것이 아니라 다른 감정이 들어와 있는 삶을 살아가는 상태이다.

별다른 노력 없이 극단적 즐거움이 계속되는 삶 역시 엔트로피적 삶이다. 친구들과의 의미 없는 대화, 혹은 끊임없는 소비성 행위를 하는 자신이 행복하고 즐겁다고 느껴진다면 그것은 진정한 즐거움의 상태라고 말하기 어렵다. 자아를 상실한 상태에서 느끼는 말초적 즐거움이라고 보는 것이 정확하다. 극단적 즐거움이나 극단적 슬픔 등은 엔트로피적 삶이므로 경계해야 할 필요가 있다.

아무것도 하고 있지 않으면 최근에 있었던 고민들이 머릿속에 떠오르기 시작하며 그것이 다시 다른 고민으로 전이된다. 머릿속에서 고민이 꼬리에 꼬리를 물면서 사실이 점차 왜곡되기 시작한다.

오랜 시간 동안 엔트로피 무질서 상태에 있었던 사람이 소파에 앉아서 아무것도 하지 않고 조용히 쉰다면 그의 머릿속에는 사소한 고민이 떠오르기 시작한다. 어제 쇼핑을 하고 불친절한 점원을 만났다면 사실(fact)은 불친절한 점원을 만난 것 자체이지만, 이 사람은 지금부터 새로운 생각(무질서한 생각)을 하기 시작한다. 우리는 흔히 이런 생각들을 잡념이라고 말하지만 이런 생각들의 이면에는 엔트로피적 무질서를 확대하려는 본능이 작용하고 있다.

이 상태에서는 '그 점원이 왜 그랬을까'로 시작해서 '그가 나를 왜 싫어했을까', '혹시 전부터 나를 알고 있었을까', '그렇다면 나의 과거를 알 수 있을 거야', '그를 어떻게 혼내주지?'와 같은 생각들이 머릿속에서 하나둘 나타나기 시작한다. 결국 생각은 점점 엔트로피의 극단으로 다가가고 있으며 이것은 다른 새로운 사소한 고민들이 들어오기 전까지 계속 이어진다.

물론 엔트로피적 사고를 하는 사람들도 극단적인 위험한 상황에서는 머릿속의 질서를 경험하게 된다.

예를 들어 길거리에서 폭력배를 만났다고 가정해 보자. 이 상황에서는 그 상황을 헤쳐 나가기 위해 모든 뇌세포가 총력을 기울인다. 이것은 결국은 질서라는 상태로 나타나게 된다. 오직 그 사건만을 해결하기 위해 모든 신경세포들이 한곳을 향해 응시해 본 적이 있다면 이미 집중을 경험한 것이고 그 위기를 극복할 수 있는 영감을 경험한 것이다.

엔트로피 상태를 자각하고 그 상태를 극복하기 위해서는 끊임없이 질서를 잡아 집중을 부여하는 행위가 필요하다고 미하이 칙센트미하이는 강조한다. 그렇게 해야 우리는 비로소 자신의 삶 전체를 주인답게 살아갈 수 있는 것이다.

2) 머릿속에 새로운 질서를 부여하라

무질서 상태를 자각했다면 이제 머릿속에 새로운 질서를 부여하자.

우리 머릿속은 아주 단순하고 아기와 같아서 시키면 시키는 대로 한다. 또한 늘 엔트로피 상태로 회귀하려는 본능을 가진 점도 아기와 같다. 그러므로 우선 우리 뇌에게 새로운 목표가 생겼음을 친절하게 알려주어야 한다.

새로운 목표는 너무 엄청난 것으로 하지 말아야 한다. 뇌가 감당할 수 없는 일을 뇌 속에 주입하면 우리 뇌는 변덕쟁이처럼 그 일을 거부한다. 뇌를 속이기 위해 내일 하루 혹은 일주일 분량의 목표만을 제시해 주어라. 그리고 매일 매일 그 명령을 우리 뇌에게 주입하면서 성취감이라는 열매를 우리 뇌에게 공급해 주어라.

우리 뇌에게 1년 치 목표 명령어를 한꺼번에 내리면 과부하가 걸려서 수행을 거부한다. 당신이 지금 엔트로피 상태에 있다면 우리 뇌에게 내일 하루 동안의 질서를 부여하자. 천천히 조금씩 실천 가능한 목표를 보여주고 거기서 작은 성취감을 느낄 수 있도록 뇌를 훈련시키자.

엔트로피 상태에 있는 우리 뇌를 구출하기 위해서는 집중력이 필요하다. 그중에서 가장 강력한 행위가 바로 공부이다. 고도의 집중력을 필요로 하는 공부는 우리 뇌의 엔트로피 상태를 잠재울 수 있는 가장 유용한 도구이다.

공부를 하도록 명령을 내릴 때에는 구체적으로 정확하게 명령을 내린다. 그리고 시행 가능한 명령만을 내려야 한다. 일단 엔트로피 상태를 벗어나기 위한 목표가 최우선이다. 그러므로 의식적으로 지금의 상태를 벗어나기 위해 노력해야 한다.

우선 네트로피 상태로 가기 위해 목표를 설정한다. 내 머릿속에 너저분하게 흩어져 있는 일 중에서 공부를 가장 우선순위에 놓는다. 그러기 위해서는 고도의 집중이 필요하다. 이때 반드시 나 자신에게 강한 긍정적 암시를 부여할 필요가 있다.

'내가 지금 하는 모든 행위는 내 머리의 엔트로피 상태를 정상으로 돌려놓기 위함이며 이 모든 집중은 나 자신의 행복을 위해서 필요하다'라고 끊임없이 암시한다.

질서, 즉 네트로피 상태가 되면 무엇이 달라지는가? 뇌가 네트로피 상태로 전환되려면 사실 많은 긍정적 노력이 필요하다. 하지만 한 번 전환되면 인생 자체가 의미 있어지며 반드시 성공할 수 있다. 모든 것이 이성적으로 변화되어 더 많은 긍정적 노력을 하게 되고 모든 일에 적극적으로 도전할 수 있게 된다. 매사에 긍정적으로 임하는 자세는 또한 리더십과 프레젠테이션 능력의 향상을 가져오게 된다.

즉 엔트로피 상태에서 네트로피 상태로의 전환은 인생의 극적 반전을 의미한다. 그리고 이것을 경험한 학생들은 긍정적 변화의 체험을 하게 된다.

나의 뇌를 네트로피 상태로 바꾸는 위대한 공부 법칙

1) 끊임없이 읽고 또 읽어라

엔트로피적 현상은 무질서이다. 무질서란 내 의식 전체를 흐르는 하나의 리듬이나 대들보가 없는 상태이다. 그러므로 쉽게 여러 가지 유혹에 휩싸이고 모든 것에 대해 걱정을 하게 된다. 이 상태가 계속되면 결국 자신의 정체성을 잃어버린다. 이러한 삶은 지양되어야 한다.

네트로피 상태로 진입하기 위한 첫 단계는 '읽기'이다. 읽기란 결국 내 머리와 의식 속에 질서를 부여한다는 의미이다. 이 질서가 없으면 아무리 명품 옷을 입고 성형수술을 해도 걸어다니는 소와 똑같다. 아니라고 말할지 모르지만 엔트로피 상태에서 행위의 종착점은 메가 엔트로피(극단의 무질서)일 수밖에 없다.

읽어라.

책을 읽는 것은 내 뇌에게 가장 긍정적인 신호를 보내는 방법이다. 공부를 잘하고 싶다면 우선 책을 읽어라. 집중해서 읽어라. 책을 읽는 행위는 바이러스로 감염된 머릿속에 긍정적 백신을 투입하는 것과 같다.

하지만 이때 경계해야 할 책은 만화책과 통속적인 소설책 들이다. 판타지 소설이나 기타 말초적 신경을 건드려서 인간을 사실과 환상 사이에서 갈등하게 하는 책들은 네트로피 상태로 가는 것을 방해한다. 따라서 가급적이면 난해하고 학문적인 책을 읽어야 한다.

이때 편안한 휴식처럼 읽어서는 결코 안 된다. 자신이 엔트로피적 무질서를 간직한 환자라는 인식을 철저히 주입하면서 공격적이고 적극적으로 읽어 내려가야 한다. 읽기 싫어도 네트로피 학습법을 적용하는 첫째 주에는 반드시 하루에 3~4시간 동안 집중적으로 책을 읽어야 한다. 내 뇌를 개조하여 엔트로피 상태를 벗어나고 있다는 느낌으로 읽어야 효과를 볼 수 있다. 하루 4시간 동안 집중적으로 글 읽기를 시도하라. 문학 서적보다는 비문학 서적을 읽는 것이 더욱 도움이 된다.

그리고 집중해서 책을 읽으면서 페이지 하단에 자신의 느낌을 서술하거나 줄거리를 요약하는 등 자신이 할 수 있는 모든 적극적 방법을 다 쏟아 부어야 한다.

결국 우리가 알고 있는 모든 시험은 문자로 출제되며 문자로 구성된다. 문자에 익숙한 사람은 성공하고 문자에 익숙하지 못한 사람은 실패하는 것이 당연하다. 문자를 뇌에 익숙하게 만드는 것이 네트로피 학습법의 첫 단계이다.

읽고 또 읽어라.

이해가 되건 안 되건 무조건 읽어라. 읽으면 된다. 몰라도 읽어야 한다. 이해가 될 때까지 쭉 읽어라.

2) 최종목표 세우기

엔트로피 상태에서 최종목표 세우기는 즉흥적인 선택일 확률이 높다. 이러한 즉흥적 목표 설정은 끊임없는 목표의 혼란만을 가져온다. 그러므로 엔트로피 상태에서 이루어지는 모든 무질서한 목표 설정은 무의미하고 무가치하다. 진정으로 심사숙고해서 마음 내부에서 인생의 최종목표를 설정해야 한다. 그 원대한 목표가 설정되지 않으면 앞으로 해야 할 공부가 공포와 두려움 그리고 귀찮음의 대상이기만 하다.

네트로피적 상태로 가기 위해서는 원대한 비전을 가진 미래 목표를 세워야 한다. 그러기 위해서 우선 필요한 것은 내 마음이 원하는 것이 무엇인지를 분명하게 아는 것이다. 막연히 좋은 대학을 가서 좋은 직장에 취직하고 남들에게 인정받고 싶다고 생각하면 실제로 그 목표를 이루었을 때 심하게 좌절하게 된다. 이유는 간단하다. 내가 원하는 욕망이 무엇인지를 모르는 상태에서 남과 비교해서 선택한 길이므로 그 목표 자체가 허상이고 혼란스럽다.

정확한 미래 목표를 설정하기 위해서는 우선 자신의 욕망과 의지가 어디로 흐르고 있는지를 정확히 관찰해야 한다. 자신의 몸과 마음이 엔트로피 상태라면 정확한 미래의 꿈을 제시하기 어렵기 때문에 우선 책 읽기를 통한 네트로피 상태로 진입한 후에 미래를 설계해 보도록 하자.

원대한 미래 목표가 세워졌다면 이제 일주일 단위로 계획을 세워야 한다. 현실적으로 성취 가능한 영역부터 천천히 계획을 짜야 한다. 이 계획을 세우고 추진해 나가는 동안 자신의 행동이나 생각이 엔트로피 상태로 회귀하려는 움직임을 주도면밀하게 살펴야 한다. 그리고 극복할 수 있다고 생각하면서 끊임없이 자신을 긴장시켜야 한다.

일주일 단위 혹은 일일 계획을 세우는 동안 계속 염두에 둬야 할 것은 내가 엔트로피 상태인지 아닌지를 철저히 분석하는 것이다. 그리고 조금이라도 엔트로피 상태로 회귀하려는 증후가 보이면 다시 한 번 마음을 가다듬어야 한다.

3) 생활 패턴 수정

인간의 뇌는 자연 상태에서는 무조건 엔트로피 상태로 돌아가려 한다. 집을 치우지 않고 보름을 방치하면 먼지가 쌓이고 더러워지듯이, 인간의 두뇌 역시 방치해 두면 엔트로피적 자연 상태로 회귀한다.

공부를 잘하기 위해서는 자연의 법칙에 도전하여 엔트로피 상태를 극복하는 것이 중요하다. 그래서 머릿속에 늘 지금하고 있는 행동이 엔트로피적 상태인지 아닌지를 철저히 점검하는 것이 필요하다.

엔트로피 상태를 벗어나기 위한 생활 요령 중 가장 중요한 것은 화를 내거나 분노하면 안 된다는 점이다. 화를 낼 때 뇌의 부정적 노폐물이 일시적으로 과다 분비되어 엔트로피 상태로 돌아간다. 또한 즉흥적인 유흥, 계획되지 않은 방황, 의미 없는 만남, 부모, 친구와의 말다툼 역시 엔트로피 상태로의 회귀를 촉진한다.

엔트로피 상태를 벗어나고 싶다면 생활 속에서 아래의 세 가지를 반드시 지켜야 한다.

첫째, 텔레비전, 게임, 만화책, 웹서핑, 무의미한 만남을 철저히 금지한다. 무의미한 시간을 보내는 수단으로 활용되던 모든 무가치한 행위를 금지한다. 엔트로피 상태는 내가 나의 삶을 사는 것이 아니라 무질서가 나의 삶을 사는 것이다. 이 모든 행위는 행복이 아니라 파멸로 가는 지름길임을 명심해야 한다.

둘째, 분노, 의심, 거짓말, 화를 금지해야 한다. 사실은 사실로서 받아들이고 모든 잡념을 버린다. 분노, 의심, 거짓말 들은 엔트로피적 행동이다. 정의롭게 말하고 정의롭게 행동하라. 네트로피 상태로의 진입은 새로운 즐거움을 제공한다. 새로운 나를 만나고 싶다면 절제하라.

셋째, 걸어라. 그리고 읽고 또 읽어라. 화가 나거나 괴로우면 걸어라. 그리고 읽어라. 일단 네트로피 상태로 진입하면 엔트로피적 위협은 감소되기 시작할 것이다. 지금 하고 있는 모든 행동들을 의심하고 나를 긍정적 방향으로 이끌어갈 수 있도록 노력하라.

네트로피 상태로 가는 위대한 공부 법칙

• 첫 번째, 끊임없이 책을 읽어라.
• 두 번째, 최종목표를 세워라
• 세 번째, 생활습관을 수정하라.
  – 텔레비전, 게임, 만화책, 웹서핑, 무의미한 만남을 철저히 금지
  – 분노, 의심, 거짓말, 화내는 것 금지
  – 걷기, 그리고 읽고 또 읽기

엔트로피적 무질서는
극복 가능한 습관이다

엔트로피적 상태는 일종의 습관이다. 습관은 한 번 굳어지면 잘 고쳐지지 않는다. "세 살 버릇 여든까지 간다"는 말처럼 부정적 습관은 고치기 어려우며, 그 근본은 엔트로피에서 찾을 수 있다.

친구들과 어울려 밤새 술을 마시고 춤을 추었다고 가정해 보자. 그 장소가 우리 집이라면 다음날 아침에 집은 아수라장이 되어 있을 것이다. 이것을 치우려고 하면 귀찮고 엄두가 나지 않을 수도 있다. 물론 치우는 습관이 들어 있는 사람은 손쉽게 치울 수 있을 것이다. 하지만 치우는 것이 습관이 되어 있지 않은 사람은 그 상태를 방치해 두기 시작할 것이다.

이것을 내버려두면 둘수록 집은 더욱 더러워질 것이고, 당연히 무질서 정도도 더욱 높아질 것이다. 이 상태에서 다시 한 번 파티(엔트로피적 무질서 행위)를 연다면 무질서 정도는 더욱 높아진다. 무질서 정도가 높아지면 높아질수록 집을 치우는 일 자체가 짜증스럽고 두려워진다. 이것이 바로 엔트로피적 원리이다.

우리의 머리도 마찬가지이다. 우리 머리도 치워지지 않은 집처럼 방치되어 있다. 이제 앞치마를 두르고 집을 치우는 기분으로 내 머릿속에 질서를 잡아나가자. 원래 있던 곳으로 하나하나 정리하는 기분으로 치워나가자.

천천히 치워나가다 보면 어느 순간 청소에 집중되어 있음을 느낄 수 있다. 이것이 바로 필자가 말하는 네트로피로 가는 상태이다. 집 안을 치우는 동안 잡념이 없어진다. 서서히 머리가 맑아지기 시작하면서 집 또한 깨끗해진다. 이때 치우는 것을 중간에 멈추면 다시 엔트로피 상태로 회귀하게 된다. 계속적으로 몸을 움직이지 않으면 우리가 원하는 네트로피 상태로 완전히 진입하는 것은 어렵다.

집 안을 치우는 동안에 잠시나마 집중을 통해서 엔트로피 상태를 벗어나려는 노력을 했고 그 행위로 인하여 우리 머릿속에는 질서가 부여되었다. 하지만 청소와 같은 단순 작업은 내 머릿속 엔트로피를 잡기에는 부족하다. 완전한 의미의 네트로피 상태로 진입하기 위해서는 가장 강력한 책 읽기와 논리적 공부를 지속적으로 수행해야 한다.

매일 매일 반복해서 한 달 동안 하루 4~5시간씩 책 읽기와 논리적 공부를 반복하면 한 달 뒤 깨끗해진 내 머리를 만날 수 있다. 이 상태가 네트로피 상태이며 집으로 말하면 아주 정갈하게 치워진 상태라고 볼 수 있다. 즉 이렇게 네트로피적 질서가 잡힌 상태에서는 약간씩 엔트로피 상태를 즐겨도 무방하다.

아주 정갈하고 깨끗한 집 바닥에 물을 쏟았다면 바로 그 자리에서 닦으면 된다. 한 번 네트로피적 질서가 잡힌 상태에서는 약간의 엔트로피적 상황이 와도 쉽게 극복할 수 있다. 하지만 집이 더러운 상태에서 다시 물을 쏟는다면 상황은 달라진다. 이 상태에서 또 무질서가 가해진다면 돌이킬 수 없는 상태로 빠져들어 메가 엔트로피 상태로 가게 된다.

현재 자신이 엔트로피 상태라면 태도, 말, 몸가짐을 바르게 가져야 한다. 그리고 절제된 생활을 해야 한다. 물론 개선 의지 없이 엔트로피 상태를 그저 즐기고자 한다면 그냥 지금 그대로로 둬도 되지만 여기까지 읽은 독자라면 결코 자신을 엔트로피 상태로 방치하고 싶은 마음은 들지 않을 것이다.

마음을 가다듬었다면 지금부터 집을 치우듯이 엔트로피 상태를 벗어나도록 노력해 보자. 처음에는 손쉽게 엔트로피를 벗어날 수 있으리라고 생각할 것이다. 사실 누구나 새로운 흥분과 기대로 책 읽기와 논리적 공부를 시작할 수 있지만, 집을 끝까지 치우고 완전한 네트로피적 상태로 진입하기까지는 많은 난관이 기다리고 있다.

이유는 간단하다. 물이 높은 곳에서 낮은 곳으로 떨어지듯이, 사람은 점차 늙어간다. 엔트로피 상태 역시 거역할 수 없는 자연의 법칙이다. 공부하기 싫고 부정적이고 무질서해지고 싶은 것이 인간의 본능이고 자연의 법칙이다. 자연의 대 법칙은 우리를 엔트로피 상태로 끌어내리려고 끊임없이 유혹한다. 우리는 이러한 악마적 유혹에 빠져서는 안 된다. 엔트로피의 극단엔 이제까지 한 번도 경험해 보지 못한 허무와 절망만이 기다리고 있을 뿐이다.

다행스럽게도 이 책을 읽는 독자들은 이미 엔트로피적 상황이 나쁘고 무질서한 상태라는 것을 인식했다. 전 인류의 80%는 자신이 현재 엔트로피 상태인지 아닌지를 인식하지 못한다. 하지만 이 책을 읽는 독자는 이를 극복할 수 있는 여지를 충분히 마련해 놓은 셈이다.

엔트로피적 상황을 극복하기 위해서는 처음 시작보다 약 2주 뒤가 더욱 힘들다. 어느 정도 엔트로피적 상황을 극복했다고 마음을 먹으면 다시 공황과 회의가 몰려오기 시작한다. '좀 쉬었다 하자', '친구 한번 만나면 어때', '지금까지 열심히 했으니 오늘만 놀자'와 같은 부정적 유혹이 다시 들러붙기 시작한다. 이때 유혹에 무너지면 금세 엔트로피적 상황으로 돌아가고 만다. 이 위기의 순간을 반드시 극복해야나 자신을 마음대로 조절할 수 있는 네트로피 상태로 진입하게 된다. 네트로피 상태에 일단 진입하면 엔트로피가 다가온다고 해도 별로 염려하지 않아도 된다. 왜냐하면 이미 깨끗하게 치워진 집을 가지고 있기 때문에(질서를 갖추었기 때문에) 엔트로피적 유혹이 일종의 유희로 느껴질 수 있다.

하지만 엔트로피를 벗어나려고 노력하다가 포기하면 더 큰 엔트로피 상태에 빠지게 된다. 이 점을 명심하라. 자신이 현재 엔트로피적 상태에 있다면 이 상태를 벗어나기 위해서 약 한 달간 끊임없는 절제된 노력이 필요하다. 그 후부터 조금씩 자신의 머릿속을 점검하면서 엔트로피적 상태를 즐기면 된다.

브라질에는 삼바축제라는 것이 있다. 전 세계적으로 유명한 이 축제를 필자는 감히 무질서, 엔트로피라고 규정한다. 이러한 무질서가 일상생활에 무조건 나쁜 영향만을 주는 것은 아니다. 자신의 머릿속에 네트로피적 질서가 잡혀 있다면 언제든지 엔트로피적 축제를 즐겨도 된다. 하지만 네트로피적 질서가 잡혀져 있지 않은 상황에서 엔트로피적 축제만을 지속적으로 즐긴다면 끊임없이 고통과 좌절을 경험하게 될 것이다.

하루 종일 할 일 없이 빈둥대는 사람이 저녁에 동일한 사람과 매일 술만 마신다면 과연 행복할까? 술자리 자체가 생활이기도 하겠지만 이미 무질서의 엔트로피 상태가 극에 달했으므로 그 사람은 행복할 수 없을 것이다.

하지만 한 분야에서 열심히 일하고 마시는 한 잔의 맥주는 삼바축제를 경험한 많은 사람들이 카타르시스(정화)를 느끼듯이 네트로피적 생활에 오히려 많은 도움을 줄 수 있다.

지금 이 책을 읽는 독자 중에 완전히 자신의 일에 몰입되어서 적극적으로 업무를 추진하고 있거나, 이성적 삶을 사는 네트로피적인 인간이 있다면 이러한 엔트로피적 무질서를 즐길 자격이 충분히 있다. 하지만 현재 자신의 삶이 무질서를 향해 달려가고 있고, 그것을 경험하고 있다면 반드시 절제된 삶을 살아야 한다. 몇 번이나 강조했지만 우선 내 집을 깨끗이 치우듯이 내 주변을 정리하면서 책 읽기와 논리적 공부에 매진해야 한다.

엔트로피적 삶에서 나타나는 이상 징후

엔트로피적 삶이 연속되면 주어진 사실을 왜곡하게 된다. 환상 속에서 살아가게 된다는 말이다. 노력을 하거나 움직이기를 싫어하고 그저 핸드폰으로 문자를 주고받거나 만화책, 게임, 텔레비전 등을 보면서 소극적 삶을 살게 된다. 왜냐하면 세상이 다 힘들고 어려운 일투성이라고 생각하기 때문이다. 이것은 엔트로피적 극단에서 생겨나는 일종의 사실 왜곡현상이다.

이 현상이 나타나기 시작하면 모든 일상의 사실을 똑바로 받아들이지 않고 자신만의 부정적 환상으로 재생산해 낸다. 예를 들어 이

번 시험에서 나쁜 성적을 받았다고 가정해 보자. 여기에서 사실은 성적을 나쁘게 받았다는 것이다. 그것이 우리가 인식할 수 있는 유일한 단서이다. 그러나 엔트로피적 상태에 놓인 학생들은 진실을 왜곡하기 시작한다. '나는 안 돼', 그리고 '우리 집에 문제가 있어', '내가 정말 머리가 나쁜 거야'라면서 공부를 포기하거나 기피하게 된다. 이유는 단순하다. 사실을 직시하는 것이 두렵기 때문이다. 이러한 부정적 감정의 찌꺼기들은 지속적으로 쌓여나간다. 공부를 하고 싶어도 머릿속의 수많은 바이러스(잡념) 때문에 공부를 할 수 없는 극단적 엔트로피 상태로 서서히 진입하고 있는 것이다.

이 상태에 다다르게 되면 학생 스스로 공부는 힘든 것, 따분한 것, 고통스러운 것, 지겨운 것이라고 인식하면서 편안함 혹은 스트레스 없는 삶을 인생 최고의 가치로 인식하게 된다. 이러한 상태가 바로 엔트로피의 병리적 상태이다.

이 상태에 놓인 학생들은 스스로 공부는 안 되는 인간이라고 생각하고 편의주의적, 혹은 편법적 공부법을 찾기 시작한다. '그 대학은 수학을 보지 않아서 지원해도 합격할 거야', 혹은 '논술로만 대학을 갈 수는 없을까?' 등등 온갖 엔트로피적 발상을 통한 정당하지 못한 방법을 생각하기 시작한다.

엔트로피의 극단에 위치한 학생들은 인생의 목표가 돈이거나 쾌락을 염두에 둔 행복감이다. 결국 파멸로 가는 지름길이지만 이때부터 머릿속에는 가치관이나 노력 없이 돈만 많이 벌었던 엔트로피의 전설적 영웅들을 생각하기 시작한다.

결국 사람을 속이는 일을 궁리하거나 편법적으로 인생의 정상을 차지하기 위해 부단히 힘든 삶을 시작하게 된다. 백발이 된 뒤에 후회해도 소용없다. 한번 가버린 시간은 절대로 돌이킬 수 없다. 지금 내가 수행하는 모든 일들에 편법만이 행해지고 있다면 그것은 나 자신을 엔트로피 상태로 몰아넣고 있는 상태라는 것을 인지해야 한다.

엔트로피에 있는 학생들이 가장 경계해야 할 공부는 '거짓된 공부'다. 거짓된 공부란 시간을 염두에 둔 공부, 남에게 보여주기 위한 공부다. 공부는 네트로피로 가기 위한 수행의 수단이어야지 다른 목적으로 활용되어서는 안 된다. 그러면 공부는 엔트로피로 진행을 촉진시키는 바이러스로 변할 뿐이다.

'공부 열심히 해서 좋은 대학 가서, 결혼 잘하고 돈 많이 벌고 잘 살고 싶다'라고 생각한다면 그 공부는 오래가지 못한다. 이유는 단순하다. 내 네트로피적 욕망을 정확하게 이해하지 못하고 혹은 내 마음이 가고자 하는 길을 정확하게 이해하지 못했기 때문에 속도가 붙을 수가 없는 것이다. 진정으로 네트로피 상태로 가기 위해서는 정당한 '진짜 공부'를 하라. 돈을 벌고, 멋진 차를 사고, 멋진 이성을 만나는 행위를 부정하는 것이 네트로피가 아니다.

네트로피란 보다 원대한 내 정신의 질서를 부여함으로 건강한 이성적 행복감을 가지게 한다. 네트로피란 보다 높은 정신적 질서를 나 자신에게 부여함으로써 엔트로피적 쾌락을 언제나 즐길 수 있고 통제할 수 있는 정신적 질서를 의미한다.

엔트로피 상태에서 차를 가지고 싶다면 도둑질을 하거나 돈을 빌려서라도 사고 싶다는 생각을 가질 것이다. 혹은 한 이성을 사랑했다면 내 모든 것을 다 걸고라도 그 이성을 가지고 싶다고 생각한다. 온갖 불법과 계략이 난무하지만 결국 엔트로피 상태에서는 진정 원하는 것을 가질 수 없다. 설령 가질 수 있다고 하더라도 영원히 가난한 무질서를 경험하면서 늙어가게 된다.

하지만 네트로피적 상태에서는 보다 높은 차원의 정신적 질서가 잡혀 있으므로 위에서 나열한 모든 것을 가질 수 있다. 네트로피적 상태는 항상 진리 탐구라는 거대한 원리를 따라간다. 네트로피적 질서를 생각하면 모든 하위 단계의 부와 명예는 자동적으로 따라온다.

엔트로피의 덫, 부정적 감정을 극복하라

엔트로피적 상태에서는 모든 것을 부정적으로 인식한다. 일단 인생의 최종목표는 귀찮음의 해결, 맹목적인 즐거움, 편법적인 목적 달성 후 휴식이 된다. 그러므로 엔트로피 상태에서 가장 중요한 것은 순간적이고 맹목적인 쾌락일 수밖에 없다.

자신 주변에서 일어나는 문제에 대해 해결할 의지를 가지기보다는 그 상태를 머릿속에 넣어두고 극단적 고민을 하거나 그 문제를 회피할 궁리부터 한다.

엔트로피는 감정이라는 악마가 자신의 머리를 점령해 버리는 상태이다. 정말 경계해야 할 점은 감정을 제어하지 못하면 그것이 더욱 강해져서 우리 머릿속을 점령해 버리고 만다는 사실이다.

실연, 이혼 혹은 주변 가족의 죽음 등 인간이 느끼는 극단적 슬픔 상황 역시도 엔트로피적 상황으로 규정할 수 있다. 이 상태는 내가 살아가는 상태가 아니라, 극단적 슬픔이라는 부정적 감정이 나 자신의 머리를 점령하고 있는 상태이다. 정확히 말하면 슬픔이라는 좀비가 내 머리를 점령해 버려서 나의 금쪽같은 인생을 갉아먹고 있는 것이다. 마찬가지로 심심하거나 짜증나는 상태, 아무것도 하기 싫은 상태 역시 엔트로피 상태이다. 이 상태 역시 더러운 감정의 찌꺼기들이 우리의 고귀한 삶을 무너뜨리고 있는 것이다.

경계해야 할 것은 우리가 얼마나 인생을 오래 사느냐가 아니라 감정의 찌꺼기들을 어떻게 극복하느냐이다. 아무리 오래 살아봤자 엔트로피적 감정의 노예로 산다는 것은 아프리카 밀림에서 살아가는 도마뱀과 다를 바 없다.

인간은 자신의 의지로 머릿속을 정리할 수 있다. 정정당당하게 엔트로피에게 도전장을 던질 수 있다. 팔다리가 절단을 당하는 극단적 슬픔의 무질서 상태에서도 이를 당당하게 극복하고, 네트로피적 질서를 부여한 삶을 살아가는 인간들이 많이 있다.

엔트로피적 무질서 상태를 극복하고 싶다면 우선 끊임없이 자신을 객관화해서 보아야 한다. 경계해야 할 감정들을 철저히 정리하자. 정리가 되지 않고 감정의 노예가 되는 순간이 다가온다면 책을 읽어라. 그리고 걸어라. 엔트로피를 정확히 인지하고 논리적 생각을 하라. 인간은 자신을 제어하고 조절할 수 있다. 인간이 엔트로피적 상황을 극복할 수 있다는 증거는 우리가 정신과 신체의 주인으로서 앞으로 일어날 상황을 선택할 수 있다는 점이다.

지금 우리 앞에 물이 담긴 컵이 있다고 가정해 보자. 우리가 컵을 입에 가져다 대는 행위는 목이 마르거나 욕구를 해결하기 위한 행위이다. 즉 우리는 각자의 앞에 위치한 물 컵을 입으로 가져오는 행위를 인식하고 행동한 것이다.

이 미래 행동의 선택권은 고맙게도 우리 자신이 가지고 있다. 아무도 지금 이 순간 다음에 이어지는 행동에 대해서 억압할 권리는 없다. 억압을 받고 있다면 그것은 바로 자신 머릿속에 자리 잡고 있는 부정적 감정의 바이러스, 즉 엔트로피(무질서)이다.

고맙게도 네트로피적 질서 세계로 진입하는 것은 의외로 간단하다. 우리는 지금 바로 자신의 행동을 제어하고 통제할 수 있는 힘을 가지고 있다. 즉 지금부터 앞에 놓인 물을 마시느냐, 마시지 않느냐는 전적으로 내 의지에 따른다는 논리이다. 그렇다면 네트로피로 가기 위해서는 어떤 행동을 하면 될까?

내 미래 행동의 선택권을 가지고 지금부터 일어나는 순간순간에 네트로피적 행동을 부여하면 된다. 네트로피로 가는 행동은 어려운 것이 아니다. 지금 현재의 행동에만 집중하고 네트로피적으로 제어하면 된다. 신은 정말 감사하게도 우리에게 선택권을 부여하지 않았는가. 미래 행동을 네트로피로 선택하면 그만이다.

엔트로피적 행동과 네트로피적 행동은 겉으로 보기에 잘 구분이 되지 않는다. 하지만 자신은 자신의 행동이 엔트로피적 무질서인지 아니면 네트로피적 질서인지를 명확히 구분해 낼 수 있다. 엔트로피적 무질서 행위는 행위의 결과를 단순한 말초적 쾌락, 허무, 부정적 감정(고민, 걱정, 질투, 의심, 짜증, 귀찮음, 게으름, 포기, 소극적 이익)으로 귀결되는 행동들이다. 하지만 네트로피적 행동의 결과는 논리적 이성적 판단, 학문적 접근, 정의를 바탕으로 한 공부와 논리적 읽기 등이다.

이와 같이 엔트로피적 행동과 네트로피적 행동은 결과 면에서 매우 다르다. 하지만 같은 행동으로 실현될 수 있다.

예를 들어, 길바닥에 음료수를 버리는 두 사람이 있다고 하자. 엔트로피적 행위의 결과를 생각하는 사람은 '귀찮아서'라는 행위의 결과를 설정하고 길바닥에 음료수를 쏟아 붓는다. 하지만 네트로피적 행위를 하는 사람은 행위의 결과가 다르다. 왜냐하면 그는 중력의 법칙을 이해하기 위한 실험정신을 바탕으로 하고 있기 때문이다.

필자가 대학을 다니던 80년대 후반은 과격한 이념 대립을 띠던 학생운동이 막바지에 이른 시기였다. 몇몇 의식이 있는, 즉 절대적 정의를 인식하고 오랜 학문적 수행을 통해 자신이 학생운동을 하는 이유를 명확히 알고 오래 고민한 학생들의 화염병 투척은 네트로피적 행위이다. 하지만 군중심리, 혹은 소영웅주의에 의하여 화염병을 던졌다면 이 상태는 엔트로피적 무질서 상태이다.

위의 예를 통해서도 알 수 있듯이 우리는 진짜인 삶을 살아야 한다. 겉으로 보기에 멀쩡하지만 속으로 들어가면 엔트로피 상태에 있는 사람이 대부분이다. 이제 더 이상 숨지 마라. 숨을 공간도 없다.

자신은 지금 엔트로피 상태라고 순순히 인정하라. 그리고 그 상태를 벗어나기 위해 지금 이 순간 우리에게 부여된 미래 행동 선택권을 활용하여 결단성 있게 네트로피 상태로 만들어나가자.

우리 머릿속에 네트로피적 질서가 부여되는 순간은 어느 누가 아니라 자신이 가장 먼저 인식하게 된다. 내가 지금 하는 행위의 이유가 더 이상 귀찮음, 말초적 쾌감, 방황, 허무가 아니라 논리적 생각, 그리고 진짜 공부를 바탕으로 둔 이유 있는 행동으로 바뀌는 순간이 내가 엔트로피를 벗어나는 순간이다.

네트로피로 완전히 진입하기 위한 가장 좋은 약은 시중에서 판매하지 않는다. 그러나 다행히도 실망할 필요는 없다. 왜냐하면 그 치료제는 우리 내면에서 확실하게 만들어져 있기 때문이다. 우리는 그 알약을 먹으면 된다. 그것은 첫째, 자신이 엔트로피 상태라는 것을 인식하는 것이며, 둘째, 끊임없는 유혹을 배제한 좋은 책 읽기이다. 엔트로피적 삶에서 네트로피적 삶으로 전환하는 것은 반드시 개인의 발전을 가져온다.

30년 전 필자가 다니던 초등학교에는 작은 문방구가 하나 있었다. 필자는 초등학생 시절 하굣길에 거의 매일 그곳에 들러서 아이스크림을 사먹곤 했다. 그리고 30년이라는 세월이 흘렀다.

얼마 전 다른 일정 때문에 우연히 그 앞을 지나가게 되었는데 거기에는 한 노인이 앉아 있었다. 분명히 30년 전에 아이스크림을 팔던 사람이었다. 판매 품목도 달라지지 않은 채, 예전의 모습 그대로 낡고 남루한 가게를 운영하고 있었다.

순간 필자는 깊은 생각에 잠기게 되었다. 현실에 안주하려는 행동을 여러 해 동안 계속하다 보면 자기도 모르게 엔트로피적인 인간으로 살아가게 되는 것을 볼 수 있다. 이 노인 역시 엔트로피적인 삶을 살아온 것이다.

오랫동안 차를 닦지 않으면 차가 더러워지듯 그 누구도 이 엄청난 무질서를 피해갈 수 없다. 그러므로 어쩌면 이 노인은 정당하게 자연스러운 인생을 살아간 것일 수도 있지만 필자는 이 노인을 보면서 엔트로피적 무질서라는 의미를 부여했다.

결국 네트로피적 질서란 현재에 안주하지 않고 긍정적 마인드로 가지고 끊임없이 공부에 매진할 때 생기는 행동의 결과물이다. 과정은 어렵지만 도달하는 순간부터 엔트로피적 삶을 지켜보면서 즐길 수 있는 경지에 이르게 된다. 네트로피적 질서 상태에서는 어제보다 못한 내일이 없다. 네트로피란 항상 노력을 동반한 건강한 발전을 의미한다. 그러므로 네트로피적 질서를 지향하는 인간은 언제나 이성적이며 발전적이다.

30년 전 아이스크림을 팔던 문방구 주인이 필자의 이론을 정확히 이해했다면 지금은 대규모 프렌차이즈를 거느린 대기업 CEO가 되어 있을지도 모른다.

네트로피적 상황이 가져다줄 완벽한 나

네트로피적 삶을 사는 이들은 엔트로피적 삶을 사는 사람들보다 인생을 수백 배 더 즐기며 많은 일을 성취할 수 있다. 그러한 삶은 결코 절제와 금욕이 요구되는 수도승과 같은 엄숙한 삶이 아니다. 건강한 행복감을 느끼는 살아 있는 삶인 것이다.

네트로피적 삶에서 가장 우선시되는 것이 '창조적 삶'이다. 네트로피적 삶을 사는 사람은 끊임없이 자신의 분야를 연구한다. 공부하고 또 공부해서 무언가를 성취해 나간다. 공부가 배제된 네트로피적 삶은 없다. 모든 분야에서 최고가 되려면 이성적 공부는 반드시 필요하다. 네트로피적 삶은 끊임없는 책 읽기를 통한 지적 성숙 그리고 그를 바탕으로 한 최고 수준의 지혜 확장이다.

엔트로피 상태에 있는 사람들은 공부 자체를 부담스러워 하며 지겹고, 할 엄두가 안 난다고 생각한다. 또한 그 과정 자체가 험난하다고 판단해 시도조차 하기 싫어한다. 엔트로피 상태에 있는 사람들은 '내 머리는 돌인가 봐', '남들은 금방 다 암기하는데 왜 나는 안 될까?'라고 생각하기도 하고 혹은 '매일 잊어버릴 것을 왜 공부해야 하지?'라고 무시하기도 한다.

그럼 네트로피 상태에 있는 사람들은 왜 매일 잊어버릴 공부를 하고 또 할까? 그것은 그 과정에서 지혜라는 선물을 얻을 수 있기 때문이다. 그들은 공부에서 쾌락을 얻는다. 그러므로 늘 이성적이며 마음이 흡족하다. 인간의 내면에 질서가 잡혀 있다는 것은 외부적 요인에 의해서 흔들리지 않는 힘을 가지고 있다는 말이다.

내면적 힘을 가지고 있는 네트로피적 인간은 공부라는 수행을 통해 더욱 진보되며 앞서간다. 결국 그들은 엔트로피 상태를 정확히 인지하고 그 상태로 돌아가지 않으려고 노력한다. 물론 가끔 유희와 즐거움을 위해 엔트로피 상태를 즐기기도 한다. 이러한 삶이 필자가 말하는 이상적 삶이다.

네트로피적 삶은 감정에 휘둘리는 삶이 아니다. 시시하게 인생의 목적을 돈이나 쾌락에 두지 않는 건강한 이성적 행복감이다.

네트로피적 인간은 편법, 편의주의 공부를 하지 않는다. 정당한 노력을 하고 정확한 결실을 얻는다. 승부에 집착하지 않고 인생의 행복감과 가슴 뿌듯함에 집중한다.

또한 시간이 남고 무기력하고 심심할 때 친구를 만나거나 텔레비전을 보지 않고 책을 읽는 것을 택한다. 그들은 쉽게 좌절하거나 지치지 않는다. 그것은 공부 자체를 생활의 일부로 인정하고 수용하기 때문이다.

전 인류의 20%만이 성공하고 진짜 자신의 삶을 살아간다. 결국 이 책을 읽는 독자 중에서도 20%만이 필자가 주장하는 네트로피의 위대한 법칙을 이해하고 수행해 나갈 것이다. 결국 필자는 20%의 위대한 소수자를 만들기 위해서 이 글을 쓰고 있는지도 모른다. 하지만 모든 판단은 이 책을 읽는 독자 스스로의 몫이다.

100년 뒤에는 아무도 현재의 우리 삶을 기억해 주지 않는다. 100년 뒤에는 묘비마저 사라져 우리가 살았던 자취조차도 찾을 수 없을 것이다. 그만큼 짧고 의미 없는 것이 우리 인생이다.

그럼에도 불구하고 네트로피적 삶을 강조하는 이유는 필자 역시 오랜 기간 동안 엔트로피적 삶을 경험했기 때문이다. 그러므로 그 엔트로피적 삶의 극단이 무엇인지 독자들에게 정확히 알려줄 수 있는 것이다.

엔트로피적 삶은 비겁하고 나약하다. 그 삶을 벗어나지 못하면 끊임없이 동물적 생명 연장 행위(장수)에 집착하다가 생을 마감하게 된다. 오늘 하루 세 번의 식사를 했다면 엔트로피 상태에서는 좌절과 정신적 고통 그리고 그에 수반되는 고통도 세 번 이상 경험했다는 의미이다. 어떤 삶을 살 것인지는 각자 선택의 몫이다.

네트로피가 실현해 줄 이상적인 삶

네트로피는 질서를 의미한다. 모든 자연현상은 질서에서 무질서로 간다. 이것은 거역할 수 없는 사실이다.

폭포는 거역할 수 없는 자연현상이지만 분수는 네트로피적 질서로 분류할 수 있다. 분수에는 인간의 노력이 들어가기 때문이다. 자연현상을 거부하고 인간의 의지로 당당히 도전하는 점이 닮아 있다.

인간의 의지로 할 수 있는 일 중에서, 성공으로 가는 가장 빠른 길은 공부를 최우선 순위로 두는 것이다. 공부를 통해 현재의 가치보다 훨씬 성공한 삶을 살 수 있다.

모든 투자에는 리스크(risk)가 따르지만 공부만큼 리스크 없는 투자도 없다. 공부는 결국 자신에게 남는다. 실질적으로 당신이 원하는 삶의 모델을 구체적으로 그려보라. 10년 뒤 자신의 모습을 그린 그 이상적인 그림 속에 창조적 공부를 빼고 이루어질 수 있는 것은 아무것도 없을 것이다.

네트로피 상태에 진입한 사람은 하고자 하는 모든 것을 이룰 수 있다. 자신이 자신의 삶에 주인이 되어 더 이상 두려움이나 막연한 환상을 가지지 않는다. 건강 상태도 훨씬 좋아질 것이고, 태도, 마음가짐도 엔트로피 상태와는 비교도 되지 않을 정도로 긍정적으로 변화한다.

네트로피는 이타주의 혹은 무조건적인 배려를 뜻하는 것은 아니다. 필자가 말하는 네트로피 상태는 어쩌면 가장 이기주의적 발상일 수도 있다. 네트로피 상태란 자신 마음속에 자라고 있는 감정의 바이러스를 극복하고 마음을 한곳으로 모아서 고도의 집중과 몰입을 활용하여 자신의 현재 시간을 가장 효율적이고 적극적으로 활용하는 방법을 의미한다.

이성적 교감이 이루어지는 상태가 바로 네트로피 상태이다. 이성적으로 자신의 내면과 교감하면서 천천히 감정을 극복해 나가는 과정이 네트로피로 향하는 지름길이다.

네트로피적 질서로 가기 위해 멋진 파트너를 찾아라

엔트로피 무질서 상태에서는 친구나 동료 역시 부정적이고 무질서한 사람을 사귀게 된다. 추구하는 바와 지향하는 바가 동일하기 때문에 엔트로피 정도가 비슷한 수준에서 결정된다. 엔트로피 상태에서 비슷한 상황의 친구를 사귀면 자신의 엔트로피 수치는 급속도로 상승한다. 결국 극도의 무질서를 경험하게 되는 것이다.

네트로피적 질서로 가기 위해서는 혼자만의 노력이 우선시된다. 하지만 네트로피를 갖춘 조직이나 파트너를 만난다면 한결 수월하게 네트로피 상태로 진입할 수 있다. 네트로피로 가기 위해 이제부터 멋진 파트너나 조직을 찾고 사귀도록 노력하자. 네트로피를 갖춘 집단과 만나기 위해서는 그들 행위의 결과물이 창조적인 작업이거나, 공공의 이익을 추구하거나, 학문적인 것을 추구하는 집단을 찾는 것이 좋다. 즉 논리적인 혹은 사회적인 목적을 가진 단체나 파트너를 찾아보도록 하자. 그리고 그 구성원들 중에서 네트로피를 가장 잘 갖춘 사람을 자신의 역할모델로 삼고 그 역할모델과 친해지도록 노력하면서 자신의 엔트로피 수치를 낮추어나가자.

이러한 노력은 네트로피 상태로 진입하려는 모든 사람에게 보다 많은 도움을 줄 수 있다. 자신이 엔트로피 상태에 있을 때 네트로피가 잡힌 사람들과의 만남은 그 자체만으로 지루하고 따분하고 혹은 힘들게 느껴질 수 있다. 하지만 자신이 이제껏 유지해 왔던 친구관계가 발전적 혹은 효율적 만남이 아니었다면 다시 생각해 보고 새로운 네트로피를 갖춘 친구를 사귀어볼 것을 권장한다.

명심해야 할 점은 자신이 현재 네트로피로 진입하기 위해 많은 노력을 하고 있다고 하더라도 엔트로피로 무장한 친구들이 매일 전화나 메신저로 연락을 해오면 자신의 순수한 네트로피적 노력이 물거

품이 될 수도 있다는 것이다.

현재 목표로 두고 있는 인생의 최종목표에 부합하는 단체를 인터넷으로 알아보고 카페에 가입하거나 그들이 운영하는 학술단체에 가입하여 견문이 넓은 많은 사람들을 만나고 이해하라. 세상은 정말 많은 형태의 성공한 질서 잡힌 사람들이 존재한다. 그들을 만나려고 노력하라.

엔트로피적 사고체계에서는 또래집단과 만나서 그냥 웃고 즐기는 것에 만족하지만 이러한 만남은 그저 소모적일 뿐이다. 그러므로 자신의 미래를 열기 위해서는 질서 잡힌 사람들과 어울려야 한다. 처음엔 어색하겠지만 이성의 힘을 가지고 자신이 원하는 이성적, 사회적 단체에 문을 두드려라.

네트로피적 꿈을 꾸면 세계적 인재가 된다

필자는 기분이 나쁘거나 아무것도 하고 싶지 않은 순간이 오면 무조건 몸을 움직인다. 오래된 습관이지만 그 상태가 계속되면 왠지 짜증이 나고 엔트로피 상태로 깊이 들어가는 느낌이 들어서이다. 그래도 머릿속에 이유 없는 불안감이나 부정적 감정이 든다면 네트로피적 생각을 떠올리며 기분을 전환한다.

예를 들면, 바다가 보이는 넓은 토론장에서 세계인들과 경쟁하고 그들과 같이 세계적 문제를 토론하고 공감하며 이성적으로 즐겁게 대화하는 모습 등이다. 혹은 세계적 석학들 앞에서 자신 있게 주제를 발표하는 모습을 연상할 수도 있다.

사람마다 다를 수 있겠으나, 이런 모습을 상상하면 내 안에 들끓던 엔트로피적 무질서는 서서히 진정된다. 그리고 다시 나에게 세계인으로서 자질을 부여할 수 있도록 이성적인 행동을 유도한다.

필자는 늘 '한국이 좁다'라고 생각한다. 그래서 세계인들과 교류하려고 노력한다. 필자에겐 많은 전문직 외국인 친구가 있다. 필자는 외국을 접할 경험이 많은 직업을 가진 것이 아니다. 하지만 한국 내에서도 충분히 전 세계 친구들을 사귈 수 있다. 마음만 먹는다면 얼마든지 가능하다.

우선 자신이 운용하는 msn메신저나 스카이프(Skype)를 이용하여 전 세계 친구들을 만나보자. 웹캠과 헤드셋이 있다면 더욱 실감나게 세계인을 사귈 수 있다. 의외로 친절하게 세계인들은 메신저를 오픈한다. 그리고 그들과 많은 대화를 나누어라. 이때 영어 실력은 덤으로 따라온다. 필자는 매일 오전 세계인들과 세계적인 문제(예를 들면 지구온난화, 미국 금융 위기 등)를 가지고 토론한다.

세계를 가슴에 품으면 네트로피적 질서 부여에 많은 도움이 된다. 필자는 현재 8년째 메신저를 활용하여 미국인 변호사, 영국인 회계사, 프랑스 정치인, 싱가포르 기업인, 터키 선생님 등 정말 다양한 사람들과 많은 교류를 유지해 오고 있다. 1년 이상 대화를 나누다 보면 자연스럽게 한국으로 초청하기도 하고 또 직접 해당 국가를 방문하기도 한다.

　가슴속 깊이 네트로피적 질서를 부여하고 싶다면 우선 세계를 내 가슴속에 품을 수 있는 방법부터 찾아야 한다.

네트로피라는
멋진 꿈을 설계하라

우리가 살고 있는 사회는 정보화 사회이다. 하지만 코펜하겐 미래문제 연구센터의 롤프 옌센(Rolf Jensen)은 1999년에 이미 정보화 사회 이후의 사회가 도래되고 있음을 그의 책《드림 소사이어티》에서 예고했다.

이게 무슨 말인가? 우리는 이제 막 시작되는 정보화 시대에 맞추어 준비하는데 이미 정보화 시대는 지나갔다니? 사실 산업 사회 시대엔 발 빠르게 정보화 사회를 준비하는 자들이 승리했다. 그리고 이제 앞서갈 사람들은 그 이후의 삶의 변화, 즉 드림 소사이어티(dream society) 사회를 준비해야 한다.

다가오는 멋진 드림 소사이어티 시대를 준비하라

정보화 사회에서 앞선 정보가 돈으로 연결되었다면 다음 사회는 상상력과 창의력이 부의 원천이 될 것이다. 앞으로 짧게는 5~10년 안에 부의 원천이 상상력으로 넘어가는 드림 소사이어티 사회가 될 것이 틀림없다.

정보화 사회가 고도의 기술력으로 승부하는 사회였다면, 드림 소사이어티는 감정적 힘으로 승부하는 사회이다. 우리가 열광하는 모든 제품에는 나름대로 스토리가 있다. 우리는 그 스토리에 열광한다. 농심에서 나오는 삼다수는 제주 천연 암반수라는 스토리를 가지고 있다. 누군가가 스토리를 부여하면 사람들은 그 스토리를 믿게 된다. 이때 필요한 것이 인문학적 상상력이다. 즉 미래 사회의 리더는 누가 더 훌륭한 스토리를 만들어낼 수 있느냐이다.

꿈과 같은 스토리를 잘 짜내기 위해서는 많은 배경지식이 있어야 한다. 배경지식 속에서 다양한 창의력과 상상력이 나올 수 있다. 창의력과 상상력 없이는 절대 무에서 유가 창조될 수 없다. 드림 소사이어티에서 주인공으로 우뚝 서고 싶다면 앞으로 창의력과 상상력을 키우는 데 주력해야 한다.

같은 일을 반복하고 같은 생각만 해서는 도태된다. 열심히 노력하는 시대는 이미 지나갔다. 열심히 아무 창의적인 사고 없이 노력만 하다가는 엔트로피적 무질서 상태로 빠지기 십상이다. 우선 나 자신을 돌아보라. 창의력은 높은 수준의 지적인 지식에서 나온다. 그러므로 공부가 필요하다. 하지만 지금까지와는 다른 공부를 해야 드림 소사이어티 사회에서 성공할 수 있다.

드림 소사이어티로 가기 위한 창의적 공부법

창의적 공부법이란 다름 아닌 두 가지이다.

첫째는 오감(五感)을 느끼며, 오감을 키우는 공부법이다. 사람들은 오감에 별로 신경을 쓰지 않는다. 그러나 조금만 신경 쓰면 우리의 오감은 매우 크게 확대된다. 오감이 확대되면 공부를 잘할 수 있다.

오감을 활용한 공부법은 2040년에 성공하기 위한 적극적 공부법이다. 귀와 손 그리고 입과 눈, 냄새로 대상을 인식해야 머릿속의 창의력이 증폭된다. 창의력이 불길이라면 오감으로 받아들이는 정보는 창의력을 키우기 위한 장작임을 명심해야 한다.

오감을 자극하려면 한 가지 감각에 집중하면 된다. 어렵지 않다. 시각을 발달시키려면 산을 보면서 시각이 확대됨을 느끼면 되고 후각을 자극시키고 싶다면 모든 대상에 코를 노출시키면서 느끼면 된다. 이러한 방식은 창의적 공부에 도움이 많이 된다.

헬렌 켈러를 아는가? 헬렌 켈러는 벙어리에다 앞을 보지 못하는 사람이었다. 하지만 그녀의 글 〈사흘만 볼 수 있다면(Three Days to

See)〉을 보면 오감에 대한 참으로 간절한 내용이 나온다. 그녀가 쓴 글의 일부를 발췌하면 아래와 같다.

내가 만약 사흘만 볼 수 있다면

첫째 날에는

나는 친절과 겸손과 우정으로 내 삶을 가치 있게 해준 설리번 선생님을 찾아가 이제껏 손끝으로 만져서만 알던 그녀의 얼굴을 몇 시간이고 물끄러미 바라보면서 그 모습을 내 마음속에 깊이 간직해 두겠어요.

그러곤 밖으로 나가 바람에 나풀거리는 아름다운 나뭇잎과 들꽃들 그리고 석양에 빛나는 노을을 볼 거예요.

둘째 날에는

먼동이 트며 밤이 낮으로 바뀌는 웅장한 기적을 보고 나서, 서둘러 메트로폴리탄에 있는 박물관을 찾아가 하루 종일 인간이 진화해 온 궤적을 눈으로 확인해 볼 거예요.

그리고 저녁에는 보석 같은 밤하늘의 별들을 바라보면서 하루를 마무리하겠어요.

셋째 날에는

사람들이 일하며 살아가는 모습을 보기 위해 아침 일찍 큰길에 나가 출근하는 사람들의 얼굴 표정을 볼 거예요. 그리고 나서 오페라하우스와 영화관에 가 공연들을 보고 싶어요.

그리고 어느덧 저녁이 되면 네온사인이 반짝거리는 쇼윈도에 진열돼 있는 아름다운 물건들을 보면서 집으로 돌아와 나를 이 사흘 동안만이라도 볼 수 있게 해주신 하나님께 감사의 기도를 드리고 다시 영원히 암흑의 세계로 돌아가겠어요.

아주 간절한 글이다. 우리가 느껴야 할 것은 헬렌 켈러가 말한 간절함이다. 우리는 너무 바쁜 일상 때문에 오감을 잃어버리고 산다. 느껴라, 오감을. 그래야 2040년 새로운 시대의 주인이 될 수 있다.

두 번째 창의적 공부법은 적극적 공부의 날을 만들어보자는 것이다.

적극적 공부의 날이란 말 그대로 공부에 미치는 날이다. 한 달에 한 번 하루를 정해서 공부만 해라. 아주 진하게 하루 16시간 이상 정말 공부에만 미쳐보아라. 자신을 숙성시키는 기분으로 즐거운 극단의 체험을 해보아라. 창의력이란 끊임없는 몰입 속에서 발현되는 것이다. 적극적 공부의 날을 경험하고 나면 공부의 새로운 세상이 열린다. 남자들이 군대를 갔다 오면 극한 상황을 보다 더 잘 견디게 된다. 바로 군대라는 조직 안에서 극한의 크레이지 데이를 경험했기 때문이다. 이처럼 한 번 확장된 공부 지구력은 쉽게 줄어들지 않는다. 이는 마라톤과 같은 원리이다. 마라톤 풀코스를 완주한 사람은 몇 개월을 쉬어도 10킬로미터를 주파하는 데 별 어려움을 느끼지 못한다. 두려워 마라. 가장 진하게 의지적으로 보낸 하루는 미래의 나에게 보내는 가장 값진 선물임을 명심하라.

성공을 부르는 습관, 감정이입(empathizing) 기법

현재의 자기 모습이 불만인가? 답답하고, 아무리 해도 길을 찾을 수 없다고 생각되는가? 나만 힘겹고 세상은 불공평하다고 느껴지는가?

현재의 모습을 바꿔서 더 나은 사람으로 버전 업(version-up)되고 싶다는 느낌은 모든 인간이 가지는 공통적인 욕망이다. 부정적 현실을 깨뜨리고 이상적인 형태가 되고 싶은 것은 발전에 대해 갈망하는 인간의 기본욕구이다.

수천 년 동안 인간들은 현재의 부정적 삶을 개선하기 위한 노력을 지속해 왔다. 그리고 수많은 철학자, 심리학자들은 결국 자신의 의지로 변화하지 않으면 세상은 변화되지 않는다는 단순한 결론에 도달하게 되었다.

행복이 무엇인가? 인간이 느끼는 행복은 참으로 다양하다. 인간은 늘 행복을 느끼며 살아가기를 갈망한다. 하지만 허망한 것은 무질서한 사람은 행복의 본질을 보지 못한다는 점이다. 엔트로피 상태에서는 행복감을 느껴도 그것은 거짓된 자기표현에 불과한 것이다.

아무리 좋은 옷을 입고, 좋은 차를 타고, 멋진 몸매와 많은 돈을 가지고 있어도 결코 행복해질 수 없다. 엔트로피 상태에서는 행복하게 보이는 것이 최대의 목적일 뿐 정작 자신의 내면은 행복하지 않다.

행복이란 결국 무언가를 열심히 하고 있을 때 느낄 수 있다. 내가 현재 집중해야 할 일이 바로 그것에 해당된다. 현재 나는 무슨 일을 하고 있는가? 그리고 그 일에 대해서 얼마나 많은 노력을 하고 있는가? 이것이 행복으로 가는 궁극적인 질문이다.

행복해지고 싶다면 자신이 지금 최대한 열정을 퍼부어야 하는 곳에 모든 에너지를 쏟아 부어야 한다. 그래야 행복해진다. 결코 내가 현재 하고 있는 일에 최선을 다하지 않고서는 행복해질 수 없다. 만약 현재 하고 있는 일이 하찮거나 부담스럽게 느껴져 회피하고 다른 곳에서 행복감을 느끼려 한다면 결국 그 사람은 엔트로피 속에서 평생을 헤매며 살게 된다.

행복해지고 싶다면 열정적으로 현재 내가 해야 할 일에 집중하라. 행복이란 멀리 있는 가치가 아니다. 멀리서 찾으려 하면 고통과 고민만 찾아올 뿐이다. 현실을 왜곡하지 말고 현실을 직시하라.

엔트로피 상태에서 추구하는 모든 행복은 남에게 보이기 위한 것에 지나지 않는다. 평생 행복한 척하다가 생을 마감하고 싶은가? 성공한 사람들이 다 느껴보는 진정한 행복감을 생에 한 번도 못 느껴 보고 죽고 싶은가?

이제 정신 차리고 진정한 행복감을 찾기 위해 노력하라. 인생은 짧다. 정말 무섭게 빠르다. 그냥 시간을 낭비하기엔 할 일이 너무 많다. 인간이 느낄 수 있는 최대의 행복감을 찾아라. 그 법칙이 바로 감정이입을 통해 일에 완전히 몰입하는 것이다.

감정이입이란 나를 잊고 내가 하려는 일에 완전에 몰입되어서 내가 다른 대상이 되는 상태를 의미한다. 내가 하려는 일에 완전 몰입하면 긍정적 의미의 감정이입을 체험하게 된다.

전교 1등을 하고 싶다면 그와 똑같이 행동하면 된다. 전교 1등의 삶은 분명 무언가 특별한 것이 있다. 그의 삶을 똑같이 따라하라. 공부를 잘하고 싶다는 간절한 욕망이 있다면 주변에서 공부를 가장 열심히 즐겁게 하는 친구의 행동에 감정이입하라. 미친 척하고 한 달만 똑같이 행동하면 결국 나도 전교 1등을 할 수 있다.

감정이입에 의한 최선은 고난의 길이 아니라 행복으로 가는 길임을 명심하라. 순수하게 열정을 퍼부어서 노력하는 순간 인생 최고의 행복감을 맛보게 된다. 이 행복감은 다른 사람에게 보이기 위한 가식적인 행복하고는 차원이 다르다. 이 행복감은 신이 주는 최고의 선물이다.

김명민이라는 배우가 있다. 개인적으로 김명민이라는 배우를 잘 모른다. 하지만 그는 단 한 편의 영화를 찍기 위해 25kg 이상을 감량하고 루게릭병으로 죽어가는 환자의 역할을 완벽에 가깝게 재현했다. 그는 영화 촬영 동안 실제로 루게릭 환자처럼 생활을 했다고 한다.

배우 김명민은 촬영 기간 내내 즐거운 일에 몰입했다. 김명민처럼 한 가지 일에 몰입하고, 자신의 모든 오감을 한곳에 집중해서 일을 추진한다면 당장에는 볼품없는 구두닦이라도 성공할 수 있다.

공부를 잘하고 싶다면 하루 종일 공부만을 생각하라. 그러면 정말 공부를 잘할 수 있게 된다. "실패할 것 같다" 혹은 "나는 못할 것 같다"라고 말하고 싶다면 그건 비겁한 변명이다. 해보지도 않고 왜 그 따위 말부터 입에 담으려고 하는가.

목욕탕에 가보라. 처음 온탕에 들어갈 때 발가락 하나만을 담가도 너무 뜨거워 그냥 나가고 싶다. 여기서 만약 중단하고 나오면 목욕의 참 즐거움을 느끼지 못한다. 당장은 좀 불편하더라도 꾹 참고 온몸을 담가야 목욕의 즐거움을 느낄 수 있다. 공부 역시 마찬가지이다. 지금 좀 불편하다는 이유로 회피하려 하지 마라. 부정적 말만 반복하면서 적당히 인생은 즐기면서 사는 것이라고 자신을 세뇌시키는 것은 위험하다.

살아가면서 가장 무서운 발상은 '적당히'다. 적당히 살면 정신적 죽음을 당한다. 겉으로 적당히 사는 것처럼 보여도 가슴속에는 의지의 칼 한 자루는 반드시 지니고 있어야 한다. 그리고 단 하루도 그 칼을 가는 것을 게을리해서는 안 된다. 그래야 우리는 행복해진다. 행복한 척하려고 발버둥치지 않아도 행복해진다.

매일 화장하고, 옷 사고, 술 먹고, 담배 피고, 친구들과 무의미한 대화를 아무리 해도 궁극적으로 행복해지지 않는다. 외부적 요소가 나에게 행복을 가져다줄 수 있다고 믿는가? 결코 그렇지 않다. 다만 행복한 척할 뿐이다(가슴에 손을 대고 물어보라. 정말 그런 행동을 했을 때 행복했는지를).

하루라도 마음속에 칼을 갈지 않으면 행복해질 수 없다. 공부하는 학생이라면 하루라도 책 읽기를 게을리해서는 안 된다. 신명을 다해서 책을 읽어라. 그러면 행복해진다. 아주 많이 행복해진다. 책속에 감정을 이입하라. 내 모든 에너지를 책 속에 쏟아 부어라. 배우 김명민이 배역에 충실하기 위해서 몸무게를 25kg 뺀 것처럼 책 속에 감정을 이입하라.

학업성취도가 낮은 학생들을 보면 공부는 자신의 적성에 맞지 않는다고 표현한다. "수학 체질이 아니다", "영어 체질이 아니다"라고 단언한다. 그리고 공부 이외에 다른 기회가 온다면 그건 정말 잘할 수 있다고 생각한다. 정말 황당한 발상이다. 공부를 제외하고 무슨 일을 잘할수 있다는 말인가. 한 번 대답해 보라. 학생의 본분인 공부도 충실히 못하면서 다른 분야에서 엄청난 제안이 온다면 잘할 수 있다고 단언할 수 있는가. 그것은 일곱 살 꼬마아이가 올림픽에 출전할 기회를 주면 나가서 반드시 금메달을 따올 수 있다는 소리와 똑같다.

학생이라면 공부가 우선이다. 공부에 몰입하고 감정이입해야 한다. 그래야 행복해진다. 행복한 척하지 않아도 저절로 그렇게 된다. 내가 책이 되어야 한다. 나를 잊어라. 완전히 버려라. 완전히 버리고 책 속으로 들어가라. 그리고 그 속에서 느껴라. 그것이 인생이고 성공한 세계인의 20%가 그토록 알려주기 싫어하는 인생 성공의 비결이다.

꿈을 믿어라. 믿는 만큼 이루어진다

당신의 꿈은 무엇인가? 그 꿈을 이루려고 노력하는가? 아니면 현실적 여건 때문에 포기했는가? 누구나 꿈을 가져야 한다. 하지만 내 꿈이 무엇인지도 모르고 하루하루 그저 그런 삶을 살고 있는 사람들이 너무도 많다. 한심하게도 사람들은 자신이 오늘 해야 할 일도 다 못 마치고 미루면서 허덕인다. 주어진 시간을 제대로 쓰지 못하면서 "오늘 하루를 살기도 바빠 죽겠는데 무슨 꿈을 꾸라는 말이냐"라고 말한다. 학생들은 내일 모레가 시험기간이라 공부할 시간도 없다 말하고 직장인들은 업무량이 밀려들어 오는데 무슨 꿈을 꿀 수 있냐고 말한다.

하지만 아무리 바쁘다 하더라도 결코 꿈을 잃어서는 안 된다. 만약 꿈이 없다면 지금부터 30년 뒤에도 지금과 같이 허덕이면서 살아가고 있을 것이다. 정말 중요한 사실은 지금 허둥지둥 살고 있거나, 혹은 매우 무료한 시간을 보내고 있다면 미래에 성공할 수 없다는 것이다.

아무리 하는 일이 많더라도 하루 3시간 자기의 문제를 연구하는 시간을 확보해야 한다. 하루 3시간 자기 자신의 미래를 위해 시간을 투자하지 않으면 몇 년이 지나도 똑같은 삶의 패턴 속에서 살아가야 한다.

꿈이 없다고 투덜대지 마라. 하루 3시간 철저히 자신만의 시간을 가져라. 그리고 범위를 한정하지 말고 하고 싶은 공부를 하라. 현실적인 공부가 아닌 미래를 위한 공부를 하라. 자신을 위한 공부는 양보다는 질로 승부하라. 몇 권의 책을 읽었는가가 중요한 것이 아니다. 한 줄의 문장에 내 몸과 마음을 얼마나 집중했느냐가 중요하다.

엔트로피 상태에 놓여 있는 사람들은 '꿈은 가진 자들이 꾸는 것'이라고 생각하고 '나는 이미 늦었다'라고 여긴다. 그리고 현재 자신이 하고 있는 일에서 꿈을 찾으려 하지 않고 늘 다른 세상을 바라보기만 한다. 어디서 큰돈이 굴러 들어오기만을 기다리며 연구하는 마음도 없이 하루하루 생활에 급급해서 살아간다. 그러다가 현실적으로 업무량이 많아지거나, 감당할 수 없는 학업의 부담이 오면 그냥 포기해 버린다.

만약 당신이 학생이라면 이렇게 질문할 것이다. 당장 내일 치러야 할 중간고사는 어떻게 할 것이며 내신관리는 어떻게 하라는 말인가? 또 만약 당신이 직장인이라면 이렇게 항변할 것이다. 당장 먹고 사는 것도 힘든데 무슨 시간이 있다고 미래의 꿈을 꾸느냐고.

필자는 이런 종류의 질문을 수도 없이 많이 들어왔다. 하지만 명약관화한 정답이 있다. 아무리 생활이 바빠도 자신을 위해 투자할 수 있는 3시간은 있다. 만약 하루 3시간도 가지지 못한다면 미래가치가 없다. 그러므로 시간을 활용하는 생활습관을 바꾸거나 현재의 삶을 개혁해야 한다.

엔트로피적 인간들은 허덕거리며 바쁘게 살거나 혹은 아무것도 하지 않는 무료한 시간을 보낸다. 무질서하게 살고 있다가 닥치면 일을 시작한다. 그리고 불안과 걱정 속에서 모든 일은 잘 되지 않을 거라 단정하고 대충대충 시간을 보낸다.

성공이란 신명을 다해서 자신이 현재하는 일에 집중할 때 나타나는 물리학적 현상이다. 우주적 질서는 이미 만들어져 있다. 대충대충 해서는 엔트로피적 무질서 수치만 올려놓을 뿐이다. 정신을 차리고 현재 하는 일에 최선을 다하라. 만약 최선을 다하지 않고 지금 시간을 허투루 보낸다면 하는 일을 중단하거나 생활습관을 바꿔야 한다. 지금의 생활 방식이 당신의 미래를 성공으로 이끌어줄 수 있을 것이라고 확신해야 한다. 그래야 우주적 성공 질서를 잡을 수 있다.

꿈을 가지려면 우선 자신의 현재 일에 집중하라. 여기서 집중이란 많은 양을 뜻하는 것이 아니라 질을 뜻한다. 공부를 잘하는 사람은 어려운 문제에 집중하고 공부를 못하는 사람은 쉬운 것에만 집중한다. 엔트로피 속에 있는 사람은 아는 것을 하고 또 한다. 모르는 것은 접어두고 푸념하고 포기한다. 결국 이러한 방식의 공부는 엔트로피만 쌓아갈 뿐이다.

생각을 바꿔라. 현실 속에서도 당신은 당신의 멋진 미래를 향한 꿈을 꿀 수 있다. 허덕이지 마라. 자신의 일에 질서를 잡아라. 공부도 업무도 우선순위를 정하고 중요한 것부터 추진해 나가라. 끊임없이 문제를 파악하고 해결하라. 이미 해결된 문제에 대해서 집중할 필요가 없다. 이미 문제 파악이 끝나고 해결 방안이 나온 부분에 대해서는 꾸준히 유지만 잘 해나가면 된다.

만약 현재 하는 일에 문제가 발생되면 그 부분에 집중하라. 그리고 하루 3시간 그 문제를 해결하기 위해 매진하라. 방법을 찾고 연구하라. 끊임없이 연구하라. 그러면 해결 방안이 나온다. 끊임없이 자신이 가진 문제에 대해 연구하고 연구하면 우리 영혼 속에 내제된 지식상자는 그 해답을 줄 것이다. 간절히 바라면 그 일은 반드시 이루어진다. 그것이 우주적 원리다. 그리고 물리학적 측면에서 보면 인과관계로 구성된 에너지의 흐름이기도 하다.

쉽게 인생을 살려고 하지 마라. 쉽게 살아가는 인생만큼 매력 없는 인생은 없다. 지금 하는 일이 자신의 적성이 아니라면 적성으로 만들면 된다. 지금 하는 일에 최고가 되지 못한다면 다른 어떤 일을 해도 정상에 설 수 없다.

자신의 일을 부정하지 마라. 끊임없이 문제를 파악하고 해결하라. 연구하지 않고 설렁설렁 공부하기 시작하면 무료함이 오고 무료함은 엔트로피 에너지를 끌어오게 된다. 무료함이 극에 달하면 부정적 에너지가 분산되기 시작한다. 이때부터 자신의 일에 집중하지 못하고 기타 물질적 가치들을 추구하면서 쓸모없는 엔트로피 에너지를 외부로 분산시키기 시작한다. 이 상태가 되면 완전한 엔트로피 상태에 빠지게 되므로 자신이 하는 행위는 그저 먹고 살기 위한 저급한 생계수단이 되고 만다. 즉 하기 싫어도 할 수밖에 없는 일용직 노동자로 전락한다. 그리고 그 재미없는 일을 통해서 얻어진 작은 이익들은 모두 자신의 쾌락 혹은 현실적 생활 유지를 위해 쓰인다. 이 상태가 되면 꿈이란 이미 먼 나라 이야기가 되어버린다.

꿈을 가져라. 분명하고 선명하게 꿈을 꾸면 그 꿈은 반드시 이루어진다. 당신이 무슨 일을 하고 있든 상관없다. 그 일에 최선을 다하라. 하지만 단순히 최선을 다하기만 하면 노동이 된다. 문제점을 해결하기 위해 노력하고 연구하라. 그리고 그 삶 속에서 끊임없이 꿈을 꾸어라. 선명하게 꿈을 꾸어라. 그리고 내 꿈을 위해 공부하라.

공부가 밑바탕 되지 않은 성공은 없다. 공부는 결국 읽기다. 읽어야 한다. 절박한 심정으로 책을 읽어라. 책을 손에서 놓지 마라. 그래야 꿈이 이루어진다. 책을 손에서 놓으면 곧 짐승의 삶으로 돌아간다. 엔트로피적 삶은 살아 있되 죽어 있는 삶이다.

당신의 꿈은 독단적인 당신의 의지대로 이루어지지 않는다. 운이 따라야 한다. 사람들이 흔히 말하는 성공운이란 당신이 제어할 수 없는 부분이다. 하지만 확실한 것은 이 운(運)이란 기운은 바로 우주적 에너지라는 점이다.

당신이 무언가를 간절히 바라고 끊임없이 연구하고 문제점을 파악하고 공부하다 보면 그 우주적 성공 에너지는 당신의 주변을 싸고돈다. 그러나 인생을 부정하고 먹고살기 위해 일과 공부를 한다고 생각하면 우주의 온갖 부정적 에너지가 당신을 감싸게 된다. 이것이 엔트로피 법칙이자 어느 누구도 부정할 수 없는 에너지 법칙이다.

꿈을 꾸되, 가늠할 수 없는 거대한 꿈을 꾸어라. 그리고 끊임없이 자신의 현재에 가진 문제점을 파악하고 질서를 잡아라. 남을 부러워하거나 물질의 노예가 되지 마라. 그저 내면이 원하는 일을 하며 책을 가까이에 두면 된다.

성공을 이야기하고 성공했다는 느낌으로 살아라. 그러면 어느 순간 당신의 뇌는 질서가 잡힌다. 이 순간이 바로 네트로피적 인간이 되는 순간이다.

네트로피적 자아로 꿈을 제어하라

인간의 두뇌에는 두 가지 상반된 자아가 존재한다. 아주 본능적이고 기본적인 욕구에 만족하는 엔트로피적 자아와 엔트로피적 자아를 통제하고 제어하려고 하는 질서가 잡힌 네트로피적 자아가 그것이다. 두 개의 자아 중에서 어떤 자아가 당신의 두뇌 속에서 주도권을 잡고 있느냐에 따라 당신의 상태는 극명하게 달라진다.

노력하지 않는 상태에서는 두 자아를 구별할 수 없다. 아무것도 하지 않거나 무료한 상태 혹은 허둥지둥 서두르는 상태에서는 엔트로피적 자아가 주도권을 잡고 당신을 제어한다. 그래서 보통 범죄자들은 엔트로피 속에서 순간적 쾌락을 추구하기위해 충동적으로 범죄를 저지른다.

엔트로피적 자아는 당신을 보호하기 위해 존재한다. 당신이 배고픔이나 추위 혹은 두려움으로부터 벗어날 수 있도록 미리 튼튼한 보호막을 만들어준다. 그래서 엔트로피적 자아는 당신의 몸을 위험으로부터 벗어나게 하고 당신의 몸과 육체를 편리하게 만들려고 노력한다.

그래서 엔트로피적 자아가 주도권을 잡고 있을 때는 당신의 몸과 마음은 창조적인 작업을 할 수 없다. 엔트로피적 자아는 당신을 끊임없이 유혹한다. 일을 하지 말고 편안히 쉬라며 인생의 최종목표가 이기적 쾌락으로 잡히도록 유인한다.

엔트로피적 자아가 주도권을 오래 잡고 있으면 있을수록 당신의 몸과 마음은 아무것도 할 수 없는 상태가 되거나 쉬운 일만 찾게 된다. 단순 반복 작업만을 하게 되거나 미래를 생각하지 않은 현재의 쾌락에 머물게 된다.

청소년기에 엔트로피적 자아가 주도권을 잡고 있으면 공부를 두려운 것, 지겨운 것으로 인식하게 되고 또 다른 엔트로피적 즐거움에 매몰된다. 자신이 하는 일에 보람을 느끼지 못하며 발전 없는 삶을 살게 된다.

엔트로피적 자아는 언제나 네트로피적 자아를 억누른다. 네트로피적 자아를 억누르는 행위는 어쩌면 생존본능일 수도 있다. 당신이 위험에 빠지지 않도록 보다 안전하고 쾌락적인 삶을 살도록 철저히 보호해 주는 것이 엔트로피적 자아다. 하지만 엔트로피적 자아는 언제나 보호해 주는 대가로 걱정과 두려움 그리고 좌절이라는 부정적 선물을 당신에게 안겨준다.

엔트로피적 자아가 아주 깊게 뿌리박힌 사람들은 마치 유령을 만난 것처럼 다른 차원의 삶을 산다. 예를 들어 엔트로피적 자아가 주도권을 잡고 있는 학생이라면 공부를 하기 위해서 학교에 가는 것이 아니라 친구와 떠들고 이야기하기 위해 학교에 간다. 혹은 학교에 가는 것이 귀찮고 두렵지만 어쩔 수 없이 간다. 즉 엔트로피적 자아가 주도권을 잡고 있다면 학교를 가는 것 자체가 아무 의미가 없는 행위가 되어버린다.

엔트로피적 자아가 주도권을 잡고 있는 일반인 역시 다른 네트로피적 질서를 가진 사람보다 쉽게 지친다. 엔트로피적 자아가 주도권을 잡은 사람들은 자신의 신체를 극도로 보호하므로 겉으로 보았을 때는 매우 건강해 보이지만 다른 사람에 비해 쉽게 지치고 자주 병에 걸린다. 엔트로피적 자아가 주도권을 잡고 있으면 당신을 보호하기 위해 모든 바깥생활을 차단하고 당신을 고립시킨다. 매우 이기적으로 변하며 거짓말을 잘하게 되며 좋은 기분과 나쁜 기분이 번갈아 나타나 화와 분노를 자주 경험한다. 엔트로피적 자아는 당신의 삶을 망가지게 한다. 이것을 인식하지 못하면 평생 두려움과 공포 그리고 좌절 속에서 허덕이며 살아가야 한다.

세상은 당신이 모든 것을 가질 수 있도록 활짝 열려 있다. 이 모든 것은 엔트로피적 자아를 버려야 얻을 수 있다. 엔트로피적 자아를 버리는 방법은 의외로 간단하다. 지금 현재 당신의 엔트로피적 자아를 인식하기만 하면 된다.

엔트로피적 자아를 인식하려면 우선 지금 당신 머릿속에 매몰되어버린 네트로피적 자아를 찾는 것이 우선되어야 한다. 네트로피적 질서를 가진 자아를 통제자로 만들어라. 즉 당신의 머릿속에서 두 개의 자아를 분리시키면 된다. 먼저 당신의 머릿속에서 당신을 괴롭히는 바보 같고 유치한 엔트로피적 자아를 통제하라. 네트로피적 자아는 영원한 당신의 객관적 감시인이 될 수 있다. 모든 꿈을 이룬 위대한 사람들은 모두 네트로피적 자아의 통제를 받았다.

질서가 잡힌 네트로피적 자아가 당신을 통제하고 있다고 생각하며 항상 행동에 앞서 네트로피적 자아와 상의하라. 당신의 생활이 엔트로피에 가까웠다면 네트로피적 자아를 통제자로 내세우는 데까지 약 2주 정도의 시간이 필요하다. 버스를 탈 때도 밥을 먹을 때도 항상 엔트로피적 자아를 통제하는 네트로피적 자아를 머릿속에 그려라.

두 번째로 엔트로피적 자아를 이해하라. 엔트로피 자아는 당신을 보호하려고 했을 뿐이다. 그를 이해하라. 아침에 늦잠을 자거나, 공부에 집중할 수 없거나, 매사에 무기력한 모든 행위는 엔트로피적 자아가 주도권을 잡고 있기 때문에 나타나는 현상이다. 엔트로피적 자아는 당신을 위험으로부터 보호한다. 그러니 그를 완전히 부정하기보다는 네트로피적 자아의 통제 하에 엔트로피적 자아를 최소화시키는 작업이 필요하다.

엔트로피적 자아는 안주하려는 자아다. 소심하고 나약하다. 당신이 청중을 앞에 두고 연설을 시작하려 하면 엔트로피적 자아는 당신에게 위험신호를 보낼 것이다. "지금 무대를 봐. 두렵지? 그러니까 그만하고 내려와. 그러면 넌 편안해질 수 있어."

당신은 이때 당신이 세워놓은 질서정연한 네트로피적 자아에게 모든 것을 의뢰해야 이러한 유혹에 흔들리지 않고 무사히 연설을 마칠 수 있을 것이다.

엔트로피적 자아가 주도권을 잡고 있다면 미래의 꿈이란 먼 나라 이야기다. 지금도 피곤하고 지치는데 무슨 꿈을 이야기할 수 있다는 말인가? 그러므로 더더욱 엔트로피적 자아의 구속에서 벗어나야 꿈을 이야기할 수 있다.

네트로피적 자아가 있다는 사실을 인정하라. 적극적이며 지치지 않고 긍정적 목표를 향해서 끊임없이 행동할 수 있는 위대한 네트로 피적 자아는 이미 당신 안에 존재한다. 단지 당신이 만들어놓은 엔트로피적 자아가 당신의 내면에 엄청난 에너지(네트로피)를 감추어 두고 있을 뿐이다.

네트로피적 자아가 있다고 믿어라. 네트로피 법칙은 믿음에서 온다. 믿기 시작하라. 믿지 못하는 것은 의심이라는 엔트로피적 자아가 주도권을 잡고 있기 때문이다.

네트로피적 자아를 믿지 못하면 당신은 언제까지나 엔트로피가 만들어놓은 그 혼란스런 무질서 속에서 평생을 살아야 한다. 당신도 멋지게 남들 앞에서 연설하고 싶지 않은가? 많은 사람들 앞에서 존경과 박수를 받고 싶지 않은가? 당신의 엔트로피적 자아를 몰아내라. 그리고 당신 내면에 숨겨진 네트로피적 자아를 꺼내라.

네트로피적 자아를 키우려면 긍정의 힘이 필요하다. 긍정이란 의심과 공포를 벗어나는 것이다. 예를 들어 당신이 현재 간신히 한 명이 지나갈 수 있는 폭 1m의 한강다리를 건너가고 있다고 가정해 보자. 만약 엔트로피적 자아가 주도권을 잡고 있는 상태라면 당신은 다리 옆에 난간이 없다고 가정한다. 그래서 매우 불안하게 웅크리고 한강물을 조심스럽게 바라보면서 절대로 다리를 건널 수 없게 된다. 엔트로피적 자아는 당신의 안전을 최고의 가치로 생각한다. 조금이라도 안전에 어긋나는 도전을 하려고 하면 언제나 발목이 잡힐 것이다. 하물며 난간도 없는 폭이 1m 정도밖에 안 되는 한강다리를 건넌다는 것은 상상할 수도 없는 것이다.

네트로피적 자아는 같은 상황에서 난간이 안전하게 있다고 믿게 한다. 미래에 닥쳐올 부정적 두려움을 없애준다. 나를 보호해 주는 에너지는 이미 내 안에 내재되어 있다. 그리고 그 에너지는 미래를 긍정하게 만든다. 다리 밑을 내려다보면서 '떨어지면 어떻게 하지?'라는 바보 같은 걱정은 절대 하지 않아도 된다. 이미 네트로피라는 든든한 난간이 나의 생명을 안전하게 받쳐주고 있기 때문에 당신은 아무 두려움 없이 그 다리를 뛰어가면 된다.

네트로피적 자아는 당신의 꿈을 이루어줄 수 있는 최고의 자아다. 네트로피적 자아를 전면에 세워라. 그리고 엔트로피적 자아를 이해하라. 네트로피적 질서가 잡힌 위대한 통제자를 내 두뇌 전면에 배치하면 당신의 성공은 확실히 보장된다. 미래의 꿈을 이루고 싶다면 지금 당신 두뇌에 떠돌고 있는 두 개의 자아를 분리하라. 그리고 매일 책을 읽고 긍정적 생각과 말을 통해 네트로피적 자아를 전면에 내세워라.

네트로피적 자아가 서 있는 사람과 교제하고 그로부터 위대한 네트로피 에너지를 흡수하라. 엔트로피적 자아가 만들어놓은 무질서를 극복하라. 엔트로피적 상황에서 꿈을 이야기하는 것은 사형집행을 10분 남겨둔 사람에게 장래희망을 물어보는 것과 동일하며, 엔트로피적 자아에게 주도권을 내주었다면 당신은 사형집행 10분을 남겨둔 사형수와 동일하다. 기억하라. 벗어나지 않으면 당신은 언제까지나 부정적 공간 속에서 벗어나지 못한다.

네트로피적 자아를 믿고 의지하라. 그는 모든 긍정 에너지의 근원이다. 네트로피적 자아가 당신 안에 확실하게 내재되어 있다는 사실을 인정하고 그를 의지하여 당신의 모든 행동을 결정하라. 절대 의심하지 마라. 네트로피적 자아는 분명 당신 안에 있다. 진정으로 꿈을 이야기하고 싶다면 당신은 당신이 만들어놓은 엔트로피적 자아를 몰아내야 한다. 그리고 당신의 운명을 바꿔줄 위대한 물리적 원리인 네트로피적 자아를 전면에 내세워야 한다.

지금부터 긍정의 연극을 시작하라. 네트로피적 삶을 사는 사람처럼 행동하라. 정직하고 의롭게 그리고 주변사람에게 친절하게 대하라. 그리고 자신의 일에 최선을 다하고 문제점을 개선하라. 이 연극이 하루하루 계속되면 당신의 네트로피적 자아는 엔트로피를 극복해 낼 수 있다. 그 연극을 계속하는 것이 어색하게 느껴진다면 당신의 삶은 이제까지 무기력했다는 증거다.

꿈을 시작하자 – 오늘은 내 남은 인생의 첫 번째 날이다

도서관이나 길거리를 걸어 다니다 우연히 어떤 일에 종사하고 싶다는 생각을 해본 적이 있는가? 있다면 당신이 그 순간 가졌던 그 느낌은 바람이다. 간절히 바란다는 의미는 곧 꿈으로 이어진다는 의미를 담고 있다.

무언가를 간절히 희망하고 그것을 이룩하기 위해 노력하게 만드는 원동력은 무엇인가? 일반인들은 아무리 노력해도 며칠만 지나면 부정적 감정이 머릿속에 가득 차게 되어 곧 그것을 포기하게 된다. 하지만 성공한 사람들은 자신의 꿈을 향해 폭주기관차처럼 멈추지 않고 달려간다. 끊임없이 자신의 꿈을 향해서 달려갈 수 있는 원동력은 바로 자신의 머릿속에 이미지상자를 만들었기 때문이다.

우선 머릿속에 두 개의 이미지를 연상하라.

첫 번째로 연상해야 할 것은 성공한 자신의 이미지이다. 매일 머릿속에 이미지를 그려라. 아주 섬세하고 정확하게 나의 10년 뒤의 이미지를 그려나가라. 10년 뒤에 내가 무엇을 하고 있을지, 그리고 무슨 책을 읽고 있을지, 어느 곳에 살고 있을지, 무슨 차를 타고 다니는

지까지 아주 구체적으로 상상하라. 처음에는 잘 되지 않아도 계속 하다 보면 반드시 이미지상자가 내 머릿속에 들어가게 된다.

처음에 이 작업을 시작하면 엔트로피적 부정적 생각들의 덩어리들이 긍정적 꿈의 연상을 방해할 것이다. 이때 연상을 그만두면 안 된다. 기분이 좋아질 때까지 아주 구체화해서 자신의 10년 뒤의 모습을 그려라. 무슨 옷을 입고, 누구를 만나며 무슨 일에 종사할지까지 아주 구체적으로 연상하라. 이것을 반복하다 보면 그것은 놀랍게도 현실이 된다. "과연 될 수 있을까?"라고 말한다면 그 사람은 결국 긍정적인 미래의 자기 모습을 한 번도 연상해 보지 않았다는 것을 뜻한다.

'10년 뒤의 나'를 연상할 때의 기분에 따라서 그 결과물이 부정적으로 나타날 수도 있다. 그러므로 항상 긍정적인 연상을 할 수 있게 고정된 연상의 개념을 노트에 적어나가는 것이 좋다.

두 번째 방법은 자신의 꿈을 이룩하기 위한 이미지상자를 만드는 것이다. 머릿속에 상담의 멘토(mentor)를 만드는 기법이기도 하다. 얼핏 들어서는 무슨 의미인지 잘 파악하지 못하겠지만 생각해 보면 재미있는 말이다.

필자 역시 시련과 역경의 순간이 다가오면 몇 명의 상담의 멘토를 연상한다. 예를 들어 사업 확장을 꿈꿀 때면 언제나 머릿속 멘토에게 자문을 구하고 사업을 설계한다. 이때의 멘토는 이병철 삼성그룹

창업주이다. 역경의 시간이나 중요한 판단의 순간이 오면 이순신 장군의 결단력과 처칠의 여유를 이미지 멘토한다. 삶이 힘들다고 생각되면 영화 〈인디아나 존스〉의 존스 박사를 내 머릿속의 상담 멘토로 설정한다. 재미가 없어지거나 창의적이지 않을 때는 스티브 잡스나 월트 디즈니 창업주를 생각한다. 이기적인 나를 만날 때는 한비야와 테레사 수녀를 연상한다.

상담 멘토는 결국 책을 읽으면서 머릿속에 쌓이게 된다. 상담 멘토가 많은 사람은 결국 꿈을 설계하는 데에도 매우 큰 보탬이 된다.

이미지상자를 연상하는 이 두 가지 기법은 자신을 행복하게 만들어 하루 종일 상쾌한 기분을 유지시킨다. 꿈을 가진다는 것은 마음속에 기쁨과 사랑이 충만하다는 증거이다. 결국 꿈이 있는 자는 마음속에 엔돌핀이 증가하게 된다. 이 엔돌핀은 면역력을 증가시켜 몸을 건강하게 만든다. 결국 꿈이란 우리 삶을 보다 역동적으로 만드는 역할을 하는 것이다. 지금 하고 있는 일이 노동으로 느껴진다면 꿈이 없다는 이야기이다.

필자는 인생이 즐겁다. 꿈이 있기 때문에 하루 18시간 일에 미쳐 살아도 인생이 즐겁다. 만약 필자가 돈이나 어떤 물질적 목표 하나만을 위해서 일을 한다면 결코 즐겁지 않았을 것이다.

필자의 꿈은 세계적인 인간개발센터를 만드는 것이다. 이것을 위해 아주 구체적으로 머릿속으로 연상하며 묵상한다. 이 묵상의 작업은 결국 나를 움직이게 하는 원동력으로 작용하며 하루하루를 신나게 만든다.

물론 필자에게도 엔트로피적 무질서 상태에 빠지게 되는 순간이 종종 찾아온다. 그때는 글쓰기를 통해서 내 영혼을 깨운다.

결국 꿈이 없는 자들은 생활에 갇혀 돈도 못 벌고 꿈도 이루지 못한다. 하지만 꿈이 있는 자는 그 꿈을 실현하는 과정에서 끊임없이 긍정적 에너지가 발산되므로 자연히 행복해지며 물질적 풍요 역시 아주 크게 따라온다.

인생은 세트메뉴와 같다. 맥도날드에 가서 세트메뉴를 시키면 콜라와 감자튀김을 저렴한 가격에 햄버거와 함께 먹을 수 있다. 꿈을 만들고 그 꿈을 매일 이야기하고 연상하라는 이유는 꿈은 세트메뉴이기 때문이다. 빅맥이 꿈이라면 물질적 풍요는 감자칩과 콜라이다.

걱정하지 마라. 꿈을 이루려고 노력하다 보면 돈은 자연스럽게 따라온다. 단, 꿈 없이 돈만 벌려고 하면 그 인생은 반드시 실패한다는 점을 명심해야 한다.

미국의 모든 대통령은 취임하면 자신의 꿈과 비전을 제시해 줄 사람을 꼭 고용한다. 자신의 꿈을 매일 멘토링해 줄 수 있는 사람을 옆에 두고 있으니 그들이 성공을 하지 않을 수가 없다.

이건희 삼성그룹 전 회장은 회사에 출근하지 않고 자택에서 묵상한다. 자신의 방 안에서 하루 종일 묵상을 하면서 구체적 꿈과 비전을 아주 세세하게 설계한다. 그리고 수개월간의 침묵을 끝내면 사장단을 불러서 업무를 지시한다. 현재 삼성은 선대회장 시절보다 훨씬 큰 가치를 가진 대기업으로 변했다. 이건희 삼성그룹 전 회장은 성공의 법칙을 정확히 알고 있었던 사람이다.

꿈이 없는 자는 항상 몸이 아프거나 의욕이 없다. 수업시간에도 그 수업이 빨리 끝나기만을 기대하며 하루 중 가장 즐거운 시간이 잠자는 시간이거나 이성을 만나는 시간이라고 답변한다. 결국 이런 사람은 사회인이 되어도 퇴근시간만을 기다리는 무기력한 봉급생활자로 전락한다.

꿈이 있는 자는 하루 종일 설렘을 가지고 산다. 하루가 너무 부족하다고 느끼며 일이 너무 즐거워서 내일이 기다려진다. 그래서 즐거운 마음으로 하루 18시간 일에 몰두할 수 있게 되는 것이다.

김우중 전 대우그룹 회장은 지금은 야인으로 돌아갔지만 그가 가졌던 꿈의 크기만큼은 인정해야 한다. 보잘것없는 봉급생활자로 출발한 그는 도시락 두 개를 싸가지고 다니면서 현장을 익혔다. 많은 사람들의 이야기를 경청하며 자신의 꿈에 도전했다. 새벽 1시에 들어와서 잠자리에 들면 피곤한 기분보다는 내일 아침 회사에 출근할 설렘으로 잠자리에 들었다고 한다. 그는 누구나 들어갈 수 있는 회사의 평범한 직원이었다. 그런 그가 세계적 대기업을 이룩할 수 있었던 원동력은 바로 꿈의 크기이다. 그는 세계에 도전했다. 김우중 전

대우그룹 회장의 머릿속에는 정확하고 구체적이면서 거대한 꿈이 있었다. 그리고 그 꿈은 결국 현실이 되었다.

필자는 10년 뒤를 꿈꾼다. 지금까지 가져왔던 꿈보다 더 큰 꿈을 가져본다. 필자는 확신한다. 꿈이 있는 한 늙지 않는다. 꿈은 원대하고 야성적인 본성을 자극할 것이며 그 자극받은 본성은 열정이라는 이름으로 나 자신을 표현해 줄 수 있다고 확신한다.

결국 열정은 필자가 살아가는 이유이다. 필자가 80세가 되어도 늙지 않을 자신감이 있는 이유는 바로 열정적 꿈이 있기 때문이다. 필자는 끊임없이 연구하며, 사랑하며 살아갈 것이다. 이런 말이 때로는 매우 이상적이며 이타적이고 성인군자처럼 들릴지 모르지만 필자는 가장 이기적이기 때문에 원초적 행복감을 가지고 싶은 것뿐이다. 결국 행복은 내 안의 꿈을 파헤치는 행위이기 때문이다. 따라서 그 모든 것은 성인군자의 행동이 아니라 가장 이기적인 행위라는 점을 명심해야 한다. 그리고 누구나 정확하고 생생한 꿈을 매일 그려나간다면 인생은 행복으로 다가오게 될 것이다.

꿈이라는 에너지를 흡수하라

우리 주변에서 흔히 볼 수 있는 사람들이 있다. 아무리 열심히 살아도 가난의 굴레를 벗어날 수 없는 사람과 아무리 열심히 공부를 해도 성적이 올라가지 않는 사람이 그들이다.

길거리에서 행상을 하는 사람들을 보라. 하루 종일 초라한 과일과 야채 몇 봉지를 가지고 와서 앉아 있다. 점심은 길바닥에 쪼그리고 앉아 식어버린 도시락으로 배를 채운다. 매일매일 열심히 살지만 결국은 가난이라는 굴레에서 벗어나지 못하고 30년 전이나 지금이나 같은 인생을 살면서 평생을 마감한다.

공부도 마찬가지이다. 하루 종일 미친 듯이 공부에 매달려보지만 삼수, 사수를 해도 자신이 원하는 좋은 대학에 들어가지 못하는 이유는 과연 무엇일까? 머리가 나빠서일까? 아니다. 어차피 아이큐 85만 넘으면 공부는 누구나 할 수 있다. 아니면 노력이 부족해서일까? 이는 더더욱 아니다. 불공평하게도 세상에는 아무리 노력해도 결코 목표에 도달하지 못하는 사람이 더 많다. 그렇다면 과연 무엇이 문제인가?

필자 역시 젊은 시절 위와 같은 고민과 많은 시행착오를 겪으면서 인생을 익혔다. 그리고 이제 필자는 많은 독서와 연구를 통해 성공하기 위해 필요한 것이 무엇인지 어느 정도 파악하게 되었다.

"열심히 공부해라", "열심히 살자"라는 말은 참으로 많은 모순을 안고 있다. 이 말은 일종의 불안감의 분출이다. 열심히 안 하면 실패할지도 모른다는 강박관념을 표출하는 것에 불과하다.

정말 열심히 무엇인가를 해서 목표를 이룰 수 있다면 얼마나 좋을까. 하지만 맹목적으로 열심히 하면 한계점에 부딪쳐서 엄청난 실패를 경험하게 되고, 헤어날 수 없는 엔트로피적 무질서로 빠지기 쉽다.

이제껏 정말 노력을 다하지 않았기 때문에 성공하지 못한 것이 아니다. 바로 우주의 성공 법칙을 모르기 때문에 성공하지 못한 것이다.

우리가 살고 있는 지구에는 눈에 보이지 않는 에너지가 존재한다. 이것을 혹자는 기(氣)라고 표현한다. 이 에너지는 아주 간단한 원리로 움직인다. 우리가 부정적인 생각을 하면 부정적인 에너지가 우리 주변을 감싸고돈다. 그리고 그 원리 속에서 평생을 살게 된다. 한 번 구축된 부정적 에너지 통로는 그 질서가 잡혀 있기 때문에 웬만해서는 탈출하기 어렵다.

부정적 생각은 부정적 에너지를 불러 모은다. 우리의 몸은 우주의 에너지를 받아들이도록 되어 있다. 우주에 떠다니는 에너지는 우리가 생각하는 대로 들어온다. 부정적 생각을 하면 부정적 에너지가 들어오고, 부정적 생각이 커질수록 더 많은 부정적 에너지가 흡수된다. 우리 몸은 우리가 생각하는 대로 움직인다.

아무리 열심히 노력해도 안 되는 이유는 바로 그것이다. 지금 하는 부정적 생각 속에서 노력하고 있으니 될 수가 없다. 그것은 마치 물 한 방울 없는 사막 한가운데에서 수영을 하는 것과 동일하다.

한 번 고착화된 부정적 생각은 좀처럼 깨지기 힘들다. 부정적 에너지를 받아들이는 규칙이 이미 몸에 배어 있기 때문에 모든 것이 부정적으로 흘러간다.

이제 이 패배적인 생각의 패러다임을 바꾸자. 생각의 패러다임을 바꾸는 것은 의외로 간단하다. 긍정적인 생각을 하자. 그러면 성공의 에너지가 우리를 감싸기 시작한다. 성공의 에너지를 받아들이기 시작하면 성공의 통로가 생긴다.

여기서 중요한 것은 어떻게 해야 우주에 떠다니는 성공의 에너지를 보다 많이 섭취하느냐이다. 하루에 한 번 정확히 10분만 조용한 곳에서 큰 호흡을 하며 명상하라. 그리고 내 미래를 꿈꿔라. 가능할 수 없는 꿈을 꾸어라. 아주 구체적으로 꿈을 꾸어라. 내 미래의 모습을 긍정하라. 우리 몸은 우주의 에너지가 통하는 통로라는 점을 명심하라. 긍정의 통로가 작은 사람은 작은 성공밖에는 못 이룬다.

공부를 잘하고 싶거나 성공하고 싶다면 긍정적 노력과 행동을 하면서 끊임없이 긍정의 기운을 받아들여야 한다. 당신이 받아들이지 못하면 어차피 그 에너지는 다른 사람에게로 간다. 성공한 사람들은 많은 실패한 사람들의 에너지를 먹고 산다. 에너지는 우주적인 균형을 이루려 한다. 우주적 질서는 우리가 성공하느냐 실패하느냐에는 관심이 없다. 그저 물리적 균형을 이루려 할 뿐이다. 그러므로 실패한 여러 사람들의 에너지는 성공한 사람의 에너지로 쓰인다. 결국 우리가 내뱉는 부정적 말과 행동은 어느 누군가의 성공을 돕고 있다는 의미와 같다.

이제 진정으로 성공하고 싶다면 긍정의 에너지를 받아들일 수 있도록 우리 몸을 재설정해야 한다. 부정적 에너지를 받아들이는 통로를 차단하고 긍정의 에너지를 받아들일 수 있도록 조작하라.

긍정의 에너지 통로를 우리 몸에 세팅하기 위해서는 우선 긍정적 꿈을 만들어야 한다. 끊임없이 긍정하면서 미래를 꿈꿔라. 꿈꾸는 만큼 세상은 크게 열리게 되어 있다. 꿈의 크기가 완전히 열려 있지 않은 상태에서 기울이는 노력은 무의미한 노동에 불과하다.

꿈을 구체화하라. 10년 뒤의 모습을 노트에 적어라. 자세하게 적으면 적을수록 성공의 에너지는 내 주변을 감싸기 시작한다.

두 번째, 성공의 통로를 열기 위해서는 부정적 언어를 절대로 내뱉으면 안 된다. "나는 안 된다"라고 말하는 순간 긍정적 에너지 통로는 사라진다.

기억하라. 부정적 생각과 말은 다른 사람에게 내 긍정의 에너지를 모두 주는 어리석은 행위이다. 결국 실패란 현재 보이는 물질적 가치가 아니라 생각이다. 세상은 내가 생각한 대로 움직인다. 절대 부정적인 생각을 하지 마라. 부정적 생각은 부정의 에너지를 불러 모으고 부정적 행동과 결과를 불러일으킨다. 몸을 지치게 하고, 마음을 병들게 한다. 그 모든 근본은 결국 내가 가진 부정적 생각에서 비롯된다는 점을 명심하라.

간단한 실험 하나를 해보자. 긍정적 에너지를 가지면 긍정적 에너지가 불러 모아진다. 버스를 타기 위해 기다려야 한다면 부정적인 사람은 '왜 이렇게 버스가 안 올까?' 하고 생각한다. 하지만 지금부터 인식을 바꿔보자. '지금 버스가 왔네. 나는 정말 기다리지 않고 버스를 탈 수 있어'라고 완벽히 긍정하면 그것은 현실이 된다.

긍정적 생각은 엄청난 긍정적 에너지를 파생시키고 수많은 사람들로부터 긍정적 에너지를 훔쳐오게 한다. 결국 내가 가진 부정적 에너지는 부정적 생각을 가진 사람에게로 간다.

부정적 에너지를 가진 사람은 자신이 부정적 통로를 열어놓았다는 사실을 인식하지 못한다. 그리고 '왜 이렇게 일이 풀리지 않을까' 하고 생각한다. 결국 이런 사람은 결코 성공할 수 없다. 부정적 에너지 통로를 빨리 닫아라. 닫는 순간 새로운 에너지가 우리를 성공으로 이끌 것이다.

오늘부터 생각을 전환하자. 그리고 내가 가진 부정의 에너지 통로를 버리고 긍정의 에너지 통로를 개통하라.

자신을 변화시키는 위대한 일주일 법칙

현재 자신의 삶에 만족하고 있는가? 무엇을 위해 살아가는가? 지금처럼 살면 훌륭한 미래를 보장받을 수 있다고 장담할 수 있는가? 현재 자신의 삶에 충분히 만족하고 충분히 발전적 삶을 살 수 있다고 자부할 수 있는 사람은 불행하게도 극소수에 불과하다.

미래의 나는 현재의 자신이 만들어나가는 것이다. 무조건적인 노력이나 신념을 다해도 미래의 성공을 보장받지는 못한다. 정말 성공하고 싶다면 우선 위대한 성공 에너지를 받아들이는 작업이 중요하다. 무조건적인 노력이 아니라 성공의 기운을 받아들이기 위한 위대한 상태로 내 몸과 정신을 만들어야 한다.

어차피 전 우주적 질서에서 보자면 내가 성공하느냐 못하느냐는 큰 쟁점이 아니다. 단지 우주적 질서는 성공 에너지와 실패 에너지의 균형을 맞추고자 할 뿐이다. 당신이 지금 실패를 이야기하면 실패의 기운이 당신을 에워싸게 된다. 그러므로 좀처럼 헤어나올 수 없는 좌절과 게으름의 세계로 진입하게 된다. 그리고 자신이 만든 실패의 기운만큼(우주적 균형 질서에서는) 성공의 기운을 재생산해서 다른 사람들에게 전달하는 것이다. 즉 내가 실패를 꿈꾸거나 남의 험담을 하고 있거나, 잡스러운 이야기를 하고 있으면 성공을 이야기하는 모든 이들에게 성공 에너지를 선물하는 행위와 똑같다.

지금 자신의 몸과 정신을 바꾸지 않으면 언제까지나 남들의 성공만을 지지하면서 살아가는 별 볼일 없는 인생을 살아가야 한다. 그러므로 자신을 끊임없이 변화시켜야 한다. 일단 눈에 보이는 가시적 변화를 체험하기 위해서 일주일의 시간이 필요하다. 이 간단한 이론을 일주일만 실행에 옮기면 자신의 삶에 매우 긍정적 변화가 일어나는 것을 몸으로 체험하게 될 것이다.

성공 에너지를 얻기 위해선 그다지 큰 변화가 필요하지 않다. 몇 가지 기본만 지키면 된다. 이것만 잘 지켜도 우주의 성공 에너지를 받아들이기에 충분하다.

이를 위한 첫 번째 위대한 방법은 일주일 동안 하루에 딱 5문장씩 노트에 자신의 10년 뒤 비전을 적어보라는 것이다. 적는 순간 우주적 성공 에너지들이 당신에게 모여들기 시작한다.

수많은 사람들이 만들어놓은 실패와 좌절의 에너지들이 자신에게 성공의 에너지로 돌아온다. 이것은 우주적 에너지 균형의 법칙이다. 결국 나는 성공 에너지를 받아들이는 작업을 하고 있는 것이다. 추상적으로 적어도 좋고 구체적으로 적어도 좋다. 무조건 5문장을 적어라. 일주일 뒤 놀라운 변화를 체험하게 된다.

우주적 성공 에너지를 받아들이기 위한 두 번째 위대한 법칙은 하루 5개씩 감사의 문장을 만들어 적어보라는 것이다. 감사하는 순간 성공 에너지는 주입된다. 아주 소소한 것부터 큰 것까지 모두 감사하면서 문장을 적어나가다 보면 아주 신기한 체험을 하게 된다.

우주적 성공 에너지를 받기 위한 세 번째 위대한 방법은 부정적 생각과 부정적 말을 하지 않는 방법이다. 결국 일주일 동안 부정적 말과 생각, 행동을 하지 않으면 성공 에너지를 받아들이기 위한 기본 통로가 우리 몸에 자리 잡게 된다.

실패는 모두 내 생각과 내 말 속에서 만들어지는 결과물임을 명심하라. 그리고 실패를 이야기하는 자와 일주일간 어울리지 마라. 그러면 일주일 뒤 새로운 나를 만나게 된다.

물론 부정적 행동도 해서는 안 된다. 거짓된 행동이나 거짓말을 하게 되면 지금 당장은 편안할지 몰라도 결국 그 부정적 에너지는 나를 감싸고 돌 것이다. 우주적 입장에서 보면 부정적 에너지 통로가 마련된 형태이다. 그리고 그 행동으로 인해 많은 실패를 경험하게 된다. 그러므로 완벽한 변화를 위해서는 거짓말과 거짓된 행동 역시 철저히 금지해야 한다.

네 번째 위대한 방법은 하루 한 시간 완벽한 의미의 집중적 공부이다. 내가 무슨 일에 종사하건 상관없이 모든 것을 버리고 완전히 몰입하는 시간을 만들어라. 완전몰입이란, 자신이 하는 일에 신명을 가지고(목숨을 걸고) 모든 에너지를 한곳에 주입하는 위대한 작업이다. 다른 어떤 일에도 방해받아서 안 된다. 옆에서 불이 나도 움직이지 마라. 내 목숨을 걸고 집중하고 또 집중하라. 한 시간의 완벽한 집중은 당신의 삶을 확실히 높여줄 것이다.

마지막으로 웃으며 걸어라. 하루 30분 완전하게 편안한 기분으로 웃으며 걸어라. 신체적 변화는 마음과 몸의 부정적 에너지 통로를 차단할 수 있다.

이 다섯 가지 방식을 일주일 동안 적용하면 새로운 세상이 열린다. 결국 이 방식은 현재 자신이 가지고 있는 부정적 인식을 긍정적으로 바꿔줄 것이다.

위와 같은 체험을 일주일간 완벽하게 수행하고 나면 몇 가지 변화를 체험하게 된다. 우선 자신이 하는 일에 자부심을 가지게 된다. 또한 내 삶에 대해 만족감을 느끼게 되며 말뿐만이 아니라 진정한 의미의 가슴 뜨거운 행복감을 느끼게 된다. 미래에 대해 확신이 생기며 현재 자신의 삶에 만족감과 자부심을 느끼게 된다.

가슴 뜨거운 변화를 체험하고 싶다면 지금 당장 행동하라. 엄청난 의지와 노력이 따르지 않아도 되므로 누구나 실행에 옮길 수 있다.

아무리 열심히 해도 성과가 나오지 않는 이유는 간단하다. 바로 성공 에너지를 가지지 못했기 때문이다. 결국 변화는 실행하는 자의 몫이다. 실행하지 않으면서 변화하기를 원하는 건 웃기는 이야기이다. 부정의 에너지 통로를 열어놓고 성공을 원한다면 깨어진 맥주잔에 맥주라는 노력을 퍼붓는 것과 동일하다. 변화를 원한다면 변화를 위한 그릇부터 마련해야 한다.

우주적 성공 에너지 모으기
• 하루 다섯 개, 10년 뒤의 비전 적기
• 하루 다섯 개, 감사의 문장 만들기
• 부정인 말과 행동 줄이기
• 하루 1시간, 완전 몰입해서 공부하기
• 하루 30분, 웃으며 걷기

자신만의 프로펠러 동심원을 그려라

세상에는 우리를 유혹하는 수많은 프로펠러가 존재한다. 비행기 양쪽 날개에서 빠르게 돌아가는 프로펠러를 상상해 보라. 프로펠러의 중심에는 동력을 유발하는 중심원이 존재한다. 그 중심원을 중심으로 3개 혹은 4개의 날개가 빠른 속도로 돌아간다. 지나가는 새들과 벌레도 그 주변에 가면 블랙홀처럼 날개 속으로 빨려 들어갈 정도다.

이와 마찬가지로 우리가 살아가는 이 우주적 질서 속에도 당신을 강하게 유혹하는 프로펠러가 수없이 많이 존재한다. 즉 우리는 태어나서 죽을 때까지 수많은 프로펠러의 유혹 속에서 주체적 생각을 잊고 살 수밖에 없다.

예를 들어, 현재 텔레비전을 시청하고 있다면 텔레비전이라는 프로펠러 속으로 빨려 들어간 것이다. 마치 모닥불 속으로 미친 듯이 돌진하는 불나방처럼 자신이 프로펠러 속으로 흡수된다는 생각은 하지 못한 채 그냥 텔레비전 속으로 빨려 들어가버린다.

이 외에도 자신이 해야 할 일을 망각하도록 만드는 여러 가지 유혹의 프로펠러는 주위에 너무도 많다. 가령 공부를 하고 있다고 가정해 보자. 30분쯤 지나면 친구와의 잡담이라는 유혹의 프로펠러가 작동하기 시작한다. 그 순간 당신은 당신의 주체성을 잃고 친구의 프로펠러 속으로 빨려 들어가게 된다.

결국 수많은 프로펠러의 유혹에서 벗어나야 성공적인 삶을 살 수 있다. 끊임없이 흔들리는 프로펠러의 유혹 속에서 주체성을 찾아내려면 강한 의지력보다는 지금 현재 자신이 어떤 프로펠러 속으로 들어가고 있는지를 정확히 인식할 필요가 있다.

어차피 우리는 프로펠러의 유혹을 벗어날 수가 없다. 하지만 프로펠러의 유혹에는 두 가지 종류가 있다. 하나는 우리 정신세계를 파괴시키고 나약하게 만들어 엔트로피를 유발하는 프로펠러이고, 다른 하나는 우리 정신세계를 바로 세우고 질서를 부여하면서 성공으로 인도할 네트로피를 유발하는 프로펠러이다.

당신은 항상 쉽게 접근할 수 있는 프로펠러에 무방비 상태로 노출되어 있다. 술, 담배, 이성(異性), 잡념, 게임 혹은 어떤 사물에 대한 집착은 쉽게 접근할 수 있는 엔트로피 프로펠러의 전형이다.

이성에 빠져본 적이 있는가? 이성에 대한 프로펠러는 극도로 위험하다. 내가 내 삶을 사는 것이 아니라, 상대방을 위한 삶을 살아가게 돼 결국 종속적 관계가 된다. 이성이 만들어놓은 프로펠러 속으로 빨려 들어가는 것이다. 결국 나는 모닥불 속으로 미친 듯이 뛰어드는 불나방이 되는 것이다. 결국 나는 나의 삶을 잊어버리고 비참한 삶을 살게 된다.

또 담배를 피우는 사람은 담배라는 프로펠러 속에 흡수되어 있는 상태다. 담배라는 프로펠러는 강하게 사람을 유혹한다. 결국 평생 담배를 피우는 동안 주체적 삶의 순간을 잊게 된다.

성공하느냐 못하느냐의 차이는 결국 어떤 프로펠러 속으로 진입하는가에 달렸다. 성공을 위한 핵심은 네트로피적 질서를 가진 프로펠러로 진입하는 것이다.

네트로피적 질서를 가진 프로펠러에 진입한다는 의미는 결국 자신이 미래에 원하는 집단에 들어가려고 노력한다는 의미와 동일하다. 현재 자신이 휘말리고 있는 프로펠러는 몇 개가 있는지, 그리고 그중에서 부정적 엔트로피적 무질서를 내재하고 있는 프로펠러가 몇 개나 있는지를 확인해 보라. 그리고 그 부정적 사슬을 끊어내도록 노력해야 한다.

부모와 갈등관계에 있다면 그것은 부모라는 프로펠러 속에 휘말린 상태를 의미한다. 부정적 인간관계 때문에 실패한 프로펠러 속으로 진입한 사람들은 자신의 모든 시간을 쓸모없이 써버릴 수 있다. 부정적 프로펠러 속으로 들어가지 않기 위해서는 우선 자신이 지금 하려는 행동이 다른 사람이 만들어놓은 프로펠러 속으로 들어가는 것인지 아닌지를 정확히 검증해 볼 필요가 있다.

누군가와 사이가 좋지 않다면 그것은 잘못된 프로펠러 속으로 진입한 것이다. 이것을 해결하기 위해서는 우선 잘못 만들어진 프로펠러를 인식해야 한다. 부정적 프로펠러 속에서 나오기 위해서 그들과 대적해서는 안 된다. 프로펠러의 힘은 너무도 강력하기 때문에 부정적으로 화를 내면서 대응하려고 하면 할수록 더욱 깊숙이 빨려들게 되어 있다. 그러므로 우선 부정적 프로펠러 속에서 빠져나오는 것이 중요하다. 이 부정적 프로펠러를 탈출하기 위해서는 긍정적 프로펠러를 가동하는 방법을 취하는 것이 가장 훌륭한 방법이다.

부정적 프로펠러를 벗어나 당신이 원하는 성공적인 프로펠러의 동심원을 만들어서 세상 사람들을 그 속으로 끌어당길 수 있도록 노력해야 한다. 프로펠러의 동심원을 만든다는 것은 고도로 창조적이고 진취적인 발상이다. 하지만 다른 부정적 프로펠러 속으로 빨려 들어가지만 않으면 사실 쉽게 만들어낼 수 있는 것이다.

지금 당신이 원하는 이상적인 삶이 네트로피적 질서가 잡힌 거대한 조직의 프로펠러라면 당신은 절반쯤 성공했다. 하지만 결국 그 성공 역시도 남들이 만들어놓은 프로펠러 속으로 몸을 던지는 것에 불과하다. 결국 진정한 성공이란 자신이 동심원(프로펠러의 생성자)에 서야 한다는 의미이다.

질서 잡힌 프로펠러를 만드는 건 어렵지 않다. 최대한 현재 처해 있는 부정적 프로펠러를 버리는 것이 중요하다. 그 부정적 프로펠러를 버리려고 하면 어느덧 내가 동심원의 중심에 서 있음을 느끼게 된다.

중요한 것은 마음가짐이다. 결국 동심원의 중심에 서는 것이 당신의 꿈이 되어야 한다. 남들이 만들어놓은 프로펠러 속으로 들어가는 것이 꿈이 되어서는 안 된다.

지금 이 순간에도 우리를 유혹하는 수많은 프로펠러가 돌아가고 있다. 수많은 프로펠러에서 자신의 프로펠러를 창출하기 위해 부정적 프로펠러를 하나하나 정리해 보자. 이 방법이 성공에 가장 빠르게 접근하는 길이다.

NEGATIVE ENTROPY

네트로피가 알려주는
성공의 비밀

엔트로피적 불안과
걱정에서 벗어나라

아침에 일어났을 때 은근히 걱정과 불안이 밀려왔다. 다름 아니라 전기료 때문이었다. 더위를 참지 못하는 필자가 여름철에 에어컨을 켜놓고 잠이 든 적이 한두 번이 아니었기 때문이다. '지난 달 관리비보다 2배는 더 나오겠네'하고 선잠이 깬 상태에서 이불을 뒤척이며 걱정과 불안감을 느끼고 있었다. 잠시 후 필자는 벌떡 일어나 급히 컴퓨터를 켜고 은행잔고를 확인하기 시작했다. 다름 아니라 자동이체로 빠져나가는 통장에 잔고가 남아 있는지를 확인하기 위해서였다. 물론 잔고가 없으면 큰일이 날 수도 있다는 걱정과 불안감이 동반된 행동이었다.

이날 아침을 온통 전기료에 대한 불안과 걱정으로 시간을 보냈다.

해야 할 본연의 업무는 망각한 채 그저 좀스런 걱정 속에서 집중하지 못하고 시간을 낭비했다. 살아오면서 이런 종류의 쓸데없는 걱정과 불안 속에 허비한 시간이 상당히 많다는 생각이 불현듯 들었다.

필자의 어느 날을 예로 들었지만, 이처럼 수많은 부정적 엔트로피의 블랙홀은 오늘도 당신의 시간을 잡아먹으려고 입을 벌리고 있다. 이 불쾌한 유혹은 당신이 정신을 잠시 놓은 틈을 타 모닥불 속으로 돌진하는 불나방처럼 맹목적으로 덤벼든다. 필자는 결국 전기료라는 부정적 엔트로피 때문에 그날 오전을 완전히 소모하고 만 것이다.

불안을 불러일으키는 엔트로피를 극복하자

현실적 고민만을 해결하려고 노력하다 보면 어느덧 엔트로피 상태에 빠져 있음을 느낄 수 있다. 당신은 엔트로피의 블랙홀 속에 얼마나 빠져 있다고 생각하는가? 사실 당신은 하루 종일 엔트로피의 유혹에 놓여 있다. 자칫 잘못하면 이 무서운 유혹에 걷잡을 수 없이 빠져들게 된다. 이것은 걱정과 불안을 만들어내 당신을 더욱 부정적 엔트로피 상태로 끌어들일 것이다.

주부는 마트에서 원하는 사은품을 얻지 못했을 때 하루 종일 기분이 우울해진다. 이것은 지금 사은품이라는 부정적 엔트로피에 장악당했기 때문이다. 결국엔 당장 필요하지도 않은 사은품 하나 때문에 하루를 모두 소모한 것이다.

공부를 하고자 하는 학생들 대부분은 인간관계라는 부정적 엔트로피에 휩싸이기 쉽다. 친한 친구가 인사를 받아주지 않았다면 그 걱정과 불안으로 하루를 소모한다. 결국 '공부'라는 본분을 망각하고 '친구'라는 불안과 걱정의 엔트로피에게 당한 것이다.

부정적 엔트로피는 오늘도 늪처럼 우리를 끌어당기려고 도처에서 대기하고 있다. 정신을 똑바로 차리지 않으면 당신은 불안과 걱정을 동반한 부정적 엔트로피의 먹잇감이 될 수 있다.

불안과 걱정은 모두 현실적 문제에서 발생한다. 현실적인 작은 이익을 추구하기 위한 엔트로피적 발상은 당신의 모든 미래가치를 포기하게 만든다. 그리고 작은 이익의 노예가 되도록 유도해서는 당신을 엔트로피의 유혹 속으로 깊게 빠지게 한다.

지금 당신을 불안하게 만드는 요소가 무엇인가? 잘 생각해 보면 그것은 너무나 단순하다. 불안과 걱정은 집착에서 발생한다. 작은 이익의 끈을 놓기 싫어서 생기는 일이다. 침몰하는 여객선 안에서 구명조끼를 찾을 생각은 안 하고 자신이 가지고 있는 돈이 젖을까 걱정하는 꼴이다.

불안과 걱정은 삶 전체를 비참하게 만든다. 어떤 일에 집중을 할 수 없도록 끊임없이 유혹한다. 집중은 부정적 엔트로피 상태를 벗어날 수 있는 가장 강력한 도구이므로 엔트로피라는 유혹의 괴물은 언제나 걱정과 불안을 가장해서 나타난다. 전혀 인생의 도움이 되지 않는 걱정과 불안을 파생시켜서 미래의 꿈과 희망을 버리게 한다.

공부를 진정으로 잘하고 싶다면 불안과 걱정이라는 엔트로피적인 고민에서 벗어나야 한다. 이것을 극복하는 유일한 방법은 집중이다. 흔들리지 않아야 걱정과 불안이 없어진다. 도처에 흩어진 무질서적인 불안과 걱정은 오늘도 당신의 영혼을 갉아먹는다. 그러나 하루 1시간 완벽한 의미의 집중은 당신을 걱정과 불안에서 벗어나게 해줄 수 있다.

지금 만약 걱정과 불안에 싸여 있다면 우선 종이와 펜을 꺼내서 정확한 걱정의 원인을 적어라. 그리고 그 걱정의 원인이 간단한 것이라면 빨리 해결하고, 쓸데없는 망상에 불과하다면 일단 생각을 접어라. 그리고 머릿속에 다른 질서를 잡아주기 위해 공부를 시작하라. 집중할 때 공부만큼 빨리 효과를 보는 것은 없다.

진정한 행복의 문을 열기 위해 불안과 걱정이라는 엔트로피적 발상을 버려야 한다. 완벽한 자신의 기술을 닦는 시간이 중요하다.

자강불식(自强不息)이라는 말이 있다. 오직 최선을 다하여 힘쓰고 가다듬어 쉬지 아니하며 수양(修養)에 힘을 기울여 게을리 하지 않는다는 말이다. "스스로 최선을 다해 힘쓰고 쉬지 않는다"는 뜻을 지닌 자강불식은 "오로지 자기 스스로 힘들여 노력하여 멈추지 않는다"는 말이기도 하다. 그리고 이 말은 부정적 엔트로피의 불안과 걱정의 탈출구이다. 행복하기 위해서 당신은 끊임없이 불안과 걱정이라는 저급한 정신 상태를 극복해야 할 필요가 있다. 그러기 위해선 단 한순간도 쉬지 말고 자신의 시간을 창출하며 노력해라. 항상자신의 상태를 점검하라. 당신의 시간을 엔트로피가 만들어놓은 불안과 걱정 때문에 날려버려서는 안 된다.

불안과 걱정을 벗어나기 위한 안내

엔트로피적 무질서는 언제나 주변을 떠돌며 우리를 잡아먹으려고 미친 사냥개처럼 입을 벌리고 있다. 참으로 두려운 일이다. 하지만 이 책은 이것을 극복하기 위한 분명한 방법을 제시한다.

엔트로피는 우리가 조금만 방심해도 그 틈을 타서 우리 정신세계를 파괴할 정도로 무서운 침투력을 가지고 있다. 육체적 고통은 아픔을 수반하지만 엔트로피적 바이러스가 침투했을 때는 아픔을 느끼지 못한다. 그래서 평생 엔트로피를 인식하지 못한 채 그 속에서 죽어가는 사람들이 많을 수밖에 없다.

엔트로피적 무질서를 벗어난다는 것은 참다운 자유와 만난다는 것과 동일하다. 엔트로피는 즐거움을 가장해서 침투한다. 엔트로피는 우리의 몸과 마음을 무기력하게 만들고 두려움을 느끼게 하고 불안과 걱정을 동반한다. 한 인간이 일생에서 성공한다는 개념을 다른 말로 바꾸어 설명하면 얼마나 많은 엔트로피적 유혹을 극복했느냐와 동일하다.

엔트로피는 항상 걱정과 불안을 동반하기 때문에 당신은 해야 할 공부를 비롯해서 지금 자신이 하는 일에 몰입하기가 매우 힘들어진다. 이를 극복하지 않으면 참으로 힘든 나날을 보내야 한다.

이것을 극복하기 위해서 참신한 방법을 제시하고자 한다. 당신을 괴롭히는 불안과 걱정은 세상을 정확한 사실 그대로가 아닌 왜곡된 시선으로 받아들임으로써 발생하는 것이다. 자, 그럼 이제 관점을 바꿔서 설명해 보겠다.

정보를 받아들이는 주체는 누구인가? 바로 나 자신이다. 나는 아주 자의적(이기적)으로 정보를 해석한다. 정보의 자의적 해석은 걱정과 불안을 동반한다.

예를 들어, 좋은 대학에 들어가고 싶은 욕망의 엔트로피 늪 속에 빠진 사람 눈에는 좋은 대학에 들어간 사람을 부러움의 대상으로 설정하고 나머지 대학에 다니는 사람들을 경멸한다. 엔트로피는 무질서 상태이므로 외부적 정보를 사실로서 받아들이지 않고 무질서 상태에서 편리하게 활용될 수 있는 정보만 아주 이기적으로 받아들인다. 그렇기 때문에 엄청난 정보의 왜곡을 동반할 수밖에 없다.

이렇게 왜곡된 정보는 결국 자신의 자의적 해석을 거쳐 당신이 그토록 경멸하는 나머지 대학의 구성원이 되지 않으려고 발버둥 치게 만든다. 여기서 근본적인 불안과 걱정이 동반된다. 결국 엔트로피 상태에서는 다양한 사실을 정확히 받아들이지 못하고 한정된 정보만을 한정된 시각으로 받아들이게 되는 것이다. 그리고 자신이 생각하고 행동하는 모든 양식이 올바르다고 생각하고 그렇게 행동한다. 결국 겉으로 드러나는 모습만 볼 수 있는 우리 눈이 가지는 판단의 오류인 셈이다. 이런 불안과 걱정 상태가 지속되면 소외감과 열등감 혹은 우울증으로 확대된다.

그러나 이는 훈련으로 극복 가능하다. 우리는 모두 몸속에 이미 엔트로피적 무질서를 극복하기 위한 훌륭한 백신을 가지고 있음을 명심해야 한다. 이 백신을 활용하면 무찌르지 못할 엔트로피는 없다.

당신이 현재 가지고 있는 고민은 어디서부터 파생된 것인가? 고민의 뿌리를 찾아보면 결국 엔트로피적 무질서가 만들어놓은 부산물임을 알게 된다. 가치 없는 작은 것을 소중한 가치로 우상화시켜 놓고 고민이라는 괴물을 파생시킨 것이다.

걱정과 고민은 다른 모든 일의 효율을 저하시킨다. 마라톤 선수가 30킬로미터 지점에서 결승점만을 생각해야 하는데, 경기 중에 엉뚱하게 어제 빌려준 돈 3천 원에 대한 집착으로 고민하고 있는 것과 동일하다.

걱정과 고민이 만들어놓은 엔트로피라는 함정 속에서 공부를 잘하기를 기대하는 것은 어불성설이다. 걱정과 고민은 정신을 분산시킨다. 그리고 끊임없이 쓸데없는 행동을 유발해 산만하고 무질서해진다. 오직 엔트로피적 파괴적 결과만을 바라보고 행동하므로 그 결과물을 가지기 위해 온갖 편법과 파행이 자행된다.

이런 상태에서 아무리 결심하고 무언가를 제대로 하려 해도 될 수가 없다. 그러므로 엔트로피를 벗어나야 진정한 공부를 할 수 있고 성공도 거둘 수 있는 것이다.

엔트로피라는 괴물과 대적하기 위해서는 우선 눈을 감아라(눈은 엔트로피 바이러스가 들어오기에 가장 유용한 통로이다). 눈을 감고 크게 호흡하면서 마음의 평정을 찾아라. 그리고 내 내면의 영혼을 찾아라. 그는 존재한다. 다만 엔트로피라는 바이러스 때문에 원형이 숨겨져 있을 뿐이다. 그 원형을 찾아야 한다.

이왕이면 MP3 플레이어에 조용한 음악을 내려 받아서 같이 들으면 도움이 될 것이다. 외부적 요소는 언제나 변화무쌍하고 시끄럽다. 그러나 그것은 곧 지나가는 유행일 뿐이다. 걱정하지 말고 우선 내면에 귀를 기울여라. 약 5분 동안의 조용한 상태에서의 명상은 최고의 나, 즉 이미 완성된 나의 영혼의 모습을 대면하기에 충분한 시간이다.

5분간 편안한 상태에서 편안한 음악을 들으며 깊이 자신의 내면에 들어가라. 그리고 내가 가지고 있는 고민들의 사실만을 인정하라. 그리고 자기 내면의 영혼에게 질문하라. 그리고 내 영혼을 이해하고 만나라.

명상은 영혼을 만날 수 있는 좋은 방법이다. 하루 약 15분 정도만 투자해서 자기 내면의 영혼과 대화하라. 아주 시끄럽고 두려운 외부적 엔트로피 정보를 차단하고 진정한 나를 찾아 떠나라. 그리고 이렇게 다짐하라.

'나는 절대로 외부적 엔트로피가 만들어놓은 무질서에 현혹되지 않는다. 나는 순수한 내면의 목소리대로 살 것이다.'

하루 5번 정도 이 같은 구호를 마음속으로 외치며 다짐하라. 그리고 외부적 엔트로피가 만들어놓은 수많은 집착의 걱정 바이러스를 차단하고 한 가지 일에 몰입하라.

관조적 명상을 할 때 중요한 점은 입을 벌리는 것이다. 입술이 닫힌 상태에서 약간 양 치아 사이를 지그시 벌려야 한다. 이를 닫는 순간 엔트로피적 무질서가 일어난다. 우리가 입을 벌린다는 것은 네트로피적 질서로 가기 위한 통로를 만들어놓는다는 것과 흡사하다.

외부적 감각(미각, 시각, 후각, 촉각, 청각)은 별로 신뢰할 것이 못된다. 외부적 감각과 내부적 감각(내면의 영혼)이 같이 작동되지 않은 상태에서 외부적 감각만 열어놓으면 곧 엔트로피 상태로 진입하게 된다.

항상 내면의 영혼의 목소리에 귀를 열어두어야 한다. 내면의 영혼은 매우 순수하고, 맑고 깨끗하다. 그렇기 때문에 쉽게 외부적 엔트로피 충격에 무너지기 쉽다. 그저 하루 15분 정도 내 내면의 영혼과 만나는 것으로도 충분하다.

이것을 하찮게 생각하지 마라. 이 방법이 당신을 살릴 것이다. 내면에 잠재된 자신의 목소리와 대화하라. 외부적 엔트로피를 벗어나기 위해, 그리고 진정한 의미의 노력과 성공을 거두기 위해, 내 안에 있는 영혼을 만나기 위해 노력해야 한다.

당신이 현재 하고 있는 모든 고민과 걱정의 원천은 엔트로피가 만들어놓은 부산물임을 명심하라. 그리고 끊임없이 자기 내면의 영혼과 만날 수 있는 통로를 열어두어야 함을 자각하라.

당신은 인생의 주인공이다

엔트로피는 우리가 살아가는 공간 속에서 무수히 많이 산재되어 있다. 조금만 정신을 놓아도 금세 휩쓸리고 만다. 인간의 뇌는 기본적으로 질서를 좋아한다. 그래서 질서가 잡혀 있지 않은 상태에서 외부적 자극이 조금이라도 가해지면 바로 그 가치가 내 머릿속에 새로운 질서로 부여된다는 점이다. 하지만 엔트로피를 가장한 질서는 끊임없는 피로와 좌절을 야기한다. 더불어 짜증과 분노, 우울과 긴장을 부여한다.

올바른 머릿속 질서는 순수한 노력을 동반한 네트로피적 질서다. 우리가 숨 쉬는 모든 공간은 온통 엔트로피적 무질서로 가득하다. 그리고 길거리에는 이 엔트로피라는 무서운 무질서 바이러스로 감염된 수많은 사람들이 활보하고 있다는 사실을 명심해야 한다. 신종

인플루엔자보다 훨씬 무서운 엔트로피 바이러스가 사방팔방 퍼져 있다.

일단 엔트로피 바이러스에 감염되면 인생의 목표가 진리탐구가 아닌 쾌락으로 설정된다. 어떻게 하면 힘든 일을 하지 않을 수 있을까, 혹은 어떻게 하면 지금 이 불편한 상황을 벗어날 수 있을까만을 고민한다. 그리고 남들이 어떻게 나를 인식하는지가 아주 큰 관심사가 되기 시작한다. 그리고 공부 따위는 하찮은 것, 노력하는 직업은 힘든 것이라는 인식이 자리 잡는다. 세상을 이분화해서 보기 시작하고 천한 사람과 멋진 사람을 분류하는 왜곡된 시각을 가지게 된다. 많은 사람들을 만나는 것을 싫어하고 의미 없고 무질서한 만남과 행위가 시작된다. 결국 이 엔트로피적 행위의 종말은 무질서의 극치에 다다랐을 때 느끼는 좌절, 우울, 긴장, 공포, 그리고 육체적 병이 전부다.

엔트로피 상태를 벗어나기 위한 노력은 결국 불안과 좌절에 빠진 나를 건져내는 게임이다. 인생은 결국 연극이다. 아무리 엔트로피적 현상들이 나를 공격해도 반드시 극복할 수 있다. 연극은 어차피 대본을 수정하면 되는 것이기 때문에 인식을 조금만 바꾸어도 엔트로피를 극복할 수 있다.

어제 길거리에서 불량배에게 만 원을 빼앗겼다면 당신은 지금 불량배 엔트로피에 사로잡혀 있을 것이다. 이 사건으로 인해 집중이 되지 않고 긴장과 불안만 커질 것이다. 당신이 원하든 원하지 않든 간에 당신은 엔트로피 바이러스에 감염되어 버린 것이다.

하지만 당신은 그 어떤 외부적 엔트로피 바이러스도 극복해 낼 수 있다. 그리고 당신이 원하는 삶을 설계해 나갈 수 있다.

자본주의는 욕망의 도그마다. 그 어떤 경우에도 물질이 인간을 행복하게 해주는 경우는 없다. 물론 의식주에 필요한 최소한의 물질적 가치는 필요하다. 하지만 모든 엔트로피의 시작은 바로 더 가지려고 하는 이기적 욕망 때문에 발생한다. 하지만 현대사회, 특히 자본주의 사회에서 물질적 욕구는 피할 수 없는 가치이다. 이 가치를 부정하면 살아가는 것 자체가 의미가 없어질지도 모른다.

성공하고 많은 돈을 버는 것은 중요하다. 하지만 당신이 엔트로피라는 거대한 바이러스에 갇혀 있는 상태에서는 아무리 노력해도 결코 성공과 부를 획득할 수 없음을 명심해야 한다.

성공이란 끊임없는 집중과 노력의 정교함을 통해 자기 꿈을 실현하는 것을 의미한다. 돈이나 멋진 집을 사는 것을 목표로 두면 절대로 그것을 가질 수 없음을 이해해야 한다. 보다 큰 질서, 즉 네트로피적 질서를 우리 뇌에 부여하면 당신이 원하는 모든 물질적 가치는 자동적으로 따라오게 되어 있다. 즉 꿈의 크기가 크고 단단하면 쉽게 엔트로피적 유혹에 빠지지 않게 된다.

이 책에서는 끊임없이 당신이 엔트로피 상태인지 아닌지를 점검하라고 강조한다. 결국 이 말을 역설적으로 표현하면 당신은 현재 엔트로피 상태에 있다는 것이다.

엔트로피적 상태에서 밀려오는 불안과 긴장 그리고 엄청난 화와 분노는 결국 사람을 망가뜨린다. 그리고 우리는 엔트로피에서 헤매는 사람들을 인생의 실패자라고 부른다.

당신이 현재 엔트로피적 무질서에 감염되었다고 인정하는 순간, 엔트로피라는 거대한 무질서에서 탈출할 수 있는 1차적 돌파구를 마련하게 된 셈이다.

당신이 진정으로 불안을 극복하고 싶다면 당신의 머릿속에 우선 정사각형으로 이루어진 상자를 그려라. 그리고 그 네모상자의 안쪽은 네트로피적 행동이 사는 공간이라고 설정하고 그 네모상자 바깥은 엔트로피가 살아가는 공간이라고 연상하라. 그리고 당신이 지금 이 순간부터 만나고 경험하게 될 모든 상황들을 머릿속에 네모상자를 통해서 분석하기 시작하라.

가령, 당신이 어제 큰 시험에서 떨어져서 좌절하고 있다면 그 행동은 엔트로피적 발상이므로 내가 만들어놓은 네모상자의 바깥에 위치시켜라. 그리고 다시 일어나서 노력을 하는 행위는 모두가 인정하는 네트로피이므로 네모상자 안쪽으로 배치시켜라. 그리고 당신이 앞으로 행하게 될 모든 행위의 에너지를 네모상자 안쪽에 위치한 행위에만 집중하라.

사랑하는 이성과 헤어져서 우울하거나, 게임을 하고 있다면 그 행위는 당신이 만들어놓은 네모상자 바깥에 위치하고 있는 행위이므로 그것에 에너지를 쏟으면 엔트로피 상태로 빠져 들어간다. 그러나 게임하는 것을 중단하고 헬스클럽을 찾아가 열심히 운동에 몰입한다면 다시 그 행위는 네모상자 안으로 들어가는 네트로피를 부여한 것이다.

당신이 만들어놓은 머릿속 네모상자를 매일 연상하라. 지하철을 타거나 샤워를 할 때 혹은 공부를 할 때도 네모상자를 연상하라. 그리고 당신이 지금 하고 있는 행위가 네모상자 안에 위치하는지, 네모상자 바깥에 위치하는지를 끊임없이 점검하라.

약 2주일 정도 위와 같은 작업을 하면 실질적으로 네모상자 바깥에 위치한 행위의 숫자가 줄어들고 있음을 느끼게 될 수 있다. 네모상자 안쪽이 어느 정도 채워지기 시작하면 당신이 의식하지 못하는 사이에 당신의 육체와 정신은 매우 건강해진다. 결국 네트로피는 완전하고 완벽한 행복감을 약속한다.

엔트로피적 쾌락은 항상 손쉽게 우리 곁에 나타난다. 마치 뜨거운 물만 부으면 3분 만에 먹을 수 있는 라면처럼 아주 편리하게 말이다. 하지만 네모상자 바깥쪽에 위치하는 모든 쾌락은 쉽게 즐길 수 있지만 결코 완벽한 행복감을 보장하지는 않는다. 엔트로피로 획득한 행복감은 반드시 그 행복의 양만큼 좌절과 긴장, 불안이라는 이름의 대가를 치러야 한다.

결국 네모상자 바깥에 있는 엔트로피 행복감에 극도로 젖어들면 당신은 정신병원을 찾아가야 한다. 그러므로 극도의 엔트로피 수치를 높이는 바보 같은 행위를 즉각 중단해야 한다.

네모상자 연상훈련은 머릿속에 잠재된 당신이 만들어놓은 부정적 습관을 고치는 데에도 매우 효율적으로 작용한다. 지금 당신이 머리가 아프고 아무것도 하기 싫다면 누워 있는 상태에서 머릿속에 네모상자를 그려라. 그리고 당신의 행위가 네모상자 바깥에 있는 행위를 하고 있다고 인정된다면 바로 행동의 방향을 바꿔야 한다. 물론 당신의 오래된, 그 엔트로피적 습관으로 유도하는 바이러스는 당신을 교묘히 괴롭힐 것이다. 그 순간 몸을 움직이지 않으면 당신은 엄청난 좌절과 긴장, 그리고 불안을 맛보게 될 것이라는 점을 분명히 명심해야 한다.

무기력한 순간이 밀려오면 머릿속 네모상자를 연상하고, 네모상자 바깥쪽 행위를 즉각 중단하면서 가볍게 걸어라. 그리고 지금부터 내가 선택해야 할 일들 중에서 엔트로피라는 무질서에게 에너지를 빼앗기지 않을 만한 행동을 생각하고 정리하라.

10분 정도 걸으면서 내 머릿속을 정리하라. 그리고 다시 일터나 집으로 돌아와서 네모상자 안을 생각하며 한 가지 일에 몰입하라.

엔트로피적 행위가 아닌 진정한 의미가 있고 네트로피적 질서가 잡힌 일에 집중하라. 그러면 30분 이내로 당신은 행복한 나를 만나게 될 수 있다.

약 2주간의 네모상자 연상훈련이 학습되면 이제 어느 정도 당신은 엔트로피적 상황을 인지할 수 있을 정도가 된다.

그럼 그 단계부터는 나를 세상의 중심에 세우는 연습을 시작해야 한다. 본받을 만한 이상적인 인물을 떠올려라. 이때 머릿속에 미리 만들어놓은 네모상자 속에 당신이 그토록 원하는 인물의 모습을 그려야 한다. 그 사람의 모습이 아인슈타인이 될 수도 있고, 반기문 유엔사무총장이 될 수도 있다. 그리고 그를 당신이 만들어놓은 네트로피 상자의 중앙에 배치시켜라. 그리고 이제 외부적 엔트로피적 행위가 발생하면 네모상자 속의 인물과 대화하면서 그 상황을 극복해 나가라. 간단하게 처리될 사소한 문제라면 빨리 처리하고, 그로 인해 파생되는 부정적 엔트로피적 발상은 빨리 잘라버려라.

예를 들어, 어제 먹은 점심에서 파리가 나왔는데 지금까지도 그것이 끔찍하다고 생각된다면 그 생각을 빨리 네모상자 바깥으로 몰아내어라. 가만히 아무 생각 없이 두면 그 기억은 새로운 부정적 바이러스의 공격으로 확대되어 나간다.

'혹시 식당 아줌마가 나를 미워해서 일부러 파리를 넣었을까?',

혹은 '그 파리가 내 입으로 들어갔으므로 나는 분명 아플 거야' 등의 엔트로피-바이러스 공격이 시작된다. 당신은 이 생각의 연결고리를 반드시 잘라내야 한다. 만약 잘라내지 못한다면 당신은 엔트로피의 무서운 공격에 무릎을 꿇게 된다. 그리고 엉뚱하면서 전혀 일생에 도움이 되지 않는 행위를 하기 시작한다. 식당 아줌마를 찾아가 항의하거나, 아무 이상도 없는데 구충제를 먹기도 한다. 심지어 신경성으로 배탈이 나기도 한다.

당신은 무감각하므로 이런 종류의 걱정은 하지 않는다고 자부하지 마라. 항상 경계하지 않으면 당신은 엔트로피적 무질서에 잡아먹히고 말 것이다.

이제 본격적으로 엔트로피 상태를 점검하면서 내 머릿속 네모상자를 점검하자. 네모상자 속의 행위만을 실시하겠다고 다짐하고 매일매일 천천히 당신이 만들어놓은 이상적 인간과 대화를 실천해 나가라. 그리고 절대로 그 상자를 던져버리는 일을 해서는 안 된다.

기껏 쌓아놓은 네트로피적 질서는 흥분, 화(禍), 짜증을 표출하는 순간 와르르 무너질 수 있다. 절대 흥분하지 마라. 흥분은 네트로피적 질서를 무너뜨린다. 그리고 흥분한다고 해서 절대로 그 상황을 잠재울 수는 없다. 명심하라. 흥분하면 네트로피 네모상자가 무너진다. 네모상자를 유지하려면 천천히 여유를 가지고 끊임없이 웃고 유머를 가져야 한다. 네모상자 안의 네트로피를 지키려고 수도승처럼 행동하면 3주를 넘기지 못하고 좌절하고 만다.

주변사람들을 칭찬하고 작은 선행을 쌓아라. 작은 선행은 결국 당신이 만들어놓은 '네트로피 상자'를 채워나가게 된다. 그리고 자신만의 시간을 가지고 자신의 일에 몰입하라. 돈 때문에 몰입하고 기타 변변찮은 가치 때문에 몰입해서는 안 된다. 잘못된 목표를 가진 몰입은 결국 파멸로 끝이 난다. 순수하게 그냥 덤벼들어라. 몰입하고 또 몰입하다 보면 네모상자는 점점 커져간다.

엔트로피는 도처에서 공격해 들어온다. 외부로부터 부정적 상황이 도출되면 유머로 대처하자. 이 방법은 아주 유용하다. 비극적인 결말을 맞는 영화 속 주인공이 되고 싶지 않다면 항상 유머 있게 행동해야 한다. 코미디 영화 속 주인공은 죽음의 위기가 와도 웃지 않는가. 코미디 영화처럼 사고하면 엔트로피적 유혹에 쉽게 넘어가지 않는다.

웃음에는 두 가지 종류가 있다. 엔트로피적 무질서 속에서의 비겁하고 공허한 웃음과 균형 잡힌 네트로피적 질서 속에서의 웃음. 당신이 어떤 웃음을 선택하건 그것은 당신의 자유다. 하지만 이왕이면 네트로피적 웃음을 웃는 것이 보다 현명하다.

불행하게도 우리는 엔트로피를 완전히 벗어날 수는 없다. 그것이 우주적 질서다. 하지만 성공한 모든 사람은 엔트로피를 조종할 수 있는 능력을 터득한 사람들이다. 네트로피적 삶 속으로 완전히 진입했다면 언제든 조종자의 입장에서 엔트로피를 즐길 수 있다.

하지만 질서가 잡혀 있지 않은 상태, 즉 머릿속 네모상자가 텅 비어 있는 상태에서 네모상자 바깥의 엔트로피만 즐기면 그 사람은 틀림없이 인생의 낙오자가 된다.

마음속 권위를 벗어던져라

엔트로피라는 괴물이 우리를 노려보고 있고 우리는 그들의 습격에서 살아남아야 한다. 수많은 형태의 엔트로피가 우리를 지배하고 우리 인생을 허비하게 만든다.

권위적이고 규율을 앞세우는 사람들은 민주적이고 합리적인 사람보다 많은 엔트로피적 무질서를 경험하게 된다. 가령 권위주의적인 사람들은 허세를 부리기 위해 다양한 형태의 엔트로피를 생산해 낸다. 자신이 남에게 어떻게 보이는가가 중요한 가치가 되므로 남에게 보이기 위한 엔트로피 에너지 소모율이 매우 높게 나타난다. 결국 권위주의적 가정의 가장이나 권위적 사장은 자녀나 직원들에게 엔트로피적 충성을 강요한다.

예를 들어, 권위주의적인 사장은 아침에 출근해서 인사를 하지 않은 직원을 눈여겨본다. 그리고 며칠이 지나서 그 직원에게 인사를 꼭 할 것을 강요한다. 그 직원은 이 말을 듣고 인사라는 불필요한 엔트로피적 행위를 생산하기 시작하고, 권위주의적인 사장 역시 엔트로피적 화를 유발하게 된다.

결국 직원이 일에 몰두하고 업무에 효율을 올리고자 한다면 방해가 되는 엔트로피적 요소를 제거해 주어야 회사가 잘 돌아간다. 형식 또는 규율이 회사에게 밥을 먹여주지는 않는다.

권위주의적 CEO는 권위주의라는 엔트로피로 여러 직원들을 감염시킨다. 결국 엔트로피에 감염된 직원들은 그 부정적 엔트로피를 고객에게 전달한다. 그러므로 결국 그 기업은 무질서한 집단이 되며 얼마 못 가서 망하게 된다.

권위주의적 가정에서도 이와 같은 현상은 흔히 일어난다. 권위주의적 아버지는 칭찬보다는 훈계를 많이 한다. 훈계로 파생되는 엔트로피는 곧 그 말을 듣는 자녀에게 전가된다.

권위주의적 집안에서 자란 사람은 결국 권위주의라는 종속적 엔트로피의 노예가 되어서 평생을 살게 된다. 물론 이 상태에서도 자신이 가지고 있는 엔트로피를 정확히 인식할 수만 있다면 엔트로피 바이러스에서 해방될 수 있다.

부정적 무질서, 즉 엔트로피를 많이 가진 사람들은 주변의 여러 네트로피적 사람들을 감염시킨다. 당신이 네트로피적 질서 상태에 있었던 사람이었더라도 엔트로피적 인간들과 여러 번 어울리다 보면 엔트로피 수치가 높아져서 결국 자멸의 길을 걷게 된다. 엔트로피는 그 속성상 끊임없이 부정적 바이러스를 증가시킨다.

엔트로피에 일단 감염되면 남의 말을 경청하지 않는다. 사람을 만나기 싫어하며, 소수의 사람들(엔트로피 수치가 비슷한 정도의 사람)과만 어울린다. 어려운 일을 두려워하며, 자신이 불우하다고 느낀다. 또한 쉽게 지치며 쉽게 열등감과 좌절감에 빠져든다. 이러한 증상이 심해지면 집에서의 행동과 바깥에서의 행동이 달라지기 시작하며, 점차 많은 거짓말을 하면서 조금이라도 자신에게 물질적 불이익이 생기면 불과 같이 화를 낸다. 처음 보는 사람에게는 지나칠 정도로 예의를 갖추고 자신의 외모에 신경을 쓰게 된다. 결국 인생의 모든 목표는 오직 편법을 통한 육체적, 정신적 편안함에 초점이 맞추어진다.

당신이 현재 엔트로피 감염 상태에 있다면 우선 그 무거운 갑 과 같은 권위주의적 발상부터 버려야 한다. 머릿속에 가지고 있는 잘못된 색안경을 벗어야 엔트로피로부터 벗어날 수 있다.

엔트로피적 고민에 빠져 있는 사람들은 일을 두려워한다. 그중에서도 특히 머리를 쓰는 일을 매우 두려워한다. 이미 뇌의 절반 이상을 엔트로피적 고민에게 내어주고 난 상태이기 때문에 머리를 쓰는 일을 두려워하는 게 당연하다. 이런 상태임에도 불구하고 엔트로피적 감염 상태에서는 자신의 주변 환경을 탓하기 시작한다. "우리 집이 가난해서 지금 내 꼴이 이렇게 되었다", "우리 부모가 나를 잘못 키웠기 때문에 이 모양이다"라고 푸념한다. 푸념하면 할수록 더욱 엔트로피의 수치는 높아진다. 그래도 푸념을 멈추지 않는다. 이유는 단순하다. 푸념을 하는 2~3초 동안 엔트로피가 주는 짧은 쾌감을 느낄 수 있기 때문이다. 나락의 길로 빠져 들어가는 자신의 모습은 전혀 신경을 쓰지 않고 자신을 보호한다는 명목 하에 끊임없이 엔트로피 수치를 올려놓는다. 엔트로피 수치가 높아지면 높아질수록 행복과는 거리가 멀어진다. 정신을 배제하고 오직 물질만을 추구하므로 정신적 공허함을 느끼게 된다.

엔트로피 상태에서 시각은 흔히 왜곡된 현상, 한 곳에 집중되어 있는 상태이다. 물질적으로 풍요롭게 사는 피상적 삶을 꿈꾸며 부러워한다. 나보다 못한 사람들을 저주한다. 이런 현상은 극도의 정신적 고통을 야기하게 되고 끊임없이 물질적 상위단계에 올라가고자 온갖 편법과 잘못된 수단을 강구한다. 하지만 이런 상태에서는 어떤 사업, 어떤 직장에 다녀도 일은 고통으로 다가올 뿐이다.

현재 엔트로피 상태에 놓여 있다면 일단 권위주의적 시각을 버려야 한다. 쓸데없는 도도한 시각을 버려야 세상이 다시 보이기 시작한다. 진정한 행복감이 무엇인지 다시 한 번 새겨보라. 물질이 인간을 행복하게 해준다고 정말 믿고 싶은가. 그렇게 믿고 싶다면 당신은 엔트로피 상태다.

어떠한 물질적 풍요로움도 인간에게 완벽한 행복감을 보장해 주지는 못한다. 오직 인간이 최고의 노력으로 자아실현을 위해 끊임없이 정진할 때 인간은 행복해질 수 있다. 행복은 변할 수 없는 가치다. 아무리 물질문명이 발달해도 인간의 편리한 생활이 행복감을 보장해 주지는 않는다. 엔트로피 상태에서는 물질이 인간을 행복 속으로 밀어 넣어줄 것이라고 믿는다.

머릿속에 네모상자를 그릴 준비가 되어 있는가? 지금 당장 머릿속에 네모상자를 그려넣자. 주체적이지 않은 시간들을 네모상자 바깥에 배치하자. 그리고 차근차근 앞으로 내가 행동하게 될 미래 행동들을 미리 네모상자에 넣어보자.

엔트로피를 벗어나기 위한 행동 요령

1. 10초 생각한 후 행동하라

무조건 행동하지 말고 생각하고 행동하는 방법이 좋다. 머릿속에 네모상자를 연상하고 10초 정도 생각을 하고 상자 안의 네트로피적 질서를 생각한 후 행동하라. 명심하라. 다음 행동의 선택권은 당신에게 있다. 지금부터 10초 뒤에 일어날 행동을 네트로피적 행동으로 바꿔라. 그러면 계속적으로 하루를 네트로피적 행동으로 채워나갈 수 있다.

2. 목소리를 낮추어라

10초 생각하고 행동하기가 어느 정도 마무리 되었다면 이제 목소리 톤을 낮추자. 하루 종일 일정한 톤을 유지하라. 이 말은 흥분하거나 우울해 하지 말고 천천히 말을 하라는 의미이다. 엔트로피 상태에서 말한다면 목소리 자체가 매우 흔들린다. 마치 롤러코스터를 탄 것처럼. 어떨 때는 엄청나게 떠벌리고, 어떨 때는 매우 슬프게 말한다. 엔트로피란 순간적 쾌락과 좌절이 롤러코스터를 타고 있는 상태이기에 목소리에 그 감정이 그대로 묻어나올 수밖에 없는 것이다.

말을 할 때는 자분자분 천천히 하면서 자신이 현재 부정적 말을 하는지 안 하는지를 유심히 관찰하라. 객관화된 자아가 엔트로피에 빠진 자신을 관찰하다 보면 자연스레 습관이 될 수 있다.

엔트로피 상태를 벗어나고 싶다면 일단 흥분이나 화 혹은 짜증, 성급한 판단을 최대한 배제하고 천천히 생각하며 움직이는 것이 중요하다. 이런 행동을 시작하면 당신 생활 주변에 놀라운 변화들이 일어나게 된다. 늘 쓰던 책상이 좋아 보이거나 당신 주변의 사람들이 소중하게 느껴지기 시작한다. 물론 아주 극심하게 엔트로피 상태에 빠져 있었던 사람이라면 이런 체험을 하기까지 약 한 달 정도의 시간이 걸릴 수 있다.

이제 엔트로피를 벗어나기 위해 본격적 작업을 시작했다면 아래의 두 가지 습관을 아울러 들여보라.

많이 웃고, 많이 걸어라

웃으면 웃을수록 엔트로피적 무질서는 없어진다. 많이 걸으면 걸을수록 따스한 행복감이 밀려온다. 물론 처음 걷기 시작하면 마음속에서 엄청난 반대의 목소리가 들려오게 된다. 왜냐하면 엔트로피로 고정된 바이러스적 삶에서는 오직 편안함이 인생의 전부이기 때문에 걸음을 걷고 즐기는 단계를 용납하지 않는다. 그렇기 때문에 걷는 것은 엔트로피 상태를 벗어나기 위한 유용한 도구가 된다. 걷다가 힘들면 산을 보거나 호흡을 하면서 건전한 땀의 즐거움에 젖어보라.

엔트로피라는 질병을 평생 가지고 산다는 것은 세상에서 가장 강력한 암세포를 가지고 사는 것과 같다. 엔트로피를 인식하지 못하면 그것은 죽어 있는 삶이다. 살아 있지만 죽어 있는 삶이 바로 엔트로피적 삶인 것이다.

그 어떤 명의도 엔트로피를 진단해 주지는 못한다. 하지만 이 책은 이 병을 고치는 법을 정확히 제시한다. 고쳐야 한다. 고치지 못하면 결국 무기력하게 죽는다. 세상 사람 중 80%는 이 바이러스에 감염되었는지도 모르고 죽어간다. 당신이 무슨 분야 무슨 일을 하건 상관없이 그곳에서 정상에 서기 위해서는 반드시 엔트로피라는 바이러스와 싸워 이겨야 함을 명심해야 한다.

엔트로피적 현상의 원인을 정확히 인지하라

당신이 일곱 살이었을 때를 생각해 보라. 그때는 그 어떤 두려움도 없었다. 그저 순수한 마음으로 무엇이건 도전했고 어떤 일이건 행복하다고 느껴지는 일이 있으면 쉽게 몰입했고 그 몰입을 통해서 행복감을 얻었다. 네트로피 상태란 어린아이와 같은 상태를 의미한다. 어른의 입장에서 보면 어린아이의 행동은 유치하다고 느껴지지만 유치하다(childish)라는 느낌 자체가 엔트로피에 감염되어 있다는 의미임을 명심해야 한다.

네트로피 상태란 어린아이와 같은 아이다움(child-like)과 어떤 일에 호기심과 순수한 동기를 가지고 접근하려는 의지를 말한다. 이 순수한 동기란 말 그대로 가장 해맑은 행복감을 보장한다.

어린아이들은 자신이 좋아하는 것이 생기면 그저 행복해 하며 몰입한다. 매우 순수한 동기를 가지고 별것 아닌 것도 행복감을 느끼며 해맑게 접근한다. 네트로피를 회복하기 위해서는 어린아이의 순수한 열정적 동기를 배워나가야 한다.

하지만 당신은 지금 어른이 되었다. 어느 시점부터인가 어린아이의 순수한 열정과 동기는 잊은 지 오래다. 자기 내면에서 사회적 눈치와 위신이 작용하고 있다. 지금까지 당신이 어린 시절 꿈꾸었던 순수한 동기를 잊지 않고 있었다면 당신은 분명 성공한 사람이 되었을 것이다.

어린 시절을 떠올려보자. 그리고 왜 당신은 그 시절의 순수했던 기억을 잊어버리고 사는가를 생각해 보라. 그 이유는 단순하다. 엔트로피 바이러스에 감염되었기 때문이다. 어느 순간 엔트로피를 자각하고 자신의 영혼 깊숙이 바이러스를 침투시켰다. 세상은 살기 힘든 것, 귀찮은 것, 두려운 것이라는 명령어를 자신에게 부여했다. 그리고 그 엔트로피가 지배하는 뇌 구조 속에서 모든 프로그램을 작동시켰다. 그것이 올바른 도덕적 길이라고 생각하고 자신이 만들어놓은 엔트로피적 구조물 속에서 지금껏 살아왔다.

자, 이제 지금부터 조용히 명상해 보자. 어린 시절 꿈꾸었던 삶은 무엇인가? 그 삶이 당신에게 네트로피를 부여한다. 그 시절 가졌던 당신의 순수한 영혼이 가졌던 꿈을 생각해 보라. 명상을 통해 당신이 가지고 있는 엔트로피적 콤플렉스를 생각해 보라. 그리고 그 엔트로피들이 어디서부터 파생되었는지를 곰곰이 생각해 보라. 생각하고 또 생각하다 보면 생각의 끝단에서 순수한 당신을 만나게 된다. 가장 순수한 당신의 모습을 떠올려라.

이 명상훈련이 잘 되지 않는다면 우선 다음의 명상기법을 도입해 보자.

우선 사람이 살지 않는 깊은 숲속에서 발가벗은 당신을 상상하라. 그리고 그곳에서 혼자 살아가는 당신의 모습을 상상하라. 머릿속으로 나무도 자르고, 노래도 불러보아라. 자유로운 당신의 모습을 상상하라. 남의 시선이나 외부적 작용이 없는 당신의 모습을. 그리고 끊임없이 당신의 행동을 관찰하라. 이 명상을 하다 보면 당신이 그 숲속에서 주로 하려는 행위가 바로 당신이 처음 가졌던 네트로피적 질서임을 알 수 있다.

예를 들어, 그 숲속에서 끊임없이 그림을 그리고 있다면 당신은 화가가 꿈이었던 것이다. 당신이 무엇인가를 끊임없이 쓰고 있다면 당신의 꿈은 글을 쓰는 것이었다.

이 명상기법을 통해 원래 꿈꾸었던 나의 모습을 연상하자. 그리고 어린 시절에 그토록 갈망했던 그 일을 위해 당신이 현재 가지고 있는 엔트로피적 유혹을 과감히 버리자.

경제학 용어 중에 매몰비용 효과(sunk cost effect)라는 것이 있다. 이 현상은 자신의 그릇된 선택으로 다시 되돌리지는 못하지만 돈, 시간, 기타 가치 들을 너무 많이 투자했으므로 포기하지 못하는 상태를 말한다. 카지노에서 자신이 잃은 본전을 만회하기 위해 무모한 도전을 계속하는 것이 이 경우에 해당된다. 네트로피적 합리성을 잃어버리고 방황하는 엔트로피적 무질서(비합리성)를 의미한다.

가령 당신이 식당에 가서 엄청나게 많은 식사를 했다고 가정해 보자. 정말 물 한 모금도 못 마실 정도로 많은 양의 식사를 했다. 하지만 그 순간 웨이터가 다가와 디저트는 이미 가격에 포함되어 있으므로 공짜라고 말하는 순간 당신은 매몰비용이 아까워서 디저트를 주문하게 된다. 이와 같은 현상은 필자가 설명하려는 엔트로피 현상과 매우 흡사하다.

엔트로피적 유혹은 매우 다양하다. 엔트로피 상태에서는 잘못된 투자를 하는 경우가 대부분이다. 자신이 가야할 길이 아님에도 불구하고 다른 외부적 요소 때문에 그 길을 선택한다. 그리고 그 선택에 들어간 시간, 돈, 노력이 아까워서 그저 그렇게 자신을 합리화하면서 살아간다.

이미 그 엔트로피적 선택의 결과는 파멸이라는 것을 전제한다. 하지만 그동안 매몰된 가치가 두려워 그냥 그 일을 계속하고 있는 상태다. 이것이 바로 엔트로피 상태다. 엔트로피라는 바이러스가 당신이 진정하게 원하는 가치들을 모두 묻어버렸다. 어떤 노력을 해도 되지 않는 좌절의 시간이 엔트로피 상태다. 매몰비용이 아까워서 오늘도 내일도 헤매고 있을 것이다. 그리고 당신은 마음속으로 이렇게 말한다. '나의 의지가 부족해서 그런 거다. 좀 더 견뎌보자.' 하지만 당신이 지금 이런 매몰비용이 발생시킨 엔트로피적 상황 속에서 헤매고 있다면 이런 질문을 끊임없이 던져볼 필요가 있다.

"만약 내가 시간과 돈 그리고 노력을 투자하지 않았을 때에도 이 일을 계속하고 있을까?"라는 질문을 끊임없이 던져라. 그리고 "아니다"라는 답변이 나오면 과감히 그 엔트로피 상태를 벗어던져야 한다. 이 말을 오해하면 내가 사랑하는 연인을 버리거나, 내가 이때까지 해온 공부를 포기하라는 것으로 인식할 수 있다. 필자가 말하는 것은 단지 당신이 가지고 있는 잘못된 엔트로피적 가치를 버리라는 의미이다. 예를 들어 게임을 즐기는 습관, 텔레비전을 보는 습관, 담배를 피우는 습관, 사회적 위신을 위한 대학 가기, 남들에게 보여주기 좋은 직장에의 취업 등을 의미한다.

매몰비용에 의한 엔트로피를 제거하기 위한 방법은 결국 자기 자신의 작은 일에 집중하는 것이다. 그것만이 엔트로피를 극복하고 네트로피로 들어가는 유일한 방법이다.

작은 일에 집중하라는 의미는 결국 내 집 안 청소부터 하라는 의미이다. 엔트로피는 외부적 요소로부터 발생한다. 내 집 안을 부지런히 닦고 쓸면서 정확히 정리해 나가면 내부적 네트로피 질서가 발생한다. 내부적 네트로피 질서가 생겨나기 시작하면 외부적 요소에 초연해질 수 있다.

내부적 네트로피 질서를 극대화하기 위해 자신이 현재 하는 직업이나 공부에 대해 보다 정교하게 접근할 필요가 있다. 대충대충 하면 엔트로피적 상황이 다가온다. 대강 일을 마치려고 하면 끝냈다는 순간적 쾌락은 맛볼 수 있지만 끊임없는 엔트로피 상황에 직면하게 되고 그 상황은 엔트로피를 축적시킨다. 그리고 결국 좌절과 회의를 느끼게 된다.

당신의 직업이 하찮은 일이어도 상관없다. 어떤 일을 하건 머리를 써서 집중하라. 자신의 모든 것을 걸고 현재 상황에 집중하라. 아주 정교하게 끊임없이 집중하라. 그러면 당신이 보지 못한 새로운 즐거움들이 보이기 시작한다. 행복이란 절대 외부적 질서에서 오지 않는다는 점을 다시 한 번 명심하라. 그 어떤 외부적 행복감이라도 내부적 질서가 잡혀져 있지 않은 상태에서 받아들이면 모두 엔트로피로 축적된다. 내부적 질서를 잡아라. 그 과정이 곧 행복으로 가는 지름길임을 명심하라. 머리를 써야 한다. 끊임없이 사고하고 고민하라. 그 과정에서 진정한 행복감과 질서를 얻어낼 수 있는 것이다.

생각하고 몰입할 수만 있다면 그 장소가 감옥이라도 행복해질 수 있다. 하지만 생각하지 않고 외부적, 물질적 행복감만을 무비판적으로 받아들이면 아무리 많은 부를 보유한 사람도 행복해질 수 없다는 점을 명심해야 한다.

잘못된 언어적 질서가 당신을 엔트로피로 빠지게 한다

당신이 하루 종일 사용하는 언어가 당신이 원하는 그 무언가를 완전히 표현해 줄 수 있다고 믿는가? 인간이 필요에 의해서 발명한 언어, 기호덩어리인 언어, 이 불완전한 언어가 인간이 표현하는 내면의 목소리를 완벽하게 표현할 수 있다고 단언할 수 있는가?

인간이 만들어놓은 언어는 아주 단순하다. 아무리 언어를 잘 구사하는 사람도 의사표현을 정확하게 하기에는 역부족이다. 언어는 도구일 뿐이다. 어떠한 경우에도 언어가 우리 인간의 내면 전체를 표현해 줄 수는 없다. 인류는 언어를 이용해 문명을 발전시켜 왔지만 언어는 여전히 불완전한 도구에 불과하다.

언어를 잘못 이해하면 당신은 언제든지 엔트로피적 무질서 속으로 빠져 들어갈 수 있다. 가령, 당신이 현재 지난달보다 체중이 5킬로 증가했다고 가정해 보자. 당신은 은근히 당신의 체중이 불어난 것에 대해서 예민해져 있을 것이다. 이때 누군가가 당신에게 당신은 왜 이렇게 배가 나오고 뚱뚱하냐고 묻는다면 당신은 큰 충격을 받을 것이다. 그리고 늘어난 체중은 당신을 엔트로피 상태로 빠지게 할 것이다.

언어가 당신에게 부여되는 순간, 당신은 바보처럼 그 말을 믿어 버린다. 그리고 그 언어가 규정한 대로 살아가게 된다. 언어가 만들어 놓은 감옥 속에 갇히게 되고, 거기서 또다시 불필요한 엔트로피 에너지를 발생시킨다.

엔트로피 상태에 빠진 사람들은 매우 민감하다. 자신에게 쏟아지는 비판을 결코 용납하지 않는다. 자신이 만들어놓은 엔트로피적 콤플렉스를 건드리기만 하면 그것은 늘 엄청난 부정적 에너지를 만들어낸다.

엔트로피가 커지면 커질수록 인간은 자신을 둘러싼 의견이나, 비판에 대해 두려워하기 시작한다. 자신에게 아무런 도움이 되지도 않는 인간들이 내뱉은 비합리적인 언어들을 믿고 만다. 그리고 지금까지 그토록 힘들게 쌓아온 나의 네트로피(질서)를 한순간에 허물고 만다.

언어가 무엇이기에 당신은 그것을 그토록 맹신하는가? 언어가 만들어놓은 감옥 속에서 사는 게 행복한가? 이제 쓸모없고 불확정적이고 답답한 언어가 만들어놓은 족쇄들을 벗어던지자.

만약 당신이 누군가로부터 농구를 못하는 아이라는 말을 들었다고 가정하자. 그리고 그 메시지는 뇌리에 정확히 들어와 당신에게 언어 족쇄를 부여했다. 그 언어 족쇄 속에서 당신은 정말 농구를 못하는 사람이 되어버린 것이다.

당신이 현재 삶에 대하여 허무해 하고, 한곳에 집중하지 못하며 일을 노동이라 생각하고 있다면 당신은 타인이 만들어놓은 언어 감옥 속에 들어가 있는 상태다.

앞에서도 얘기했지만 언어는 아주 불완전한 도구이다. 불완전한 언어 덩어리를 믿지 마라. 우리가 말하는 순간 우리가 말하고자 하는 진실은 왜곡되게 되어 있다. 아무리 진실한 사람도 진실한 말을 할 수는 없다. 그 사람의 진실성을 떠나서 언어는 진실을 그 자체로 표현하기엔 역부족이다.

지금 스스로를 공부를 못하는 사람이라고 생각하고 있다면 과거 어느 순간에 누군가가 당신에게 언어적 낙인을 찍어놓은 상태일 확률이 크다. 당신의 엔트로피적 발상이 자신을 언어 감옥 속에 처넣어버린 것이다.

사실 다른 사람이 만들어서 개념화한 언어적 감옥에 한 번 빠지면 여간해서는 빠져나올 수 없다. 엔트로피라는 단단한 부정적 구조물이 당신을 끊임없이 감옥 속으로 끌어당기고 있기 때문이다.

당신이 가지고 있는 부정적 감옥은 몇 개인가? 그 감옥 속에서 보낸 시간이 수십 년이지만 당신은 아직도 "나는 원래 그런 사람이다. 나는 이미 늦었어"라고 말하고 있지 않은가.

이제 그 지겨운 감옥을 벗어나 세상 밖으로 나와야 한다. 지금 당신이 가장 하고 싶은 일을 구상하고 실행하라. 춤을 추고 싶은데 누군가 춤을 못 춘다고 말해서 몸치가 되어버렸는가? 그렇게 그 감옥 속에서 살아가다 죽고 싶은가? 벗어던져라. 당신이 만들어놓은 언어적 감옥을 벗어나야 당신은 엔트로피가 만들어놓은 무질서에서 탈출할 수 있다.

당신이 과거에 어떤 일을 하다가 포기한 경험이 있다면 지금 그것을 다시 시작하라. 그 사소한 일 때문에 당신의 꿈을 접은 상태라면 다시 한 번 세상을 향해 소리쳐라. "나는 할 수 있다"라고 소리를 질러라.

처음으로 그 감옥을 탈출하려고 시도하면 가슴이 답답하고 어색하고 힘들 것이다. 예를 들어, 영어를 포기하고 살아왔다면 당신은 현재 영어라는 감옥 속에서 살아가고 있을 것이다. 이것을 벗어나기 위해서 영어라는 엔트로피 상태를 이해하고 가장 강력하게 영어에 대항하라.

세상의 어떤 일도 하루 8시간씩, 일주일만 집중한다면 어느 정도의 기초를 잡을 수 있다. 시도하라. 엔트로피가 쌓아놓은 감옥을 무너뜨려라. 일주일간, 하루 8시간씩 매일 시도하라. 답답하고 짜증나더라도 무소의 뿔처럼 꿋꿋하게 가라. 답답하고 짜증나는 것을 느낀다면 그것이 바로 엔트로피를 벗어나고 있다는 증거다. 바로 당신이 만들어놓은 엔트로피적 에너지들이 고통스럽게 죽어가는 신음소리가 당신이 느끼는 답답함임을 명심하라.

일주일! 당신이 그토록 만나기 싫은 내면의 엔트로피와 전면전을 펼쳐라. 절대로 중간에 멈추지 마라. 하기 싫다는 생각이 들어 고통스럽다면 지난 시절 감옥 속에 갇혀서 헤매던 시절을 생각하라.

지속적으로 저항하라. 저항하고 저항하다 보면 어느 순간 당신이 만들어놓은 엔트로피는 불쾌한 괴물이 아니라 네트로피 안의 부드러운 즐거움으로 다가와 있을 것이다.

엔트로피 상태에서는 부정적인 일만 기대한다

엔트로피적 무질서를 가진 사람들은 앞으로 일어날 일 중에서 부정적으로 발생할 수 있는 일에 자신이 가진 모든 에너지를 집중한다. 머릿속에서 앞으로 일어날 상황 중 최악의 상황을 가정해서 행동한다.

엔트로피적 직장생활을 하는 사람은 지각이나, 기한 내에 서류제

출 규정을 어길 경우 자신에게 올 수 있는 부정적 손해들을 생각하면서 그 시간을 정확히 맞추려고 힘쓴다.

다른 모든 내용은 제쳐두고 오직 앞으로 일어날 상황에 대해서 최악의 상황을 가정한다. 마치 그 부정적인 일이 일어나기만을 기다리는 사람처럼 그 일에 그저 소극적으로 대응하기만 한다.

당신이 엔트로피 상태라면 외출할 때 문이 잠겼는지 두세 번 확인한다. 이유는 부정적 상황을 막기 위해서이다. 엔트로피적 발상을 하는 사람은 앞으로 연출된 상황이 모두 부정적으로 전개되리라고 확신하고 거기에 합당한 소극적 대응을 하기 시작한다.

며칠 뒤에 시험을 본다면 점수가 떨어졌을 때 발생하게 될 부정적 상황을 연상하면서 수단과 방법을 가리지 않고 대충대충 요령껏 대비를 한다. 엔트로피적 부정적 발상을 하는 사람들은 부정적 군중심리나 부정적 여론에 매우 민감하게 반응하고 동조한다.

엔트로피적 인간은 자신의 일에 집중하기보다는 앞으로 일어날 부정적 상황을 손해가 되지 않게 막아낼 수 있는 방법만을 생각한다. 결국 조직 전체의 이익보다는 늘 개인의 이익이 우선시 된다. 결국 엔트로피가 만들어놓은 사고의 틀은 끊임없이 당신에게 앞으로 일어날 일에 대한 공포와 불안을 제공할 것이다.

엔트로피적 인간은 매우 민감하게 앞으로 일어날 부정적 상황에 대응한다. 그래서 편을 가르고 남들과 갈등을 한다. 직장 내 갈등이

나 학교에서의 왕따 문제 역시 엔트로피적 수치가 높은 사람들이 만들어놓은 일종의 부정적 대응방식의 결과물이다.

당신이 엔트로피 상태라면 불안과 긴장에 싸이게 된다. 미래가 막연히 두렵고 마음의 평정이 없는 상태다. 그러므로 미래에 많은 부정적인 일들이 발생할 것이라고 믿는다. 부정적 일이 발생하지도 않았는데 당신은 이미 그것에 대비하기 위해 중요한 시간을 엔트로피적 에너지로 소모하게 된다.

미래를 합리적으로 대처하고 정확하게 한 가지 일에 몰입하면서 행동하는 사람은 네트로피적 인간이다. 이러한 인간들은 우선 미래에 대한 막연한 두려움이나 고민을 발생시키지 않는다. 더 정확히 말하면 네트로피적 인간은 그런 생각을 할 여유(에너지)가 없다. 네트로피적 인간은 끊임없이 연구하며 긍정적 개선을 위해 머리를 회전시키고 있기 때문에 미래에 부정적 일이 발생할 것이라는 소심한 생각은 하지 않는다.

하지만 엔트로피 상태에 있는 사람은 그저 막연하게 미래에 대한 불안과 공포를 지닌다. 신문지상에서 벌어지는 모든 일들이 마치 자신에게도 일어날 수 있을 것이라고 믿으면서 그것을 아주 소극적으로 막으려고 노력한다. 이러한 엔트로피적 노력은 일어나지도 않을 일에 대한 불필요한 무용 에너지를 증폭시킨다. 부정적 마음으로 남을 의심하거나 갈등을 조장한다.

당신이 엔트로피적 학생이라면 공부를 하는 이유를 시험이라는 부정적 요인에 대해 대응하는 것으로 여긴다. 이러한 차원에서 이루어지는 공부는 결국 엔트로피적 부정적 에너지만을 증폭시키는 결과를 낳는다.

남들은 전혀 그렇게 생각하지 않지만 무질서 상태에 있는 사람은 자신이 만들어놓은 엔트로피적 세계 속에서 고민을 하고 그 걱정되는 상황은 반드시 일어날 것이라고 생각한다. 마치 자신이 꿈꾸는 부정적 현실이 일어나기를 기다리는 사람처럼 행동한다. 그리고 실제로 엔트로피적 발상과 행동을 하는 사람에게 부정적인 일들이 많이 발생한다. 미래에 대해 부정적으로 인식하는 습관은 결국 인과관계에 의해서 현실로 나타난다. 그리고 부정적 결과가 나타나지 않으면 안도감과 함께 잠깐의 쾌락을 느끼며 다시 불안과 고뇌에 잠긴다. 자신이 즐기는 쾌락이 죄악이라고 생각하며 다시 미래의 불안에 대비한다. 이런 일상이 결국 자기 자신을 더 큰 엔트로피적 굴레 속으로 밀어넣고 있다.

질서를 찾고 싶은가? 그러면 이제까지 해왔던 불안과 허위, 과장된 미래의 고민을 버려라. 대부분의 고민은 실제로 일어나지 않는다. 만약 일어나더라도 쉽게 해결할 수 있다. 엔트로피적 해결 방안은 갈등, 짜증, 분노만을 발생시킨다. 그러나 네트로피적 질서를 가지고 접근하면 모든 일은 순리대로 풀려나가게 된다. 네트로피적 삶은 부정적 미래를 꿈꾸지 않는 것부터 시작된다.

네트로피적 질서가 잡힌 인간은 자신이 만들어놓은 부정적 미래를 만회하기 위해 쓸데없는 에너지를 소모하지 않는다. 미래의 불안을 없애기 위해 임시방편적인 처리방법을 고민하느라고 시간을 허비하지 않는다.

여기 옷가게 주인이 있다. 부유한 손님이 옷을 사러 들어왔을 때 옷가게 주인이 정가보다 1만 원을 더 붙여서 그 옷을 팔았다고 가정해 보자. 순간적으로 1만 원의 추가이익이 발생한 듯 보이지만 주인은 가격절대성을 훼손했으므로 부정적 미래가 발생할 것이라 고민하기 시작한다. 옷가게 주인은 부유한 손님이 다시 그 물건을 가지고 들어왔을 때 어떻게 그 상황을 넘겨야 할지를 고민한다. 결국 작은 이익을 얻으려고 하다가 엔트로피가 만들어놓은 부정적 미래인식이라는 괴물에게 내 물리적 에너지를 빼앗기고 말았다.

엔트로피란 결국 허망한 거짓말과 순간적 물질적 쾌락을 위해 진정으로 자신을 살찌우는 모든 법칙과 원칙을 버리는 데서 발생한다. 하나의 원칙을 버리면 하나의 부정적 미래가 연상된다. 이것이 쌓이면 쌓일수록 미래에 대해 더욱 부정하게 된다. 이것이 엔트로피 에너지가 가지는 거역할 수 없는 에너지 법칙이다.

당신이 만약 불법적으로 쓰레기를 버렸다면 경찰이 있는지를 사방팔방 둘러보게 된다. 그리고 그 주변에 CCTV 카메라가 설치되어 있는지도 유심히 살펴보게 될 것이다. 당신은 쓰레기봉투 값을 아끼기 위해 사회적 질서를 깼다. 그러므로 당신은 이제 미래의 부정적 연상 하나를 더 합치게 된 것이다. 결국 쓰레기봉투 값을 아끼기 위해 위대한 우리 정신세계에 엔트로피라는 부정적 바이러스를 심는 행위를 하고 만 것이다.

미래에 대해 부정적 연상은 결국 편법과 봐주기 문화에서 발생한다. 대강, 그리고 대충 자신을 봐주는 과정에서 끊임없이 미래가 공포로 유발된다. 정당하고 바른 방법으로 공부를 하지 않고 불안과 초조에 의해서 쫓기듯 공부했다면 당신에게 시험은 부정적인 것으로 인식된 것이다.

회사에서 업무에 집중하지 못하고 대충대충 처리하고 있다면 미래에 더 큰일이 자신에게 떨어질까 봐 두려워하게 된다. 그러나 이것은 모두 자신이 만들어놓은 엔트로피적 부정적 행동의 결과이다. 엔트로피라는 부정적 에너지는 순간의 쾌락을 위해 대충대충 일을 처리하는 순간 우리 앞에 나타나게 된다.

엔트로피 상태에서는 그저 앞으로 일어날 부정적 상황만을 모면하기 위해 급급하다. 창조적으로 생활을 전환시키거나, 원칙에 의해서 접근하는 것 자체를 부담스러운 노동이라고 생각한다. 그러므로 당신이 현재 엔트로피 상태에 있다면 당신은 시시각각 변하는 고민 때문에 상당히 많은 고통을 받고 있을 것이다.

이와 같은 엔트로피적 상태를 벗어나기 위해서 지금 하는 행동 하나하나에 진실과 원칙을 가지고 접근해야 한다. 물이 높은 곳에서 낮은 곳으로 떨어지듯이 모든 행동은 인과성에 근거한다. 정당한 행동은 정당하고 건강한 미래를 보증한다.

엔트로피 폭탄, 부정적 언행

엔트로피적 삶 속에서는 끝없이 새로운 고민이 생성된다. 내 시간의 대부분을 머릿속에서 고민하는 데만 써서 멍한 상태에서 살아간다. 엔트로피적 인간은 말을 통해서 더욱 깊은 고민 속으로 빠져들어 간다. 말은 마법이다. 부정적인 말을 하면 반드시 그것이 현실이된다. 그런데 이런 마법의 원리를 이해하지 못하는 엔트로피적 인간은 매일 매일 부정적 말만 되풀이한다.

고민을 불러일으키는 최악의 말들	고민을 극복하는 위대한 말들
• 이놈의 일 지겹다, 지겨워	• 할 일이 있어서 다행이다
• 언젠가 할 거야	• 지금 당장 시작하자
• 난 원래 이런 사람이야	• 난 반드시 변할 거야
• 돈만 많다면	• 한 가지 일에 몰입하고 그 속에서 행복해지리라
• 나는 할 수 없어	• 나라고 왜 안 돼?
• 모두 너 때문이야	• 내가 하기 나름이야
• 해 봤자 소용없어	• 일단 해봐야지
• 몰라요	
• (의미 없이) 알았어	

고민을 빨리 털어내라. 내 머릿속에 부정의 장막을 버려야 한다. 어둡고 부정적인 상태에서는 부정적 바이러스가 날뛰게 된다. 반성하고 각성하라. 그리고 나를 찾아라. 지금 찾지 않으면 반드시 미래 어느 시점에 현재의 당신을 후회하게 될 것이다.

엔트로피적 에너지를 네트로피로 전환시켜라

모든 인간이 하루에 쓸 수 있는 에너지의 총량이 동일하다고 가정하면 당신이 하루에 쓸 수 있는 에너지의 양도 동일하다. 이 에너지를 어떻게 쓰느냐는 오로지 당신의 선택이고 몫이다. 당신이 현재 잠자리에서 일어나지 못하고 있다면 엔트로피적 에너지를 활용하고 있는 상황이다. 물론 이것은 정당한 에너지의 소비이지만 불필요한 잠을 자는 것으로 에너지를 소모하고 있다고 볼 수 있다.

당신이 현재 남을 헐뜯고 있다면 험담이라는 엔트로피적 에너지를 발생시키고 있는 것이다. 이 상황 역시 불필요한 에너지를 소모한다. 무엇을 하건 에너지는 소모되고 있다. 아무것도 하지 않고 가만히 있거나 부정적 생각을 하면 그 에너지는 무용한 에너지로 변한다. 무용한 에너지가 수치가 커지면 커질수록 엔트로피 수치는 높아진다. 엔트로피 수치가 높아지면 높아질수록 무용한 행동을 많이 하게 된다. 결국 엔트로피의 극단으로 가면 갈수록 쉽게 피로하고, 모든 일을 쉽게 포기하려고 한다.

당신이 최고의 자리까지 가고 싶다면 당신이 만들어놓은 무용한 에너지를 유용한 에너지로 전환시키는 행위가 필요하다. 무용한 에너지를 유용한 에너지로 변환시킨다는 점은 결국 엔트로피 상태를 인식하는 것을 의미하며 이는 엔트로피적 행위를 최소화한다는 개념을 담고 있다.

인생에는 늘 엔트로피적 문제가 발생한다. 만약 문제가 없을 것이라고 수수방관한다면 문제가 발생할 때마다 쉽게 좌절할 수밖에 없을 것이다. 당신이 문제를 만났을 때 문제를 어떻게 받아들이는가는 매우 중요하다. 문제없는 인생은 없다. 엔트로피적 문제는 늘 발생할 것이다. 하지만 이제 당신은 당신에게 나쁜 문제가 발생하면 '엔트로피적 바이러스가 나를 공격하고 있구나'하고 간단하게 생각하면 된다. 그리고 그 엔트로피적 바이러스의 공격을 짜증이나 화를 내는 것이 아니라 네트로피적으로 해결하면 된다.

네트로피적 질서는 치열한 문제 한가운데에서 놀라운 해결 능력을 발휘한다. 네트로피란 세상을 떠나 고고한 삶을 사는 것이 아니라 세상 속에서 가장 효율적으로 부정적 요소를 제거하는 행위이다.

부정적 상황이 도래하면 엔트로피적 인간은 짜증과 화부터 낸다. 이 같은 행동은 더 큰 엔트로피 상황을 연출한다. 엔트로피가 증가하면 할수록 엔트로피는 내 영혼을 멍들게 한다.

사실 모든 사람들은 각기 다른 고민과 문제를 가지고 살아간다.

같은 고민이라도 쉽게 넘어가는 사람이 있는 반면에 어렵게 꼬이는 사람들도 많다. 개인마다의 문제는 분명 그 해결 방안이 있음을 명심하라. 만약 해결 방안이 없다면 그 문제는 고민하지 않아도 된다.

모든 문제의 핵심에 들어가보면 시작은 아주 작은 엔트로피적 유혹에서 시작되고 있음을 이해할 수 있다. 당신이 담배를 끊고 싶어도 끊을 수 없는 담배 엔트로피적 상황에 놓여 있다면 처음에 당신이 흡연을 시작한 최초의 기억을 되돌아보라. 아주 사소한 엔트로피적 호기심이 현재의 거대한 담배 엔트로피적 상황을 만들어놓았을 것이다.

이처럼 작은 엔트로피적 상황을 결코 방관해서는 안 된다. 당신은 항상 경계하며 당신이 만들어놓은 원칙이라는 네모상자를 유지할 수 있도록 노력해야 한다.

연쇄살인범들이 살인을 저지를 때의 공통점은 피해자가 고통스럽게 죽어가는 모습을 즐긴다는 점이다. 그리고 그 고통을 벗어나려 자신에게 아부하는 모습을 즐기고 싶어서 계속 사람을 죽인다고 한다. 당신 역시 매일매일 엔트로피라는 연쇄살인범에게 살해당하고 있다. 일상 속에서 당신은 늘 고개를 숙이고 공포에 떨라고 강요하는 외부적 엔트로피적 상황에 직면하게 된다. 그리고 엔트로피적 상황을 인식하지 못하는 인간들은 매일 엔트로피-연쇄살인범에게 살해당하는 것을 자연스럽게 받아들인다. 그리고 좌절과 절망 속에서 고개 숙이고 비굴하게 살아가는 것이 당연하다고 여긴다. 결국 엔트로피 상태는 외부적 요인이 당신을 죽이는 것이 아니라 자신이 만들어놓은 엔트로피적 불씨가 계속 당신을 죽이고 있다는 점을 명심해야 한다.

연쇄살인범과 같은 엔트로피의 공포와 고통이 엄습해 오면 태연하게 웃어넘겨야 한다. 그와 동시에 자신이 만들어놓은 네트로피적 행동규칙인 네모상자를 실행시켜야 한다. 하나의 엔트로피적 문제를 잘 넘기면, 다음에 더 강한 엔트로피적 문제가 발생했을 때 쉽게 넘길 수 있다. 이렇게 문제점을 계속 이겨나가면 더 강한 네트로피적 질서를 만날 수 있다.

결국 네트로피가 만들어놓은 세상으로 진입하려면 당신은 모든 상황을 웃고 즐기면서, 자신이 현재 하는 일에 대한 치열하고도 집중적인 공부가 필요하다. 돈을 은행에 저금하듯이 하루에 시간을 정해 놓고(반드시 정해진 시간이 아니더라도) 공부에 집중하라. 어느 장소에서나 자신이 현재 하고 있는 분야에서 최고가 될 수 있도록 공부라는 돈을 머릿속에 저금하라. 그 길이 당신을 네트로피적 상황으로 인도해 줄 것이다.

네트로피적 질서로 진입하기 위한 공부는 양이 아니라 질이다. 단 한 줄의 문제를 풀기 위해 2시간을 고민하는 것이 바로 네트로피로 가는 지름길이다. 공부의 양을 늘리려고 노력하지 마라. 이는 노동에 불과하다. 결국 아는 것을 지속적으로 반복해 봤자 문제의 답은 나오지 않는다. 모르는 부분을 정확히 해결해야 자신이 하는 일에 대한 자신감이 생기고 그 자신감은 당신을 네트로피적 질서로 인도해 줄 것이다.

성공을 약속하는
네트로피적 질서

인간은 태어나면서부터 죽을 때까지 정신적 무질서 상태를 벗어나지 못한다. 정신적 무질서 즉, 엔트로피를 벗어나기 위한 노력은 오늘도 내일도 계속되어야 한다.

태양 빛이라는 에너지를 받아 식물이 자라나듯 우리 자신에게도 태양과 같은 질서를 부여해야 한다. 질서를 부여하지 못한다면 결국 우리는 그저 그런 인생을 살 수밖에 없다.

누구나 자연의 질서를 거부하는 반(反) 엔트로피적 행위를 하기는 힘들다. 하지만 정신적 무질서 상태에서 벗어나기 위해서는 끊임없이 긍정적 행위를 할 수는 있다.

네트로피적 질서는 책임감에서 나온다

엔트로피적 무질서 상태를 벗어나기 위해서 책임을 회피해서는 안 된다. 지금 나에게 가장 절실한 일이 무엇인가를 떠올려보라. 학생이라면 공부일 것이고, 직장인이라면 완벽한 업무수행일 것이다. 우선 내게 반드시 필요한 책임감이 무엇인지를 정확히 인지할 필요가 있다.

현재 자신의 일이 정확히 정해지지 않으면 무질서적인 방황을 계속하게 된다. 자신의 정체성에 대해서 끊임없이 질문하며 회의하게 된다. 이 상태를 정리하고 싶다면 지금 당장 현실적으로 가장 중요한 일부터 처리해야 한다. 이것이 네트로피적 질서로 가기 위한 책임감이다.

분명하게 사람마다 가져야 할 현실적 책임감은 다르다. 성공한 사람들은 현재 자신의 일에 끊임없는 책임감을 느끼고 그 일을 해결하려고 노력한 사람들이다.

지금 어떤 일을 성취하기 위해 고민하고 있는가? 그리고 그 일을 이루기 위해 얼마나 많은 노력을 하고 있는가? 끊임없이 질문을 거듭해 보자. 자신이 진정으로 해야 할 일에 대해 정당한 책임감을 느끼는 것은 결국 나 자신에게 질서를 부여하는 최선의 방법이다.

우선 네트로피적 질서로 가기 위해서는 자신이 현재 이루고자 하는 목표가 무엇인지 정확히 인지해야 한다. 그것이 남과 사회를 위한 일이라면 충분히 책임감을 느낄 만하지만 사회에 악영향을 미치거나 책임감을 느끼지 않아도 되는 일이라면 목표는 수정되어야 한다.

예를 들어 '공부를 열심히 해서 꼭 의사가 되어 수많은 난치병 환자를 고쳐야겠다'고 생각한다면 네트로피적 책임감을 느끼고 있는 것이다. 반면에 '대학을 졸업하면 아버지가 한 재산을 준다고 했으니 그 재산으로 그때 가서 멋진 사업을 구상하면 된다. 그러니까 나는 적당히 공부해서 대학만 나오면 돼'라고 생각하면 현재의 절실한 책임감이 없어진다. 절실한 책임감을 느끼지 않으면 무질서 상태는 끊임없이 계속된다. 내가 편안해지려고 하면 할수록 불안과 공포 그리고 낙천적 사고 끝에 오는 허무감을 맛볼 수밖에 없는 것이다.

정당성을 바탕으로 엄격한 책임감을 가지고 스스로 세상을 개척해 나가야 한다. 아무도 내 인생을 대신해 줄 수 없다. 내 꿈은 내가 설계해야 하며 그 꿈의 크기만큼 반드시 책임감을 느껴야 한다. 맡은 일을 끝까지 밀고 나가겠다는 의지가 없으면 안 된다.

책임감이 없어지는 순간이 과연 행복할까? 천만에 말씀이다. 인간에게 책임감과 그에 따른 노력이 없다면 절대 행복해질 수 없다. 책임감 없이 행복해질 수 있다면 그것은 진짜 행복이 아니라 행복한 척 하는 것에 불과하다. 목이 마르지 않은 상태에서 계속 물을 마셔 보라. 목이 마를 때 마시는 간절한 물 한 모금과는 비교도 되지 않을 정도로 무용한 것이 된다. 인간이 가지는 행복감 역시 이와 비슷하다. 끊임없이 어려운 책임감을 가지고 이를 극복하고 난 뒤에 느끼는 행복감이 진짜 행복감이다.

목마름과 같은 간절한 책임 수행 의지를 가져야 진정한 즐거움을 느낄 수 있다. 목표지점을 정해놓고 끊임없이 정신을 차리고 노력을 해야 진정한 휴식의 가치를 이해한다.

사회적 정당성을 가진 어려운 책임을 회피하지 않고 적극적으로 추진해 나가면 반드시 절정의 쾌감을 만날 수 있다. '나만 왜 이렇게 어려운 책임을 떠맡아야 하는가'하고 반문하고 포기하고 싶은 순간이 올 때도 있을 것이다. 하지만 분명한 것은 어려운 책임을 수행하면 할수록 성공은 점점 가까이 다가오며 내 머릿속에 착실하게 네트로피적 질서가 잡힌다는 점이다.

네트로피적 질서는 우리에게 완벽한 의미의 삶을 가져다준다. 현재 엔트로피적 상황에서 무질서하게 책임을 회피하는 것만을 생각했다면 이제 다시 생각을 정리해야 한다.

엔트로피적 무질서는 인간을 행복하게 만들어줄 수 있다고 속삭이는 악마의 유혹과 같다. 그 유혹에 굴복하면 과연 행복해질까? 원래 인간은 천성이 나약하고 유혹에 약하다. 그러므로 엔트로피적 뇌를 가진 대부분의 사람들은 유혹 앞에서 언제나처럼 쉽게 책임감을 회피하고 만다. 일시적이나마 그것이 자신에게 행복감을 가져다준다고 생각하기 때문에 어렵고 힘든 일은 어떻게든 책임을 회피하고자 한다. 하지만 아무리 신나게 놀아도 결국 돌아오는 것은 감당할 수 없을 정도의 정신적 무질서와 허무감 밖에는 없다.

지금 책임을 회피하는 데만 혈안이 되어 있다면 그런 상태로부터 벗어나도록 노력해야 한다. 그렇다고 거창한 계획을 세우라는 이야기가 아니다. 정말 중요한 것은 실행이다. 우리 뇌는 간사하고 비겁하기 때문에 절대 믿어서는 안 된다. 우리 뇌는 나약하다. 그렇기 때문에 계획을 세우면 무서워한다. 지금 당장, 계획 없이 무작정 시작해야 한다. 강력한 책임감을 가지고 그 일을 추진해야 한다. 미래 어느 시점부터 시작하겠다는 이야기는 내 뇌에게 무질서를 보다 많이 제공하는 것 밖에는 안 된다. 무질서적인 책임감을 회피하려는 노력을 거듭하라.

내가 쉽게 기울일 수 있는 노력은 누구나 다 할 수 있는 것이다. 그러므로 제대로 된 노력이 아니다. 내가 할 수 없는 것을 하려고 애쓰는 것이 바로 노력이다. 그리고 그것이 엔트로피를 벗어나는 유일한 길이다. 내가 쉽게 할 수 없고 한 번도 경험해 보지 못한 것을 위해 당당히 노력하라. 그런 노력을 한 달만 기울인다면 네트로피는 어느덧 내 곁에 다가와 있다.

어리석은 인간은 엔트로피적 무질서 속에서 엔트로피적 노력을 한다. 멋진 이성을 만나기 위해 대학을 가고자 한다면 엔트로피 속에서 부정적 노력을 하는 행위이다. 네트로피 속에서의 노력은 진리탐구가 목표여야 한다. 순수한 진리탐구와 그 일을 하는 행위에 대한 매력 없이 다른 목적으로 목표를 잡는다면 그 목표가 설령 이루어진다고 해도 우리에게 허무감과 불안감만 증폭시킬 뿐이다.

조직폭력배가 되기 위해서 합숙훈련을 하는 곳을 잠입 취재한 다큐멘터리를 본 적이 있다. 조직폭력배가 되기 위해서 인상 쓰는 법과 싸움 잘하는 법을 가르치고 남에게 위협적으로 보이는 기술을 연마한다. 하루 종일 탕수육을 먹고 운동을 한다. 결국 그들의 목표는 남들에게 더 험하게 자신을 내세우는 것이다.

이런 조직폭력배의 경우 극단적인 엔트로피적 상태라고 볼 수 있다. 하지만 자신이 해야 할 정당한 책임감을 느끼지 못하고 회피하려고만 한다면 조직폭력배와 다를 바가 없다. 공부하기가 싫어 자리를 박차고 나가서 담배를 피우면서 밤거리를 배회하며 술을 마시는 게 조직폭력배의 삶과 다를 바가 무엇인가.

우리는 미래의 인재가 되기 위해 살아가고 있다. 현재 그 삶이 비록 하찮고 초라할지언정 지금 내가 하고 있는 일에 대한 책임을 회피해서는 안 된다. 책임을 회피하는 순간 나 자신은 무질서와 허무감을 경험할 수밖에 없다.

오직 하나의 목표만을 위해 준비하고 또 준비하라

아직까지 엔트로피적 무질서를 인식하지 못하고 있다면 자신의 행동을 뒤돌아보라. 무엇을 위해 살고 있는가? 도대체 나의 정체는 무엇인가를 정확히 파악해야 한다. 내가 지금 추구하는 행복이 그저 편안함과 멈추어져 있는 즐거움이라면 그건 엔트로피로 채워진 삶이다.

아침부터 저녁까지 당신의 머릿속에서 진정으로 자신만을 위해 노력하는 시간이 얼마나 되는지 생각해 보았는가? 아침에 일어나서부터 하루 종일 자신의 주변 환경에 대해 불평불만을 늘어놓은 적은 없는가? 혹은 자신만의 시간을 가지려 해도 잡념 때문에 도저히 가질 수 없다고 푸념해 본 적은 없는가?

인간은 똑같이 주어진 시간의 삶을 산다. 똑같이 24시간을 부여받고 살아가면서 어떤 사람은 엔트로피 상태에서 살게 되고, 또 어떤 사람은 네트로피 상태에서 살아가게 된다.

'성공한다'라는 말은 네트로피적 질서 속에 자신이 들어가 있는 상태를 의미한다. 정말 당신이 성공하고 싶다면 나의 시간을 남에게 뺏기면 안 된다. 우리는 남에게 신경 쓰고 남들의 이목을 느끼면서 살아갈 시간적 여유가 없다. 산다는 것이 무엇인가? 평생 엔트로피 속에서 텔레비전이나 보면서 남들을 부러워하거나, 남에 관한 험담을 하면서 살아갈 것인가? 그것이 정말 당신이 바라는 삶인가? 산다는 것은 끊임없이 자신을 갈고 닦으면서 자신의 내면을 채워나가는 과정이다. 일순간도 자신을 게을리 내버려두면 안 된다. '이 정도면 됐다'라고 마음먹는 순간이 곧 엔트로피로 진입하는 순간이다. 겸손한 마음을 가지고 끊임없이 자신의 내면을 채울 수 있도록 노력해야 한다. 이러한 네트로피적 노력은 자신에게 끊임없이 샘솟는 긍정적 에너지와 가슴 뿌듯한 행복감을 준다.

엔트로피 속에서 느끼는 값싼 행복감에 만족하고 싶은가? 그것이 인생이라고 생각한다면 결코 성공할 수 없다. 그저 그런 인생을 살다가 죽는다. 그래도 그 삶에 어떤 의미를 부여했다고 위로할 수 있는가? 엔트로피 상태에 있는 사람은 노력 없이 무엇인가를 얻을 수 있다고 생각한다. 노력하지 않아도 쾌락은 잡을 수 있을 것이라고 확신한다. 엔트로피 상태에서 추구하는 삶은 단순한 쾌락추구이다. 쾌락을 즐기기 위해서 담배를 피우고, 술을 마시며, 남들과 의미도 없는 대화를 주고받는다. 그러다 결국 엔트로피 속에서 그들은 행복해질 수 있다는 착각을 하게 된다.

하지만 우주의 원리는 개인적인 순수한 노력이 없이는 진정한 쾌락을 누릴 수 없도록 조작되어 있다. 노력 없이 얻을 수 있는 쾌락이 있다면 그 끝은 허무감과 불쾌감 혹은 돌이킬 수 없는 후회뿐일 것이다.

'공부가 세상에서 가장 재미없다', '공부를 잘 하고 싶지만 어떻게 해야 할지 모르겠다' 이런 생각이 든다면 당신은 틀림없이 엔트로피 상태에 있는 것이다. 이러한 상태에서는 한곳에 집중할 수 없고 책을 읽는 것이 지루하며 TV에 나오는 연예인들의 삶을 동경하게 된다. 결국 엔트로피 속에서는 다른 사람들을 보는 눈도 왜곡되게 된다. 노력 없이 편안하게 부모의 재산으로 넉넉한 인생을 사는 사람들을 부러워하거나, 머리가 좋아서 공부를 하지 않아도 좋은 대학에 가는 학생을 부러워한다.

하지만 노력이 뒷받침되지 않은 행복감은 없다는 점을 명심하라. 설령 부모가 엄청난 부자라 물려받은 재산으로 엄청난 부를 누린다고 해도 엔트로피를 가지고 있다면 그 돈은 한갓 쓰레기에 불과하다.

노력 없이 행복하게 잘사는 사람들을 떠올려보라. 그리고 그들에게 가서 정말 노력하지 않고 사는 삶이 행복한지 진지하게 물어보라. 노력 없이 사는 삶은 절대 행복해질 수 없다. 자신의 내면을 채우려는 다부진 노력 없이 무작정 행복해지려고 한다면 당신은 틀림없이 엔트로피 상태일 것이다.

인간이 가장 행복한 순간이 언제인가. 편안하게 쉴 때? 아니다. 결국 인간이 가장 행복한 시간은 자신을 채워나가는 몰입의 순간이다.

하루에 얼마나 많은 깊은 몰입을 경험하는가? 나 자신의 발전을 위해 순수한 노력을 얼마나 하고 있는지 가슴에 손을 얹고 진지하게 질문해 보라. 그리고 하루에 최소한 2시간을 자신만의 창조적인 시간으로 만들어보라. 옆에서 북을 치건 장구를 치건 상관하지 말고 오직 내가 할 일에 집중하라. 그것이 내 미래와 내 삶 전체를 풍요롭게 만들어 줄 수 있다는 정당성이 확보되었다면 하루 2시간, 정확히 30일을 몰입하라. 몰입 역시 창조적으로 해야 한다. 그냥 책상만 지키면 더욱 엔트로피 상태로 갈 뿐이다. 끊임없이 객관적인 시각을 가지고 몰입하는 주관적 나를 관찰하고 감시해야 한다. 그래야 몰입다운 몰입을 경험하게 된다.

몰입하고 또 몰입하라. 그러면 세상의 질서는 새롭게 변화될 것이다.

엔트로피를 극복한 많은 사람들의 이야기를 들어보면 한결같이 자신의 일에 집중하고 난 뒤에 네트로피적 질서를 찾았다고 말한다. 많은 위인들의 삶이 너무 경건하고 답답해 보이는가? 눈에 보이는 싸구려 행복감이나 쾌락이 전부는 아니다. 우리는 결국 눈에 보이지 않는 진정한 행복감을 찾아야 한다. 그 행복감은 나를 찾고 나를 위해 진지한 노력을 하지 않으면 절대 보이지 않는다.

이제부터 눈에 보이는 모든 값싼 행복을 부정하자. 내 눈에 보이는 싸구려 행복감을 찾다 보면 엔트로피로 빠진다. 진지해지자. 보다 진지한 마음으로 자신만의 창조적 몰입의 시간을 창출하자. 그러다 보면 어느 순간 자신이 네트로피로 진입해 있음을 느끼게 된다.

고민에서 벗어나야 진정한 자기 통제가 가능해진다

지금의 나를 돌아보라. 머릿속에 각종 고민과 불안이 가득하다고 느끼는가? 공부에 대한 불안감, 친구, 가족관계에서 오는 고민, 이성 문제, 자신의 신체와 외모에 대한 고민으로 불안하고 답답한가? 사는 게 재미없고 자신이 초라하다고 느끼는가?

엔트로피 상태에서는 고민과 부정적 생각이 내 시간을 파괴하고 있다. 정확하게 말해서 내 머릿속에 부정적 잡념이 들어 있는 이 상태는 내가 내 의지를 가지고 살아가는 것이 아니라, 고민이라는 부정적 바이러스가 내 삶을 지배하는 것이다.

결국 "산다"라는 말은 긍정적 생각을 하고 내가 나 자신을 통제할 수 있는 경우를 뜻한다. 내가 내 의지에 의해서 자유롭게 움직일 수 있어야 진정한 삶이다.

고민이 머릿속에 잠재되어 있는 상태는 그저 부정적 시간의 연속일 뿐이다. 이러한 부정적 엔트로피 상태를 자각하고 오직 자신만의 창조적 시간으로 만들려고 노력하는 것이 결국 제대로 된 인생이다.

필자 역시 이 부정적 고민을 해결하기 위해 수없이 많은 노력을 해왔다. 그리고 엔트로피를 탈출할 수 있는 몇 가지 고민 해결법을 발견하게 되었다.

누구나 한 가지 고민쯤은 가지고 있다. 하지만 성공한 위대한 사람은 네트로피 속에서 긍정적이고 창조적인 고민을 한다. 부정적이고 소극적인 고민은 고민 자체가 나 자신을 더욱 엔트로피 속에 가두어버린다. 이 부정적 고민을 해결하지 않으면 결국 최악의 무질서적인 상태를 경험하게 된다.

현재 고민이 있다면 그 고민을 해결하도록 적극적으로 노력하자. 대부분의 고민은 과거 내가 했던 행동에 의해서 파생된 것이다. 지금 내가 후회하고 있다면 그것은 과거의 어느 시점부터 분명히 무언가 잘못되었다는 증거이다.

　고민을 해결하기 위해서는 우선 고민의 실체부터 정확히 파악할 필요가 있다. 우선 흰 종이 하나를 꺼내놓고 지금 하고 있는 고민의 원인을 정확히 적어보자. 솔직하게 사실에 근거해서 적어야 한다. 그것이 하나의 사건이라면 그 사건을 아주 사실적으로 적어라. 그리고 내가 그 사건에 대해서 당시에 어떻게 반응했는지도 정확히 적어보자. 이렇게 사건의 정확한 진술과 당시의 대응을 적어보면 고민은 절반쯤 해결된다.

　다음으로 이제 내가 했던 행동에 대한 반론을 적어라. 내가 그때 했던 행동의 잘못된 점을 정확히 적어라. 그리고 그 행동이 잘못되었음을 인정하고 앞으로 다 잘 될 것이라고 생각하자. 이 세상에 해결이 안 될 고민은 없다(공상과 환상의 고민은 제외하고). 자신의 고민을 정확하게 사실적으로 인정하고 개선할 수 있는 대안을 마련하면 된다. 결국 고민은 내가 만드는 것이지 남이 주는 것은 아니다.

　개인적 고민이 아니라 환경적 고민은 해결 방안이 다르다. 자신의 행동에 관한 고민은 자신의 행동을 객관화시키면 해결될 수 있지만 고민의 실체가 환경적(물질적) 요소에서 기인하는 것이라면 다른 해결 방안을 적용시켜야 한다.

　우선 나보다 훨씬 불행하면서 더 처참한 상황을 상상하는 방법이 있다. '우리 집은 가난하기 때문에 할 수 없어'라고 고민한다면 더욱 더 최악의 상황을 생각해 보자. 밥을 먹는 데 지장이 없다면 노숙 생활을 하는 사람들을 떠올리면서 자신의 환경에 감사하면 된다. 결국 그것은 나보다 훨씬 최악의 상황에 있는 사람들을 통해 나 자신의 고민과 불행이 하찮은 것임을 인정하면 해결될 수 있다.

진정한 행복의 출발점을 인식하고 행동하라

프톨레마이오스가 주장한 천동설은 지구중심설이며 어쩌면 이는 이기적인 인간중심의 사고였다. 사실을 왜곡하고 모든 것을 인간이 만들어놓은 질서를 중심으로 사고하도록 강요했다. 그런데 모든 태양계가 지구를 중심으로 돌고 있다는 천동설은 사실이 아니었다.

하지만 그의 주장 이후 많은 사람들은 하늘을 보면서 매일 '태양이 지구를 돌고 있구나'라고 생각했을 것이다. 놀랍게도 천동설은 코페르니쿠스가 가설하고 갈릴레오가 증명하기까지 무려 2천 년 동안 사실로 인정받아 왔다.

이처럼 인간이 통념적으로 믿고 있는 모든 사실들은 먼 훗날 사실이 아닐 수도 있다. 필자가 주장하는 네트로피적 질서 역시 상당히 새로운 이론이며 일반적인 생각과 상반되는 이론일 수도 있다.

우리는 흔히 '논다(play)'라는 말에서 '즐겁다' 혹은 '즐긴다'라는 말을 추론해 낸다. 일반적으로 우리가 명명해 놓은 '논다'라는 말은 엔트로피적 무질서를 의미한다. 그 무질서를 즐기는 것을 우리는 흔히 '논다'라고 부르는 것이다.

하지만 이 '논다'라는 말의 개념도 지금부터 2천 년 뒤에는 수정되지 않을까라는 생각을 해본다. 사실 우리가 정의해 놓은 '논다'에는 항상 그 끝에 '허무하다'라는 말이 역설적으로 내재되어 있다. 그것을 모르고 사람들은 흔히 '논다'가 '놀이를 하는 그 순간'만을 의미한다고 생각한다. 하지만 즐거운, 혹은 즐기는 놀이 뒤에는 항상 그에 상응하는 허무를 동반한다. 신나게 놀고 난 뒤에 느끼는 공허함, 그리고 일상에서 느끼지 못했던 새로운 즐거움을 경험한 뒤에 느끼는 허무함은 '논다'라는 말끝에 항상 같이 붙어 다닌다.

엔트로피적 무질서 속의 '논다'와 네트로피적 질서 속의 '논다'는 서로 사뭇 다르다. 엔트로피 속에서는 객관적 자아(자신 내면의 통제자)가 내면적 자아(본능적 자아)와 동일시되어서 통제할 수 없는 상태를 의미한다. 즉 자신을 통제하고 엄격하게 규칙을 적용할 수 있는 객관적 자아가 잠시 없어져 있는 상태이다. 인간은 이 상태에서 환각과 환상을 경험하고 짧지만 강한 쾌락을 느끼게 된다. 하지만 엔트로피에서 맞이하는 쾌락은 쾌락의 강도에 비례해서 꼭 같은 정도의 허무와 절망감을 동반한다. 즉 엔트로피 속에서 친구와 잡담을 하거나 게임 몰입, 텔레비전 시청, 쇼핑하기, 무의미한 웹서핑과 같은 일련의 행동은 짧은 순간 쾌락을 줄 수는 있지만 그 뒤에 엄청난 절망감 역시 경험하게 된다.

네트로피가 잡혀 있는 가운데 즐기는 행복감이야말로 진정한 쾌락이며 엔트로피 상태에서 느끼는 어떠한 즐거움보다 뛰어나다. 중세시대 사람들이 천동설을 진실이라고 생각했듯이 어쩌면 우리는 놀이라는 것을 그저 엔트로피 상태에서 즐기는 단순한 즐거움 정도로 생각하고 있는지도 모른다.

사실을 인정해야 한다. 분명히 엔트로피 상태에서 즐기는 하찮은 놀이보다 네트로피 상태에서 즐기는 공부가 훨씬 더 많은 쾌락을 준다는 것을. 만약 엔트로피 속에서 즐기는 쾌락이 네트로피 속에서 느끼는 쾌락보다 더욱 크다면 네트로피보다는 엔트로피를 더 즐겨도 된다. 하지만 실제는 절대 그렇지 않다.

이제 세상을 다시 한 번 인식할 순간이 왔다. 눈에 보이는 모든 외부적 요인이 자신에게 진정한 행복감을 줄 수 있다는 맹목적인 믿음은 중세시대 하늘을 보면서 태양이 지구 주위를 돌고 있다고 믿었던 것과 다를 바 없다.

눈에 보이는 세상은 허상일 뿐이다. 눈이 보는 것을 믿지 말아야 한다. 눈은 오직 피상만을 렌즈에 담아낸다. 진정한 행복과 쾌락은 눈이라는 렌즈에 담긴 피사체로 결정되는 것이 아니다. 진정한 쾌락은 자신의 내면에서 나온다. 지금까지 한 번도 경험해 보지 못한 멋진 쾌락을 느껴보고 싶다면 끊임없이 내면을 갈고 닦아야 한다.

한곳에 집중해서 내면을 갈고 닦을수록 쾌락은 점점 가까이 다가오게 된다. 그것은 인간이 느낄 수 있는 행복 중에서 가장 큰 행복감이다. 만약 아직도 이 거대한 쾌락을 느껴보지 못했다면 그 사람은 정말 가련하고, 측은한 사람이다. 돈이 많거나 적거나 혹은 권력이 있거나 없거나 정확하게 알아야 할 사실은 한곳에 집중해서 얻어지는 쾌락을 경험해 보지 못한 사람은 참다운 인생을 살았다고 보기 힘들다는 점이다.

네트로피적 쾌락을 가장 빨리 그리고 가장 확실하게 느껴보고 싶다면 지금부터 즐기기 위한 멋진 공부를 해보자. 이미 많은 위대한 사람들은 공부가 주는 쾌락을 알고 있다. 이 쾌락은 숨겨진 꿀단지와 같아서 한 번 맛을 보면 끊임없이 찾고 싶어진다. 하지만 노력하지 않으면 영원히 숨겨진 그것을 찾을 길이 없어진다.

엔트로피 상태에서는 끊임없이 쾌락을 찾아 방황한다. 쾌락이 외부적 요소에 의해서 반드시 실현될 수 있는 것이라고 착각한다. 물론 그 방황의 끝은 이미 정해져 있다. 그렇기에 많은 시간을 외부적 쾌락만을 찾다가 끝내 자신이 찾던 쾌락이 없음을 인정하게 된다. 물론 죽을 때까지 외부적 쾌락을 찾아 헤매다가 인생을 끝내는 사람도 수없이 많다.

외부적 쾌락을 찾는 이들은 세상은 힘든 것, 살기 어렵고 무서운 곳이라고 치부한다. 물론 이것은 자신의 모든 욕구를 외부적 쾌락을 통해 충족시키려는 엔트로피적 사고를 가지고 있기 때문에 나타난 결과물이다. 결국 인생의 참다운 행복과 쾌락은 네트로피 속에서 찾아야 하며 끊임없이 공부하고 또 공부하는 과정 속에서 내 내면의 진정한 자유와 행복을 느끼게 된다. 모든 인생의 쾌락과 행복은 자신의 내면에서부터 출발한다. 엔트로피적 외부적 현상에 의하여 행복해질 수 있다고 믿는다면 그 사람은 틀림없이 좌절하게 되며, 허무한 삶을 살게 된다.

네트로피 속에서 인간은 최고의 쾌락과 행복을 느낄 수 있다. 이 상태는 객관적 자아(정당하고 윤리적 자아)와 내면적 자아(본능적 자아)가 분리되어 있는 상태이다. 이때는 언제나 마음속에 감시자(객관적 자아)가 존재함으로 항상 나를 감시하며 통제할 수 있다(이 객관적 자아는 감정조절기능도 함께 가지고 있어서 부정적 감정을 쉽게 극복할 수 있다).

네트로피 속에서 '논다'라는 것은 나의 객관적 자아가 내면적 자아를 완벽하게 통제하고 이해하고 있다는 의미이다. 이 객관적 자아가 크면 클수록 이성적 인간이 될 수 있고 성공적 인생을 살 수 있게 되는 것이다.

객관적 자아를 극대화시킬 수 있는 방법 중 가장 추천할 만한 방법은 앞에서도 끊임없이 강조했던 책 읽기이다. 책 읽기는 나의 능동적 사고에 의해서 쉬지 않고 책을 이해해 나가는 과정이므로 이 과정에서 당연히 내면적 자아와 객관적 자아의 분리현상을 경험할 수 있다. 그리고 내면적 자아의 생각이 통제와 규율 속에서 창조와 지혜라는 멋진 생의 쾌락을 자신에게 선물한다.

　반대로 네트로피를 역행해서 허무한 쾌락을 느끼게 해주는 강력한 도구는 바로 텔레비전이다. 텔레비전은 나의 객관적 자아를 망각시킨다. 그러므로 머릿속에 통제 혹은 절제가 없어진 무질서 상태의 극단에 이르게 된다. 결국 그 끝에 남는 것은 허무와 절망감 밖에는 없다. 결국 텔레비전은 우리의 정신세계를 완전히 파괴시키는 도구이므로 가까이 해서는 안 된다.

NEGATIVE ENTROPY

네트로피로 완성하는
공부 혁명

도대체 왜
지겨운 공부를 해야 하는가?

1, 2장에서 네트로피의 개념을 정확히 이해하였다
면 이제 그 네트로피 질서 개념을 기본 바탕으로 하는 학습법을 적
용해 보자.

"공부를 왜 해야 하는가?"

이 질문은 학생들이 무척이나 많이 하는 질문 중의 하나다. 그러
나 답은 하나밖에 없다. 인생을 즐기기 위해 혹은 인생의 영원한 불
안감과 부정적인 감정을 없애기 위해서이다.

공부를 하지 않는 시간을 생각해 보자. 텔레비전을 보거나 친구
와 잡담을 하거나 혹은 빈둥댈 것이다. 그렇다면 그렇게 흘려보낸 과
거가 행복했냐고 반문하고 싶다. 그 행위를 하고 있는 순간에는 행

복하다고 느꼈을지 모르지만 지나고 나면 틀림없이 몹시 허무해졌을 것이다. 의미 없는 시간을 보내고 나면 상쾌한 기분이 들기보다 불쾌하고 부정적인 생각이 들 수밖에 없다.

그렇기 때문에 지금부터 진짜 공부를 시작해야 한다. 거창한 목표나 비전 따위는 필요 없다. 지금 당장 공부를 해야 하는 이유는 단 하나, 내 인생 최고의 긍정적 쾌락을 맛보기 위함이다. 이러한 긍정적 쾌락은 노래방에서 아무리 신나게 노래를 불러도, 친구와 아무리 잡담을 해도 결코 얻을 수 없다.

하지만 공부를 하는 동안은 다르다. 쉴 새 없이 공부하는 동안 내 머리와 몸은 더욱 강해지고 맑아진다. 이것은 곧 숨겨진 최고의 나를 만나는 방법이기도 하다. 지금 이 메시지가 게으른 자에게는 헛소리로 들릴지 모르지만 인생의 진정한 쾌락을 맛보고 싶은 소수의 독자들은 주목하리라고 생각된다.

지금 공부를 하는 이유가 무엇인가? 대학에 진학을 하기 위해서인가, 아니면 특목고를 가기 위해서인가? 이것도 저것도 아니라면 부모님 때문인가? 그러나 이 모든 사소한 가치들은 공부의 목표가 될 수 없다.

공부는 나에게 엄청난 즐거움을 가져다주는 마약 같은 것이다. 그러나 마약은 부작용이 있지만 공부는 부작용이 없다. 그리고 공부를 하면 할수록 세상은 커지고 더욱 행복해진다. 이 행복감을 흔히 지성이 주는 최고의 선물이라고 세인들은 이야기한다.

인간은 익숙해진 것에는 쉽게 싫증을 낸다. 그래서 늘 이전과는 다르고 새로운 것을 찾게 된다. 새로움은 관심의 대상이고 관심은 공부의 시작이자 에너지이다. 공부의 영역은 무궁무진하기 때문에 새것에 대한 갈증을 채워줄 수 있는 화수분이 되어준다. 공부의 진정한 끝은 새로운 영역의 개척이고 이는 즉 창조의 세계이다.

다시 돌이켜 생각해 보자. 만약 지금 공부가 하기 싫다고 포기하고 친구와 논다면 진정 마음이 편해질까? 그리고 그 공부를 포기하면 진정으로 이상적인 삶이 펼쳐질 수 있는지 반문해 보자.

우리는 늘 현재와 과거와 미래를 살아간다. 과거와 미래는 존재하지만 그것은 결코 손에 잡을 수 없는 시간과 공간이다. 공부를 하지 않고 편히 쉬는 게 영원한 행복감을 가져다줄 수 있다면 그렇게 해도 좋다. 하지만 지금 우리가 선택하는 행위는 어쩌면 당연하게도 우리가 만나게 될 가까운 미래의 모습을 결정짓는다는 점을 명심해야 한다.

지금 힘들어서 포기하고 싶다면 자신에게 반문해 보라. 포기했을 때의 가치와 힘들어도 계속하고 있을 때의 가치를 비교할 때 어느 쪽이 더 행복할 것인지. 조금만 이성적으로 생각해 보면 공부를 하는 쪽이 훨씬 행복하다는 것을 깨닫게 될 것이다.

그러면 어떻게 하는 공부가 진짜 공부일까? 그것은 바로 목숨을 걸고 하는 공부이다. 우리 인생에서 가장 아름다운 시간, 그리고 의미 있는 시간을 창조해 내고 싶다면 공부에 목숨을 걸어라.

충무공 이순신의 어록 중에 "必死卽生(필사즉생) 必生卽死(필생즉사)"라는 말이 있다. "살고자 하면 반드시 죽을 것이고, 죽고자 하면 반드시 살 것이다"라는 뜻이다. 이 말을 공부에 적용해 보자. 공부를 할 때는 있는 힘, 죽을힘 모두 끌어 쓰자. 내 모든 에너지를 쏟아부어서 죽기 살기로 현재에 집중해야 한다. 그러면 반드시 행복해질 수 있다. 어정쩡하게 공부하면 머리만 아프고 부정적 감정만 생길 것이다. 더불어 온갖 핑계로 몸이 쑤셔올 것이다. 이것이 살려고 하는 공부의 부작용이다. 죽을 용기로 순간에 최선을 다하라. 그러면 인생의 의미가 지금까지와는 다르게 다가올 것이다.

끊임없이 지금 이 순간을 나의 최고의 시간으로 창조해 나가라. 밖에 나가서 행복감을 찾으려고 아무리 돌아다녀도 절대 쾌락과 행복을 건져올 수 없다. 행복감은 자신과의 완전한 싸움에서 승리하는 자에게만 주어지는 값진 선물이다.

정말 제대로 된 공부를 하고 싶다면 이제부터 하루 2시간 완벽히 집중하는 훈련을 시도하라. 완벽한 집중이란 숨을 쉬는 것조차 잃어버리고, 머릿속에 어떠한 생각도 하지 않는 마치 진공과도 같은 상태이다. 일반적으로 이 상태가 되면 자연스럽게 입이 약간 벌어진다. 이때부터 나를 보호하려는 비겁하고 가식적인 의식이 내 머릿속에서 제거되기 시작한다. 비겁하고도 가식적인 생각이란 우리가 흔히 말하는 잡스러운 행동과 생각들이다. 사사로운 걱정, 이성에 대한 막연한 동경, 의식주에 대한 미련 등을 예로 들 수 있다.

잡념이 사라지는 순간, 그리고 그 잡념의 덩어리가 더 이상 내 머릿속에서 아무런 의미를 가지지 못하는 순간이 바로 열정적 에너지가 샘솟는 순간이다. 그리고 이 순간이 바로 내가 느낄 수 있는 최고의 즐거움이다. 이것이 바로 공부이다.

행복이란 결코 외부적 요인에 의해서 이루어질 수 없다. 오직 내가 정신을 가다듬고 한곳에만 집중하고 있을 때만 누릴 수 있다. 물론 이런 종류의 행복감을 평생 누리지 못하고 죽는 사람도 많이 있다. 전 세계 전체 인구 중 약 80%는 잡념에 싸여 불안과 즉흥적 쾌락만을 느끼다가 죽는다. 그렇게 살기를 원하는가? 어떻게 태어난 인생인데, 그렇게 살기에는 우리 인생이 너무 아깝지 않은가?

전 인류의 성공한 20%는 분명 무언가 다른 면이 있다. 인생의 참다운 쾌락과 즐거움을 느껴보고 싶다면 오늘부터, 아니 지금 당장 공부를 시작하라. 그냥 공부가 아닌 죽기를 각오하고 공부에 임하라. 죽기를 각오하고 공부에 임할수록 내 몸이 솜털처럼 가벼워지는 것을 느낄 수 있다. 그것이 바로 형용할 수 없는 지적 즐거움이다. 내가 숨 쉬는 세상이 달라지기 시작하는 것이다.

수학 공부를 할 때, 도대체 일생에서 쓸 일이 많지 않은 수많은 공식들을 왜 외우고, 이를 적용하는 문제를 왜 푸는지 이해할 수가 없을 것이다. 하지만 우리가 주변에서 볼 수 있는 많은 것들이 수학과 매우 밀접하게 연관되어 있다는 사실을 알게 되면 수학은 재미있는 공부가 된다. 건축물의 설계 및 시공, 통계적 예측, 심지어는 인간의 행동이나 경제적 요인들의 상호관계를 수학적으로 환원할 수 있다는 것은 얼마나 신기하고 경이로운 일인가? 사물을 바라보는 인식의 확대는 새로운 세상을 만나고 창조하는 일이 된다.

정신을 집중할 때는 완벽하게 집중하고 정신을 내려놓을 때는 확실하게 내려놓아라. 정신을 조종하는 사람은 바로 나 자신이다. 성공이란 결국 남에 의해서 혹은 외부적 요인에 의해 이루어지는 일이 아니다. 결국 성공이란 나 자신을 잘 조종해 나가는 과정이다.

몰입하고 또 몰입하라. 그러면 최고의 나를 만날 것이다. 몰입은 정말 신나고 즐거운 작업이다. 내일부터가 아닌 '지금부터' 당장 시작해 보자.

공부에 목숨을 걸면 행복이 이루어진다

행복이란 무엇인가? 행복은 하늘에서 떨어지지 않는다. 동물적인 삶이 행복을 가져다준다고 믿고 싶은가? 잠을 자거나, 밥을 먹는 게 진정한 행복을 가져다줄 수 있다고 믿고 싶은가?

절대 아니다. 동물적 만족감이 한 달은 행복하게 해줄 수 있어도 계속해서 그것만을 추구하면서 살아가라고 하면 생을 포기하고 싶을 정도의 고통에 휩싸이게 될 것이다. 그 이유는 간단하다. 인간은 고도의 사고능력을 가진 사고체이다. 동물적 만족감(식욕, 성욕, 수면욕 등)으로는 도저히 이성을 만족시킬 수 없다.

그렇다면 진정한 행복은 무엇인가? 진정한 행복이란 끊임없는 노력과 그에 따른 성취감에서 발현된다. 이것이 없는 상태에서는 절대로 인간은 행복해질 수 없다. 만약 이것 없이 행복해질 수 있다면 그것은 끝이 보이는 피상적인 행복임이 틀림없다.

그러면 나를 돌아보자. 나는 지금 행복한가? 행복하다고 말할 수 있는가? 따뜻한 밥을 먹어서 행복하고, 쉴 수 있는 작은 집이 있어서 행복하다고 말할 수도 있다. 하지만 이와 같은 행복감은 감성적 행복감일 뿐이다. 진취적이고 열정적인 행복감이 아니다. 진취적이고 열정적인 행복감을 느끼기 위해서는 이성적인 공부를 해야 한다. 공부를 하면 끊임없이 행복해질 수 있다. 그것은 사람을 사람답게 만든다.

대학을 가기 위해서 혹은 좋은 직장을 가지기 위해서라면 공부의 노예가 될 뿐이다. 공부가 휘두르는 채찍에 매일 맞아가면서 공부의 노예 같은 삶을 살게 된다. 이는 진정한 의미의 공부가 아니다. 그것은 그저 하기 싫은 아르바이트가 된다. 누구에게나 공부가 죽도록 하기 싫은 순간은 있기 마련이다. 그 시기를 극복하는 것이 앞으로의 미래를 결정짓는다. 불같은 의지를 가지고 덤벼라. 하지만 불같은 의지가 없어도 공부를 열심히 할 수 있다.

첫째, 공부를 계속 하기 위해서는 말과 행동 그리고 공부 방식이 정직해야 한다. 자신이나 남에게 거짓된 행동이나 말을 하면 그것을 해결하기 위해 또 다른 거짓을 만들어내야 한다. 그러면 정신이 분산되므로 공부를 계속할 수 없게 된다. 그러므로 매사에 정직하게 일을 처리해 나가는 것이 중요하다.

둘째, 공부를 끊임없이 계속하고 싶다면 시간을 정하지 마라. 특정한 시간 동안 공부를 하고 나머지 시간에는 그냥 놀기만 한다면 그것은 공부의 노예가 되는 지름길이다. 예를 들어 대기업의 아르바이트생은 정해진 시간에 노동을 하고 정해진 임금만을 받는다. 아르바이트 시간 외에는 회사에 대한 어떠한 고민도 없이 그냥 편하게 놀면 된다. 이것이 공부 노예들이 하는 공부법이다.

진정한 의미의 공부란 대기업 CEO처럼 하는 것이다. CEO에겐 근무시간이 따로 없다. 그들은 겉으로 보기에는 늘 편안하고 여유로워 보이지만 머릿속에선 끊임없이 일관된 고민을 한다. 그 고민의 핵심은 회사를 어떻게 잘 키울 수 있는가이다. 그들은 단 한순간도 회사에 대한 고민을 내려놓지 않는다. 겉으로 보기에는 열심히 일하지 않는 것처럼 보여도 누구보다도 많은 일을 한다. 공부 역시 마찬가지다. 공부도 24시간 회사를 위해 노력하는 대기업 CEO처럼 해야만 성과를 거둘 수 있다.

모든 공부에 CEO의 마인드를 가지고 임해라. CEO가 힘들다고 직원들 앞에서 약한 모습을 보일 수 있는가? 마찬가지로 공부가 힘들다고 포기한다면 당신은 영원히 아르바이트생으로 남을 수밖에 없다. 절대 공부 노예가 되지 말아야 한다. 공부는 시간을 정해놓고 하는 것이 아니라 늘 어느 장소에서나 해야 한다.

그럼 도대체 공부를 해도 해도 성적이 안 오르는 건 무엇이 문제일까? 그것은 한마디로 공부법이 잘못된 것이다. 공부는 자연스럽게 해야 함에도 불구하고 그러지 못하기 때문에 대부분 성적을 향상시킬 수 없는 것이다.

공부는 단기간에 끝내는 것이 아니라 평생을 같이 가야 할 친구라고 생각하고 천천히 접근해야 한다. 한 권의 책을 끝낸다고 할 때, 한 번에 모든 것을 다 이해하겠다고 마음을 먹으면 안 된다. 그냥 읽어라. 책 한 권을 적어도 5번을 읽는다고 생각하고 처음엔 가벼운 마음으로 읽으면 된다. 몰라도 읽어라. 그것이 공부다. 읽자마자 잊어도 괜찮다. 그게 당연한 인간의 뇌 구조이므로 안타까워할 필요도 없다.

그럼 이제 공부법을 바꿔보자. 지금까지 같은 책을 5번 읽고 공부해본 적이 있는가? 성적이 낮은 학생은 아마 없을 것이다. 성적이 낮은 학생일수록 처음부터 책 한 권을 무조건 암기하려고 한다. 엄밀한 의미에서 암기는 공부가 아니라 노동이다. 가장 저효율적인 공부다. 절대 암기하지 마라. 그리고 편안히 읽어라. 암기하면 절대로 성적이 오르지 않는다.

이렇게 했는데도 성적이 올라가지 않는다면 그 다음 문제는 공부를 대하는 태도에 있다. 서두에도 밝혔듯이 공부는 평생을 같이 가야할 친구이다. 겸손한 마음으로 매일 하루도 쉬지 않고 계속해서 해야 한다. 하루에 밥을 세 번 먹는다면 최소한 밥 먹는 시간보다는 많이 공부해야 한다. 가슴에 손을 얹고 생각해 보아라. 이제까지 살아온 인생 동안 밥을 먹는 시간보다 공부를 더 했는가? 자신 있게 "네"라고 대답할 사람은 몇 없을 것이다. 그러면서도 성적이 오르지 않는다고 말한다면 그것은 공부에 대한 모독이다.

자, 이제 마음가짐을 바꾸자. 어려운 문제에 직면했을 때 공부를 포기하고 싶은 생각이 든다면 굳은 각오로 이렇게 생각하라. '목숨을 걸고 나는 이 문제를 해결하겠다. 그것이 내가 살아가는 이유다. 그러므로 나는 남들보다 10배 이상 많은 시간과 노력을 이 문제에 투자할 각오가 되어 있다'라고 암시하라.

공부를 쉽게 하려는 학생들이 가장 먼저 포기하는 과목이 바로 수학이다. 사실 필자도 학창시절 수학 때문에 고생을 많이 한 것은 사실이지만, 지금 가장 후회하는 부분이 수학 공부를 게을리 했다는 사실이다. 공부를 정말 공부답게 하려면 수학을 절대 포기해서는 안 된다. "저는 예체능계열이라서", "제가 지망하는 대학은 수학을 보지 않아서……"라고 말하며 수학을 공부하지 않는 것은 밥 먹을 때 고기반찬은 먹지 않겠다는 것과 똑같다. 수학을 배제하고 도대체 무슨 학문을 할 수 있단 말인가?

필자의 친척 중에 홍정승이라는 사람이 있다. 유명한 영화 특수효과전문회사에서 캐릭터 CG 작업의 총괄책임자로 있으며 영화 〈캐리비안의 해적〉의 문어머리를 만든 장본인이기도 하다. 그가 없었다면 그 영화는 나올 수 없었다.

그는 15년 전 서울에 위치한 미술대학에 진학하여 서양화를 전공했지만 흥미를 느끼지 못하고 도미하여 다시 영화 특수효과를 배우기 위해 새로운 공부를 시작했다.

전 세계에서 가장 뛰어난 아티스트들이 모인 영화 특수효과팀에 발탁되고 그 안에서 성공을 하기 위해서는 그가 가지고 있는 단순한 미술 실력으로는 역부족이었다. 그래서 그는 새로운 창조를 하기 위해 광범위한 공부를 시작했다. 다년간 그는 도서관과 인터넷을 뒤지며 그의 작업 분야에 완벽을 추구하기 위해 노력했다. 특수분장에 필요한 역사관, 언어, 보다 폭넓은 미술 분야, 컴퓨터, 인종 간의 특징을 표출해 내기 위한 인류학, 그리고 인체구조를 이해하기 위해 깊이 있는 해부학까지 공부했으며 인체가 움직이는 물리학적 구조와 동선에 대해 고민했다. 그는 지나가는 사람들의 얼굴 하나하나를 뜯어보며 다양한 형태와 구조의 조합에 대한 생각을 멈추지 않았다. 이 같은 노력의 결과로 그는 미국 할리우드 최고의 특수분장 그래픽 업계에서 인정받게 되었으며 결국 2007년 미국 VES어워드에서 한국인 최초로 수상을 하게 된다.

홍정승 씨는 말한다. 단순히 미술만을 전공했다고 해서 성공할수 있다는 생각을 빨리 버려야 한다고. 그는 늘 강조한다. 어떤 분야에서 성공한 최고의 전문가가 되려면 학문적 뒷받침이 되어 있지 않으면 안 된다고. 그가 자신의 전공에만 안주한 채 무사안일하게 다른 학문을 등한시 했다면 지금의 성공은 어느 누구도 장담할 수 없었을 것이다.

모든 성공한 사람들은 공부 편식을 하지 않았다. 미친 듯이 모든 분야를 맹렬하게 파고들었다. 그것이 바로 목숨을 건 공부법이다. 그만큼 목숨을 걸 만한 가치가 있는 것이 바로 공부다.

무엇이 두려운가. 책을 펴라. 그리고 끊임없이 읽고 또 읽어라. 무사안일한 공부는 버려라. 원대한 비전을 가지고 성취하고 싶다면 끊임없이 읽어야 한다. 그것만이 우리의 미래를 보장해 줄 수 있다.

새로운 미래는 지금까지와는 완전히 다른 형태로 다가오고 있다. 언제까지나 대학을 가기 위한 공부만을 할 것인가? 일어서라. 그리고 정말 목숨을 걸고 공부다운 공부를 해보아라.

대학을 가거나 직장을 가도 좀비(쉽게 공부하고 쉽게 생각하고 하루하루 인생을 편안하게 살아가려는 하루살이 같은 무리)들은 존재한다. 절대 좀비가 되지 마라. 편법으로 공부하면 결국 아르바이트로 인생을 마무리하게 된다. 천천히, 현상에 집착하지 말고 오늘부터 10년 동안 쉬지 말고 꾸준히 공부에 전념해라. 그러면 원대한 성공을 이룰 수 있다.

100년 뒤에도 기억될 고민을 하라

"오늘도 무엇을 하다가 이렇게 시간을 허비했을까?"

저녁 시간쯤 이런 고민에 빠져본 적이 있다면 그나마 다행이다. 대부분의 사람들은 자신이 정말 해야 할 진짜 고민을 하지 못하고 전혀 인생에 도움이 안 되는 고민을 하면서 분노하고 때론 싸우곤 한다.

아침에 일어나서 지금까지 한 일들을 적어보자. 과연 무엇을 했으며 오늘 하루에 무슨 의미를 부여할 수 있는지 곰곰이 생각해 보라. 정말 한심하게도 오늘 하루 우리가 흘려보낸 그 시간들은 정말 의미 없이 보낸 시간들일 뿐이다. 게다가 거기에 덧붙여서 쓸데없는 고민을 하기 시작한다. 내 남은 인생에 전혀 도움이 되지 않는 비(非)창의적인 고민은 나를 끊임없이 나락으로 빠뜨린다.

인간으로 태어나서 가장 비참한 고민이 물질적, 즉흥적 고민이다. 더 좋은 차를 가지고 싶다는 고민, 더 많은 돈을 벌고 싶다는 고민, 더 편안하고 신나게 놀고 싶다는 막연한 고민들은 우리를 더욱 병들게 만든다. 지금 자신이 하고 있는 고민과 갈등은 무엇인가? 그것이 우리 인생 전체를 놓고 봤을 때 정말 위대하고 절대적인 고민인가? 그 고민을 해결하지 않으면 우리 인생 전체가 무너지는가?

잔고민과 잦은 분쟁 및 말다툼, 혹은 질투를 많이 하는 사람은 기본적으로 부정적이다. 그 사람들 머릿속에는 어떻게든 힘든 것을 회피하면서 남들이 힘들게 얻어낸 것을 손쉽게 얻으려 한다. 이것이 부정적 고민의 시작이다. 상당히 이기적이고 자기중심적인 고민이지만 역설적으로 이것이 오히려 자기 자신을 죽인다. 하루살이 고민 속에 갇혀 살다가 끝내 죽어간다.

업적을 남긴 사람들은 평생 2~3가지 고민 속에서 살아간다. 위대한 과학자는 오직 한 분야에서 평생을 고민한다. 유명한 야구선수는 오직 야구만을 고민한다. 이런 발전적 고민은 사람을 사람답게 만든다.

이제 평생을 걸고 고민할 것을 찾아 한곳에 집중해 보자. 현재 자신이 발전적 고민거리를 못 찾고 있다면 공부에 대해 고민하면 된다. 그리고 나머지 자잘한 고민들에 대해서는 초연해지자. 의미 있는 한 가지 일에 집중하면서 고민하고 또 고민하다 보면 어느덧 자신의 주변까지 행복해지는 것을 알 수 있다.

하지만 온갖 잡다한 문제까지 끌어안고 고민하기 시작하면 다른 모든 고민들까지 나에게 몰려온다. 그리고 급기야 그것들이 나를 병들게 만든다. 결국 쓸데없는 고민을 하는 사람은 발전적이고 거룩한 고민까지 가볍게 여기게 된다.

잔고민이 많은 한 학생이 오늘 점심 때 친구와 책상에 금을 그어 놓고 서로 자기 자리를 차지하겠다고 싸웠다고 가정해 보자. 그 학생은 바로 지금 일어나고 있는 현상만을 고민한다. 그러므로 이 학생은 책상에 금을 그어놓고는 친구와 싸워서 억울하고 분하다고 생각한다. 그리고 그 생각의 잔상이 오래도록 남아 있다. 그 고민은 다른 고민이 들어오기까지 머릿속에서 떠나지 않고 자신을 괴롭힐 것이다. 그러나 다른 고민이 생겨나면 잔고민은 이내 자리를 내어준다. 이런 상태가 계속되면 막연하게 현재 상태가 싫어지고 혹은 어디론가 사라지고 싶다는 생각이 들기 시작한다. 이런 상태에 빠진 학생은 절대 공부를 잘할 수 없다.

공부는 모든 고민의 최우선순위에 두어야 한다. 공부를 하면서 끊임없이 자신의 목표를 향해서 걸어나가다 보면 세상은 한결 여유로워진다. 지금 일어나는 즉흥적인 현상에 연연하지 않게 된다. 지금의 고민이 고민다울 때 비로소 그 사람의 인생은 거룩하고 아름다워진다.

다음은 자신의 고민 상태를 체크해 보는 고민 건강성 테스트이다. 이 테스트를 통해 자신의 정신건강을 한번 점검해 보자.

건강한 고민을 하고 있는지 알아보는 테스트(ㅇ/×)	
1. 친구 간에 한 번 싸우면 끊임없이 그 고민이 머리를 떠나지 않는다.	( )
2. 시험성적에 연연한다.	( )
3. 신체적 콤플렉스가 늘 나를 따라다닌다. 그래서 고민한다.	( )
4. 다른 곳에서 다른 사람들이 나의 뒷담화를 할까 봐 두렵다.	( )
5. 블로그나 싸이 등 인터넷 공간에서 이루어지는 나에 대한 심한 말이 두렵다.	( )
6. 미래를 생각하면 막연히 두렵다.	( )
7. 하루 종일 말이 없고 그냥 혼자 있는 게 편하다.	( )
8. 조그마한 일에 쉽게 분개하고 억울해 하는 편이다.	( )
9. 나는 지금 쓸데없는 고민에 싸여 있다.	( )
10. 나는 친구들을 만나면 과다하게 말을 많이 하며 남 험담하기를 좋아한다.	( )

위 설문 중에서 해당되는 사항이 4개 이상이라면 자신은 지금 쓸데없는 고민에 빠져 있는 것이다. 말인 즉슨, 내 뇌가 바이러스 천국(엔트로피 상태)에 놓여 있다고 생각하면 된다.

쓸데없는 고민은 우리 자신을 멍들게 한다. 그리고 이러한 고민이 깊어지면 정신병리학적인 증상들이 나타나기 시작한다. 대화를 할 때에 눈을 제대로 쳐다보지 못하거나, 늘 무언가를 만지작거리거나, 표정이 없거나, 게임 혹은 자위를 심하게 하거나 하는 등의 증상이다.

이런 병리학적인 증상을 없애고 진정으로 나 자신을 구원하고 싶다면 아래에 나온 몇 가지의 방식을 적용해 보기 바란다. 현재 자신이 쓸데없는 고민의 노예가 되어서 헤어나오지 못하고 있는 상태라도 걱정할 필요는 없다. 그 상태를 정확히 인지하고 있다면 지금부터 고쳐나가면 되는 것이다.

위의 진단서를 보고 자신의 상태가 심각하다고 해도 전혀 걱정할 필요는 없다. 얼마든지 극복할 수 있는 방법이 있다. 단 지금 당장 시행에 옮기지 않으면 오늘도 내일도 그리고 먼 미래에도 당신은 짐승과 같은 삶을 살아갈 수밖에 없다는 사실을 명심해야 한다.

자아(自我)는 사고, 감정, 의지 등의 여러 작용의 주관자로서 이 여러 작용에 수반하고, 또한 이를 통일하는 주체이다. 이것을 쉽게 표현하면 추울 때 몸을 보호하기 위해서 따뜻한 곳으로 가라고 명령하는 주체이며, 잠자고 싶을 때 피곤을 극복하기 위해 잠을 자도록 명령을 내리는 내 주체적 의식세계라는 말이다.

공부를 못하는 사람일수록 이 내면적 자아는 상당히 크게 작용한다. 조금만 어려운 문제가 나와도 자신을 보호하려는 본능적 자아가 발동하여 '그만하고 쉬어라'는 명령을 내린다. 내면적 자아를 극복할 용기와 의지가 없는 사람은 그 명령에 이내 무릎 꿇고 만다. 그리고 하염없이 약하고 소극적인 몸과 마음을 보호하기 위해 내면적 자아는 계속 움츠러 들고 나약해진다.

내면적 자아가 약해질 대로 약해진 사람일수록 이기적이다. 자기 자신을 희생하기 싫어하고 조그마한 불이익에도 쉽게 화를 낸다. 이

194

• 100년 뒤에도 의미가 있는 고민을 하라.

첫째, 지금 내가 하고 있는 고민과 행동이 100년 뒤에도 의미가 있는가를 생각하고 고민하라.

100년 뒤에도 의미가 있는 고민은 과연 무엇일까? 엄마와의 갈등 혹은 이성친구와의 갈등일까? 전혀 아닐 것이다. 진정으로 고민다운 고민은 세상을 변화시킬 배려와 이타적인 공부이다. 이것만이 의미가 있다. 그 고민을 제외한 모든 고민은 100년 뒤에 어느 누구도 기억하거나 동조해 주지 않을 것이다. 나머지 고민은 모두 양보하고 버려라. 그래야 더 큰 것을 얻는다. 이것이 소탐대실(小貪大失)의 원리다.

• 긍정하고 또 긍정하라

둘째, 긍정하고 또 긍정하라. 그리고 모든 것을 다 베풀어라. 그것만이 나 자신을 진리로 다가가게 하는 지름길이다.

작은 것을 가지려고 하면 결국 모든 것을 잃어버린다. 이것이 작은 고민을 해서는 안 되는 원리다. 결국 대답은 원점이다. 지금하고 있는 잔고민이 있다면 모든 것을 잃어버리기 위해 공부를 시작하면 된다. 지금 당장 공부를 하라. 원대한 목표를 가지고 끊임없이 고민하고 또 고민하라. 고민다운 고민은 사람을 사람답게 만든다.

• 마음을 다스려라

공부를 하다 보면 어느새 딴 생각을 하고 있을 때가 많다. 자신은 공부를 열심히 하고 싶지만 책상 앞에만 앉으면 도무지 책의 내용이 이해가 되지 않는 경우도 많이 있다. 한국어로 된 책인데도 아무리 읽어도 이해가 되지 않는 문구가 너무나 많다. 대부분 학생들은 이런 경험을 하는 동안 공부를 포기하게 되거나 인터넷 강의, 학원, 과외 선생을 찾게 된다. 그리고 새로운 대안을 가지고 배우려고 하지만 결국 또 다시 실패로 끝나기 쉽다.

그런 것을 두고 의지가 약하다, 혹은 머리가 나쁘다, 공부에 취미가 없다고 자기합리화를 하는 사람이 많다. 하지만 공부를 못하는 근본적인 이유는 의지가 약해서가 아니라, 자기 자신을 보호하려는 자아가 너무나 크기 때문이다.

유는 단순하다. 자신을 보호하는 자아에만 의존해서 살아가는 데만 초점이 맞추어져 있기 때문이다.

내면적 자아가 극단적으로 발달한 사람들에게는 여러 가지 증상이 나타난다. 사람마다 조금씩 다른 성향을 나타내는데 대략 세 가지 유형으로 압축해 볼 수 있다.

첫 번째는 게으르고 만사에 부정적인 성향의 도출이다. 자기 보호본능이 극단적으로 나타날 때는 아무것도 하지 않으려 든다. 그것이 가장 안전하다고 여기기 때문이다. 게으름은 또 다른 부정적 감정으로 표현된다. 부정적 감정(화, 우울, 분노)이란 자기내면을 보호하기 위해 겉으로 드러나는 유아기적 발상이다.

매사에 부정적인 사람은 성격의 변화가 심하여 늘 안절부절 못한다. 화를 냈다가 이내 즐거워한다. 그리고 잠시 뒤 다시 기분이 나빠진다. 이런 상태가 반복되고 지속된다. 이미 나라는 주체적 인격체는 내면적 자아 속에 매몰되어 헤어나오지 못하는 상태이다.

두 번째는 극단적인 좌절감과 우울증세로 표출된다. 자기보호본능에 휩싸인 사람들은 극도의 불안과 공포를 경험한다. 이제 내면적 자아는 지향하는 바가 없으므로 미래에 일어나지 않을 일에 대한 불안과 공포에서 자기를 보호하기 위한 방어기제로 활용한다. 이러한 증상은 걱정과 고민 혹은 방황으로 표출된다. 증상이 심해지면 매일 좌절감과 피곤함이 연속된다. 대장기능 및 간기능도 현저히 떨어질 수 있다.

세 번째는 극단적인 우월감과 불안감 혹은 답답함으로 표출된다. '나는 공부가 취미가 아니다'라고 생각하고 모든 다른 분야는 막연히 잘할 수 있다는 헛된 생각을 가지거나 '나는 몸매가 좋다', 혹은 '얼굴이 잘생겼다'라고 착각하며 피상적인 자기만족을 얻게 된다. 극단적 우월감은 늘 불안감과 현실에서 실현되지 않을 때 답답함을 동반한다.

결국 공부를 못한다는 것은 내가 내면의 자아에게 굴복한 것이다. 그러한 삶은 짐승의 삶과 다를 바 없다. 동물들은 먹고, 배설하고, 잠자는 것을 반복하며 늘 내면적 자기보호의 노예가 되어서 살아간다. 번화가에서 진한 화장을 하고 짧은 치마를 입고 남자친구를 만나기 위해 기다리는 여자와 짝짓기를 기다리는 짐승이 다를 게 무엇인가? 공부 안하고 집안에서 부모와 싸우고 이기려고 하는 행위를, 짐승들이 싸우고 날뛰는 행위와 비교할 때, 무엇이 다른가?

곰곰이 생각해보면 이미 답은 나와 있다. 그냥 지금부터 미루지 말고 공부를 하면 된다. 내 더럽혀진 자기보호 본능적인 자아(동물적 자아)를 극복하기 위해서 지금부터 마음을 가다듬고 공부를 해보자.

공부는 누구나 잘할 수 있다. 머리가 아무리 나빠도 숟가락을 들고 밥을 먹을 수 있는 정도의 지능이라면 누구나 명문대학에 갈 수 있다. 공부는 지능으로 하는 것이 아니라 마음을 다스리면서 자아를 극복해 나가는 과정이다.

자신이 과잉보호하는 자아를 가졌다고 생각된다면 아래에 제시된 해결 방안을 적극적으로 수용해 보기 바란다.

첫째, 과잉보호 엔트로피적 자아를 버리는 연습부터 하라.

놀고 싶고, 혹은 쉬고 싶은 자아의 보호본능에 절대로 굴복하지 말고 그 모든 것들을 버려라. 일단 한 번 버리면 그 다음은 전보다 쉬워진다. 3일을 참으면 다음은 습관이 된다. 그러므로 미친 척하고 실행하라. 그리고 책 속에서 참된 나를 발견하라.

물론 나를 찾는 과정 역시 쉬운 과정은 아니다. 하지만 나를 바로 알지 못하면 늘 불안 속에서 흔들리게 된다. 종국에 마주쳐서 넘어야 할 고비는 안에서 온다. 그래서 나를 아는 것, 엔트로피적 자아를 쫓아내고 네트로피적 자아를 발견하는 일이 매우 중요하다.

둘째, 오늘 할 일을 적어놓고 반드시 마무리해라. 처음부터 너무 무리하게 짜면 또 진다. 구체적 계획을 세우고 실천해 나가라.

말은 쉽지만 도통 되지 않을 것이다. 이유는 간단하다. 또 부정적 자기보호본능이 마음속에서 날뛰기 때문이다. 그놈과 타협하지 말고 최소한의 학습량을 정해놓고 꼭 마무리해라. 힘들더라도 반드시

해야 한다. 다시 타협하면 또 짐승의 삶으로 돌아가게 된다.

셋째, 지금 이 순간을 가장 이기적 집중의 시간으로 활용하라.

공부를 못하는 사람일수록 여러 분야에 관심이 많지만 실질적으로 그 어떤 일도 잘할 수 없다. 이유는 아주 간단하다. 해보다가 금세 포기하기 때문이다. 포기하면 또 다른 걸 찾는다. 그러다 또 포기한다. 그게 실패한 사람들의 전형적 모습이다. 공부에 집중하라. 아주 깊은 공부에 집중하라. 전투적으로 몰입하라. 그 어떤 잡념과도 타협하지 말고 하루 30분의 완전 몰입, 전투적 공부를 경험하고 점차 그 횟수를 늘려나가라.

넷째, 화내지 말고 우울해 하지 마라.

화를 내고 우울해 하면 내면적 자아의 보호본능만이 더 커진다. 그렇다고 해서 문제들이 잘 해결되었던가?

미칠 듯이 화가 날 때는 걸어라. 걸으면서 이제까지 놓치고 지나쳤던 풍경들을 보여주는 내 다리에게 감사하라. 그리고 하늘을 보고 감사하라. 내가 살아가고 있음을 감사하라. 하루 30∼40분의 걷기는 자신을 변화시킨다. 매일매일 걸어라.

이제 진짜 공부를 해보자

진짜 공부가 무엇인가? 시시하게 대학에 들어가기 위한 공부는 공부가 아니다. 진짜 공부는 최고의 나를 만나는 과정이다. 지금 나를 만나라. 그리고 나를 돌아보라. 진실로 나 자신의 마음을 컨트롤할 준비가 되어 있는가? 그렇다면 지금부터 공부라는 도구를 활용하여 내 마음을 다스려보자.

지금 내 마음속에는 도무지 억제할 수 없는 어지러운 감정의 찌꺼기가 나를 괴롭히고 있다. 이건 내가 아니라 다른 내가 진짜 나를 억누르고 살아가고 있는 상태이다. 두렵지 않은가? 내 안에 다른 내가 들어와서 살고 있다는 사실이. 적은 외부에 있는 것이 아니라 내 머릿속에 있다. 이 부정적 감정의 찌꺼기들은 게으름, 두려움, 즉흥적 쾌락 추구, 방황, 귀찮음, 열등의식, 우월의식 등으로 표출된다. 하루하루 죽어가는 내 모습을 보라. 그냥 이대로 살다 죽을 것인가, 아니면 진짜 나를 찾아갈 것인가? 그건 바로 당신의 선택에 달렸다.

매사 부정적이고, 무기력하고, 세상이 싫고, 불쾌하고 우울한 기분에 빠져 있다면 또 다른 내 마음의 적들이 공격해 오고 있는 것이다. 그들에게 점령당한 채 순간적 쾌락을 누리며 원치 않는 삶을 살 것인가, 아니면 나 자신을 지킬 것인가. 이건 정말 무서운 선택이다. 명청한 사람은 자신이 부정적인 적으로부터 공격받고 있다는 사실조차 인식하지 못하고 살아간다.

그럼 우리의 진짜 모습은 무엇인가? 우리의 순수한 모습은 긍정적이고, 모험을 즐기며, 두려워하지 않고 끊임없이 노력하는 매사에 여유로운 자아다. 당신이 항상 머릿속에 떠올리는 그 긍정적 이미지가 당신의 진짜 모습이다. 미스코리아처럼 아름답고, 선행을 몸소 실천하며, 언제나 당당한 당신은 이미 내면에 있다. 그것을 끄집어내자. 적들로부터 공격당해서 잃어버린 내 진정한 자아를 발견하고 실현시켜라. 기억하라. 그 멋진 자아를 지켜내야 함을.

자아를 지켜내기 위한 가장 강력한 도구는 무엇인가? 그것이 바로 '공부'다. 공부는 우리 몸과 마음 전체를 부정적 감정으로부터 보호해 주는 방어막 역할을 한다. 방어하고 또 방어하라. 부정적, 즉흥적 선택을 하는 건 내가 아니라 내 안의 또 다른 괴물이다. 경계하라. 그것은 내 삶 전체를 노리고 있다. 부정적이고 퇴폐적인 또 다른 나에게 굴복하지 마라. 끊임없이 싸워 이겨내야 한다.

최고의 나를 찾아가는 진짜 공부법

1) 버려라

이 세상 모든 것을 가질 수 없다. 모든 것을 가지려고 하면 고통스럽다. 가진다 하더라도 피상적일 수밖에 없다. 명심하라. 모든 것을 가질 수는 없음을. 다 버려라. 그리고 나에게 주어진 이 시간에 오직 한곳에만 모든 열정을 퍼부어라. 지금 공부를 하고 있는가? 그렇다면 주변에 있는 모든 것을 잊어라. 가지려 하지 말고 다 내려놓아라. 그리고 뱃속 깊숙이 호흡하며 공부에 매달려라. 그러면 세상을 다 가진 행복감 속에 빠질 수 있다.

2) 잊어라, 용서하라, 그리고 웃어라

두려운가? 무엇이 걱정인가? 걱정하지 마라. 지금 하는 고민의 98%는 절대 일어나지 않는다. 감정을 전환시켜라. 더러운 감정, 두려운 감정을 죽여라. 그리고 그놈과 타협하지 마라. 최고의 힘을 끌어내어 공부에 매진하며 늘 웃어라. 모나리자처럼 웃지 말고 치아를 다 내놓고 웃어라. 치아를 드러내고 밝게 웃는 사람은 행복한 결혼생활을 누리는 반면 모나리자와 같이 어두운 미소를 짓는 사람은 이혼할 확률이 매우 높다는 통계도 있다.

캐나다 일간지 〈밴쿠버 선〉은 젊은 시절 웃는 모습과 결혼생활의 미래가 강력한 상관관계를 갖는다는 조사 결과를 실었다. 미(美) 인디애나 디포대학 매튜 헤르텐스타인 교수가 650명의 대학시절 사진 847장을 조사해 분류한 결과, 치아를 드러내고 활짝 웃는 모습을 지닌 사람의 이혼율은 10%에 불과했으나 무표정이거나 어두운 미소를 짓는 사람의 이혼율은 이의 5배인 50%에 달했다고 전했다. 이 신문은 입 꼬리를 올리게 하는 근육과 눈빛을 빛나게 하는 근육이 웃는 모습을 결정하게 된다면서, 자신의 결혼생활을 점쳐 보고 싶은 사람은 배우자의 어린 시절 사진을 찾아볼 필요가 있다고 덧붙였다.

심리학 전공의 헤르텐스타인 교수는 또 다른 55명의 사진 217장을 조사한 결과도 매우 유사했다면서 웃는 모습에 따라 한 사람의 미래 행복을 점치는 것은 결코 요행이 아니며 손금이나 관상과도 다른 의미가 있다고 강조했다. 그는 밝게 많이 웃는 사람이 상대적으로 더 낙천적이며, 결혼생활의 부침에도 더 탄력적으로 대응할 수 있어 그만큼 이혼 확률도 낮은 것이라고 설명했다.

기억하라. 치아가 다 보이게 활짝 웃는 것은 당신의 인생 전체를 바꾸어놓는다는 것을. 진정한 웃음은 내면의 긍정에서 오는 것이며 이것은 공부를 통해서 충분히 이룰 수 있다.

3) 내 마음의 부정적인 적을 쓰러뜨리지 않으면 내가 죽는다

매일 죽어가는 사람들. 우리는 오늘도 죽어간다. 하지만 빛나는 공부는 우리를 살린다. 기적처럼 나를 일으켜 세워준다. 기억하라. 잡념 속에서 허무하게 하루를 보내기보다는 차라리 노력하다 쓰러져라. 그게 참다운 인생이다.

4) 아침 1시간만 일찍 일어나라

잠은 6시간이면 충분하다. 아침 일찍 일어나 가지는 1시간의 여유는 당신을 변화시킨다. 아침에 30분 정도 산책하라. 그리고 그 느낌 그대로 공부하라. 책 속에서 문자의 즐거움을 느껴라. 영상(텔레비전, 게임)의 즐거움은 당신을 바보로 만든다. 6시간의 수면으로도 졸리다면 낮에 20분간 낮잠을 즐겨라. 그러면 충분하다. 1시간의 아침 공부 3개월이면 세상이 변한다.

5) 50권의 교양서를 읽으면 수능점수는 지금보다 2등급씩 올라간다

공부를 잘하고 싶은가? 그럼 읽어라. 교양서를 읽어라. 하루 2시간 자투리 시간을 끊임없이 이용해서 읽어라. 시간이 없다고 말하지 마라. 어느 장소에서나 책을 읽어라. 지하철에서도 읽고, 잠들기 전에도 책을 읽다 잠들어라. 습관적으로 읽고 또 읽어라. 그래야 내 머릿속 부정적 바이러스를 잡을 수 있다. 5시간이면 책 한 권을 읽을 수 있다. 100일이면 지금보다 수능성적이 2등급씩 올라간다.

기억하라. 난해한 글 한 줄이 나를 변화시킨다. 내 비겁한 정신세계의 오염물질을 완전히 잡아준다. 정신이 맑아지면 세상은 새롭게 보인다. 읽고 또 읽어라, 죽는 그 순간까지. 그러면 영원히 행복해진다.

6) 감사하라

하루에 일어나서 감사할 일 5개만 생각하라. 생각하는 동안 내 몸속의 부정적 바이러스들이 죽어나간다. 부정적 생각이 들어오면 바로 감사한 것을 생각하라. 감사할 것이 없다고 생각하는가? 지금 이 글을 읽을 수 있다는 그 자체에 감사하라. 살아 있음을 끊임없이 감사하라. 감사노트를 준비하라. 그것이 나 자신을 변화시켜 줄 것이다. 지금 당장 감사의 마음을 적어라.

7) 진짜 공부는 속도가 있는 전투다

진짜 공부를 하고 싶다면 전투적으로 하라. 구체적인 고지를 정해놓고 숨이 가쁘게 뛰어라. 예를 들어 50개의 단어를 암기하는 데 '30분 완성'이라는 전투적 계획을 세워라. 계획은 30분 단위 그리고 구체적일수록 좋다. 그리고 도전하라. 전쟁에 참여한 무사와 같이 처절하게 덤벼들어라.

자신의 모든 것을 걸고 전투에 임하라. 쓰러져 죽더라도 시속 150km의 공부속도가 주는 쾌감을 즐겨라. 당신은 말을 탄 무사다. 그리고 반드시 적장의 목을 베어와야 한다. 그리고 주어진 시간에 임무를 완수하지 못하면 당신은 또다시 좌절한 채 죽음을 맞이할 것이다. 마음속에 있는 진짜 너의 모습을 찾아라. 그날까지 저항하고, 또 저항하라.

정말 하루 30분만이라도 진짜 공부하면 안 되겠니

24시간이란 시간은 누구에게나 평등하게 주어진다. 하지만 시간은 사용하는 방식에 따라서 매우 달라질 수 있다. 누구에게나 24시간은 꿈과 희망의 시간이 될 수 있다. 하지만 우리 몸속 깊숙이 박혀 있는 부정적 습관은 이 시간을 최악의 시간으로 만든다.

같은 시간, 같은 공부를 하는 학생도 그 결과물은 철저하게 다르게 나타난다. 그 이유는 무엇인가. 시간을 지배하는 자는 하루 24시간이 바쁘고 행복하며, 많은 것을 얻을 것이다. 반면에 시간에 지배를 당하는 자는 언제나 바쁘지만 행복하지 않고, 얻는 것도 없는 허무한 시간을 보내게 된다.

하루 24시간을 가장 효과적으로 활용하기 위해서는 영화 〈죽은 시인의 사회〉에서 나온 말처럼 "지금 이 순간에 최선을 다하라 (Carpe diem)" 법칙을 적용하면 된다.

인간의 두뇌를 살펴보면 한 가지 일에 집중할 때 최고로 효율이 올라간다. 두 가지 일을 동시에 수행하면 정신이 분산되므로 일의 효율이 올라가지 않는다. 이 순간을 최고로 시간으로 만들고 싶다면 바로 지금 한 가지 일에 몰입하라.

공부를 못하는 학생들은 무척 많은 결심을 한다. 거의 일주일 단위로 결심하고 이틀 후에 포기한다. 사실 필자도 매일 매일 포기한다. 힘든 명령을 뇌에 주입하면 겁쟁이인 우리 뇌는 포기하기를 원한다. 공부 못하는 학생은 의지가 없어서가 아니라 우리 뇌의 구조를 이해하지 못하기 때문이다.

무조건 최선을 다하기만 하면 몸만 상하고 공부에 대한 불쾌감만 늘어날 뿐이다. 신나게 공부해야 능률도 오르고 내 몸도 건강해진다. 신나게 공부하면 공부가 재미있어지고, 공부가 재미있으면 자꾸자꾸 하게 된다. 계속적으로 공부를 하다보면 둔재도 공부를 잘하게 된다.

그럼 여기서 질문이 생길 것이다. 과연 어떻게 공부를 잘할 수 있는 방법을 끌어낼 수 있을 것인가? 매일 굳은 결심을 해도 금방 무너지는 자신의 공부 방식을 어떻게 하면 바로잡을 수 있을까? 사실 이런 질문들에 대한 답변을 주기 위해 수많은 공부법이 탄생했다. 하지만 대부분의 공부법은 초인적인 의지가 필요하므로 쉽게 적용하기가 어렵다.

하지만 필자가 주장하는 '하루 30분 투자-진짜 공부법'은 손쉽게할 수 있다는 장점이 있다. 간단하지만 효과면에서 그 어떤 공부법보다 효율적이다. 다른 공부법은 너무 이상적이어서 접근하기 힘든 면이 있었다. 그 방법들이 나쁘다는 것이 아니다. 다만 의지를 가지고 접근해야 하기 때문에 시도 자체가 부담스럽다는 단점이 있다.

하루 24시간 중에서 정확히 30분만 '진짜 공부'에 투자해 보자. 공부 시간이 매일 4시간 이상임에도 불구하고 성적이 올라가지 못했다면 실질적 공부 시간은 30분에도 못 미쳤다는 말이다. 그러나 하루 30분 '진짜 공부'를 하면 2개월 뒤 성적은 반드시 올라간다.

• 30분 진짜 공부

30분 공부법을 시행하려면 우선 몇 가지를 내 머릿속에 주입하고 시작해야 한다. 우선 30분 동안 풀 수 있는 혹은 처리해야 할 분량을 정한다. 자신의 능력 100%를 활용했을 때 도달 가능한 양으로 다소 많은 분량이 가장 합리적이다.

30분 진짜 공부 수행 방법

1. 준비물: 스톱워치, 간단한 필기도구, 30분 동안 처리해야 할 책, 기타 철저한 책상 정리 및 공부에 방해가 되는 모든 물건 치우기

2. 연상 이미지 (아래 글을 5회 반복하면서 머릿속에 이미지를 떠올려라)

〈남학생용〉

① 나는 광개토대왕이다. 적장의 목을 30분 안에 베어와야 한다. 만약 베어오지 못한다면 내 병장 5천이 죽는다. 기회는 단 한 번이다. 30분 동안 목숨을 걸어라.

② 적토마 위에 올라가라. 그리고 칼을 높이 들고 당당히 앞으로 나가라.

③ 스톱워치가 시작되는 순간 내 말은 달리기 시작할 것이고 그 말 위에는 사명감과 열정으로 불타는 내가 앉아 있다.

④ 뛰어라. 그리고 베어라. 함성을 질러라. 나는 강하다.

〈여학생용〉

① 나는 조선의 귀부인이다. 나라가 임진왜란의 위기에 빠졌다. 왕의 잘못을 꾸짖는 글을 쓴다. 주위는 고요하고, 정갈한 묵과 한 자루 붓 그리고 한지 한 장이 있다.

② 나는 귀부인과 같은 의지가 있으며 내 글 한 장으로 나라를 살릴 수 있다.

③ 이제 먹을 갈아라. 그리고 글을 쓸 준비를 하라.

④ 외유내강(外柔內剛). 겉으로는 부드러운 여인이지만 내 마음속 글의 칼은 왕의 가슴을 감동시키리라.

⑤ 스톱워치가 시작되면 내 모든 에너지는 이 나라를 구하기 위한 거룩한 글 속에 집중하리라.

3. 마음가짐 (아래 글을 5회 반복하면서 머릿속에 이미지를 떠올려라)

① 나는 30분 동안, 아무 잡념 없이 반드시 (   ) 목표를 수행한다.

② 나는 30분 동안, 공부의 스피드를 즐긴다. 시속 200㎞의 공부 쾌감을 즐긴다.

③ 내 몸과 마음은 책과 일체되며 책 속에서 무한한 쾌감을 즐긴다.

④ 목표수행 시까지 어떠한 다른 잡념도 내 머릿속에 떠오르지 않는다.

⑤ 나는 강하고 똑똑하다. 그러므로 반드시 이 일을 마무리 할 수 있다.

⑥ 공부하는 도중에 어떠한 난관이 오더라도 포기하지 않고 30분을 몰입하겠다.

⑦ 천재와 둔재는 없다. 오직 나의 순수한 노력과 열정만이 나를 변화시킨다.

4. 태도(아래 글을 5회 반복해서 정확한 태도를 취한다.)

① 의자와 자신의 몸을 밀착하고 척추는 바르게 편다.

② 숨을 목에서 쉬지 말고 배꼽 밑에서부터 쭉 올라오게 한다.

③ 머릿속은 가볍게 즐거운 생각을 하거나 멍한 상태로 유지하라. (이때 입을 약간 벌리는 것이 좋다. 스피드를 즐기는 경기를 하는 사람들 입을 보라. 다 입이 벌어진다)

④ 스톱워치를 준비한다. 시작하는 순간 100m 달리기 선수처럼 뛰어나간다. 중도 포기란 없다. 그 어떤 외부적 상황도 나의 공부쾌감을 방해할 수 없다.

5. 시작 (공부하면서 포기하고 싶으면 생각할 내용)

① 뛰는 듯이 공부하라.

② 30분 공부법은 정확도와 스피드가 동시에 움직여야 한다.

③ 내 좌뇌와 우뇌는 최고 속력으로 움직이고 나는 행복해지기 시작한다.

④ 15분, 약간 지쳤지만 마지막 15분이 남았다. 긴장하라. 이제 15분이 남았다.

6. 종료 (끝나고 나서 생각할 내용)

① 나는 완수했다. 정말 장하다. 나 자신이 뿌듯하고 자랑스럽다.

② 황홀하다. 그리고 다시 내 가슴속, 머릿속이 충전된 느낌이다.

③ 이제 달콤한 휴식 10분을 즐겨라.

30분 공부가 집중적으로 완료되면 점차 회수를 늘려나가는 것이 바람직하다. 하지만 30분간의 집중력이 완전히 완성되기 이전에 학습 시간만 늘려서는 안 된다.

교육은 행복을 열어가는 작업이다

입시경쟁의 처절한 싸움을 가장 민감하게 느낄 수 있는 곳이 사교육 시장이다. 그곳에서는 수많은 전쟁이 일어난다. 학원들은 더 잘 가르치기 위해 끊임없이 경쟁한다. 어떻게 하면 학생들에게 가장 효율적이고 효과적인 공부 방식을 제공할 수 있을까란 고민들이 숨 가쁘게 충돌한다.

그러면서도 학원을 다니는 학생들을 바라보면 측은한 마음이 들곤 한다. '우리 세대 욕망이 너희들을 치열한 공부 경쟁 속에 밀어넣었구나' 하는 마음이 들 때가 많다. 불행하게도 우리 학생들은 학교나 부모에게서 행복해지는 법을 제대로 교육 받지 못했다. 지금 이러한 교육 경쟁 속에서 행복을 말하는 것은 어쩌면 사치일 수도 있다.

필자가 가르치는 학생들 중 70~80％는 영혼이 없는 공부를 한다. 행복해지기 위함이 아니라 경쟁에서 살아남기 위한 처절한 몸부림이 대부분이다. 필자 역시도 중고등학교 때는 경쟁에서 살아남기 위해 공부를 했고 또 그렇게 하면 반드시 행복이 기다리고 있을 것이라고 믿었다. 하지만 그렇게 철저히 믿고 있던 그 무언가를 성취한다고 해도 그곳에는 행복이 기다리고 있지 않다. 행복이란 욕구충족에 의해 이루어지는 단편적인 것이 아니라 개개인의 내면이 충족되었을 때 느껴지는 감정이다.

대부분의 학생들은 오늘도 내일도 영혼이 없는 공부를 계속한다. 학교에서는 오늘도 줄 세우기를 하면서 기껏 영어단어 혹은 수학공식 몇 개를 더 아는 것으로 우월감과 모멸감을 동시에 느끼게 한다. 이것이 진정한 교육이라면 그렇게 철저히 교육받은 사람들이 만들어가는 사회는 가장 이상적인 사회여야 하지 않은가? 하지만 지금 그런 교육을 받고 자란 기성세대의 행태를 보라. 현 세대에게 기성세대와 같은 패러다임이 지금도 통할 것이라고 생각한다면 너무도 미련한 생각이다.

우선 자신이 행복해지는 법부터 배우자. 하지만 행복해지는 법을 배우는 것은 공부보다도 훨씬 어렵다. 필자는 꼭 이런 학원을 만들어 보고 싶다. 행복을 가르치고 배우는 학원을 말이다. 생산성 넘치는 건강한 행복을 가르쳐서 평생 건강하게 자신의 삶에 만족하면서 살 수 있는 사람을 만들 수만 있다면 그 학원은 대박이 날 것이다.

공부를 잘하면 좋은 대학을 갈 수는 있겠지만, 공부를 잘한다고 해서 모두가 행복한 것은 결코 아니다. 행복은 욕망과 반비례한다. 공부로 경쟁에서 승리하고자 하는 순간 공부는 욕망이 된다. 이 순간부터 공부는 불행으로 가는 지름길이 된다. 공부는 행복을 추구하는 도구로 활용되어야 한다. 이것이 필자가 말하는 공부의 법칙이다.

필자가 말하는 공부는 행복이라는 원대한 가치를 이루기 위한 수단이므로 경쟁의 대상이 될 수 없다. 공부는 순수한 진리에 대한 열정이므로 이러한 마음가짐으로 공부를 해야 행복해질 수 있다.

공부가 진리를 열어가고 행복해지는 방법이라고 생각하고 임하면 명문대는 이미 내 앞에 와 있다. 하지만 명문대를 목표로 공부한다면 그것은 잘못된 욕망이므로 행복해질 수 없을 뿐더러 능률도 떨어지게 된다.

진정으로 행복한 일등 인생을 살고 싶다면 공부를 평생 같이 하는 친구라고 생각하자. 그리고 실타래를 풀듯이 차근차근 꾸준히 준비해 나가자. 이렇게 마음먹고 공부한다면 중간 · 기말고사 성적이 좀 떨어졌다고 마음 아파할 이유도 없다. 이 학원, 저 학원을 옮겨 다니면서 학원마다 기부금을 낼 필요도 없다.

이런 마음가짐으로 공부하면 오히려 시험 전날에 소설책을 읽어도 상관없다. 그것이 자신의 행복이라고 생각한다면 그렇게 하면 된다. 공부란 평생 같이 갈 친구이므로 눈앞에 작은 성취에 연연할 필요도 없다. 그저 천천히 하지만 쉼 없이 공부의 즐거움을 느끼며 해나가면 그뿐인 것이다.

지금 중고등학교에 다니는 학생들은 20대에 성공하려고 지나치게 애쓸 필요가 없다. 20대의 성공은 30~40대에 오히려 더 큰 혼란만을 가져올 뿐이다. 그렇게 계산해 보면 어차피 2040년에 성공할 인생을 살면 되는 것이다. 불혹이 되었을 때 그동안 행복하게 공부했던 가치가 마침내 빛을 낼 수 있다면 그 인생은 참으로 행복한 인생일 것이다.

행복이란 절대로 외적 가치에 의해서 충족될 수 없다. 물론 좋은 차를 사고 멋있는 이성과 데이트를 하고 좋은 집을 사는 행위는 인생의 일시적 욕망을 충족시킬 수는 있지만 그것은 단순한 욕구 충족일 뿐이다. 욕망이란 끊임없이 채워지지 않으면 그것과 비례해서 절망감과 좌절감을 맛보게 된다. 즉 욕망에 의해 이루어지는 행복감은 허상일 뿐이다.

진정한 행복이란 내 내면에서 찾아야 한다. 내면이 충족되는 가치 중에서 가장 중요한 요소가 공부다. 제대로 된 공부는 끊임없이 내 내면을 충족시켜 인생에 끊임없는 행복에너지를 가져다준다. 그러기 위해서는 멈추지 않는 자기수양이 필요하다. 이 자기수양 과정이 곧 공부를 해나가는 과정이다.

하지만 평생 이런 행복한 공부 비밀을 모르고 죽는 사람이 대부분이다. 다행스럽게도 이 글을 읽는 사람은 세상을 여는 행복감이 어느 곳에서 오는지를 알게 되었다. 누차 얘기하지만 행복은 자신의 내면에서 피어나는 것이지 외적 요소에 의해 도달할 수 있는 것이 아니다.

필자는 수도승도 아니도 종교인도 아니다. 필자가 말하는 행복은 아주 사소한 것이다. 공부에 대한 인식을 조금만 바꾸어도 행복을 손쉽게 이루어낼 수 있다. 내가 지금 보고 있는 수학책이 대학을 가기 위한 수단이 아니라 행복하기 위해서라고 여긴다면 공부를 통해서 정말 행복해질 수 있다.

대학이나 가려고 공부를 하고 있다면 그건 행복한 게 아니다. 그저 처량할 뿐이다. 대학이 뭐기에 그 시시한 것에 내 고귀한 인생을 허비하는가? 그건 시간낭비일 뿐이다. 우리의 삶은 유한하다. 그 속에서 우리는 행복을 추구하고 현실을 즐겨야 한다. 그러므로 공부역시 행복해지기 위한 작업이어야 함은 자명하다.

행복한 공부를 하기 위해서 전제가 되어야 할 것은 원대한 인생 목표다. 흔들림 없이 윤리적으로도 바람직한 인생의 최종목표가 세워져야 행복한 공부가 될 수 있다. 특목고, 명문대가 인생 목표가 될 수는 없다. 올바른 인생 목표가 서야 특목고도 명문대도 의미가 있는 것이다.

우리 주변에는 명문대를 나와도 영혼 없이 사는 사람들이 수두룩하다. 자기 인생에 거룩하고 원대한 테마를 잡아야 인생이 행복해질 수 있고, 그러한 가운데 이루어지는 공부가 바로 필자가 말하는 행복한 공부이다.

뇌를 알면 공부를 잘할 수 있다

하루 24시간 동안 우리는 걱정, 두려움, 지겨움, 즐거움, 의지 기타 등등 의 감정을 느끼며 살아간다. 이 모든 현상은 뇌 속에서 일어나는 여러 가지 작용에 의하여 이루어지는 것이다. 이를 잘 활용하면 반드시 공부를 잘할 수 있다.

우리 뇌의 주인은 '나'라는 점을 인식하자

뇌를 이해하라. 뇌의 주인은 바로 나라는 점을 인식하라. 분노의 마음, 우울한 마음, 공부하기 싫은 마음, 이 모든 것은 내가 나의 주인이라는 생각을 하면 극복 가능하다.

• 우리 뇌를 컨트롤 하는 방법

1. 공부를 시작하려면 계획보다는 지금 당장 책상에 앉아서 책을 보라. 그게 가장 빠른 공부법이다. 우리 뇌는 변덕쟁이다. 하기 싫은 것을 억지로 참는 것을 싫어한다. 그러므로 막연히 거창한 공부 계획을 세우면 뇌가 거부한다. 그것을 억제하려면 우선 뇌를 속여라. 공부를 시작하려면 계획 없이 일단 시작하고 그 다음 계획하라.

2. 공부는 30분 단위로 끊어서 하라. 집중적 긴장감을 주면서 하는 공부가 진짜 공부다. 괜히 책상 앞에서 공부 안 하고 딴생각만 하고 있으면 체력만 소진된다. 30분 간격으로 10분의 휴식을 취하며 집중하라. 최소 4번 이상 반복하라. 단, 10분간의 휴식기간 동안 멀리 이동하거나 공부를 완전히 벗어난 휴식은 안 된다. 명심하라.

3. 책을 손에 쥐고 있거나 언제나 가까이에 두어라. 우리 뇌는 언제나 귀찮음과 짜증을 유발하는 노르아드레날린(교감 신경계의 신경 전달 작용을 하는 부신수질에서

에피네프린과 함께 추출되는 호르몬. 과다하게 분비되면 이성의 자리를 분노에게 내주어 합리적인 대처를 못하게 함)이라는 물질이 있다. 이 녀석을 잡아야 공부를 잘할 수 있다. 갑자기 귀찮아지거나, 짜증 혹은 아무것도 하기 싫어진다면 이 녀석이 등장한 것이다. 이때는 재빨리 책을 펴라. 그리고 감염된 내 뇌를 치료하라. 그러면 공부를 잘하게 만드는 세로토닌(뇌에서 분비되는 신경물질의 하나. 뇌가 안심하고 편안한 상태에 접어들면 세로토닌이라는 호르몬이 분비되는데 기억력과 집중력을 높이고 생기를 불러일으켜 공부하기 좋은 컨디션을 만들어줌)이 분비된다. 세로토닌 분비량에 따라 공부가 결정된다.

모든 공부의 시작과 끝은 읽기다. 난해한 글을 읽어라. 언제든 어디서든 무조건 읽어라. 독서는 나를 강하게 한다. 내 뇌를 최고로 만드는 방법에는 읽기 만한 것이 없다. 읽기는 극적 효과를 가져다준다. 이것이 공부로 인해 얻어지는 도파민(마약의 100배 즐거움)의 효과다.

4. 보다 강해지고 멋있어지고 싶다는 생각을 하라. 끊임없이 생각하라. 죽는 그 순간까지 책을 손에서 놓지 마라. 노르아드레날린과의 끊임없는 싸움은 죽는 날까지 계속되어야 한다. 부정적 생각이 든다면 무조건 책을 들어라. 건전한 생각을 하면 얼굴이 멋있어진다. 성형이 아니라 이성의 눈빛을 가진 정말 고귀한 명품인간이 된다. 그리고 끊임없이 생각하고 책을 보는 동안, 세상은 더없이 행복하고 아름다워 보인다. 그게 바로 학문의 매력이다.

5. 뇌에 좋은 영양제는 걷기 그리고 웃기이다. 근엄한 사람은 빨리 죽는다. 그리고 공부도 못한다. 많이 웃고(한 번 웃으면 영어단어 50개는 덤으로 가는 상품이다) 재밌는 이야기도 많이 하라(하지만 재밌는 이야기에 몰입하거나, 다른 사람에 관한 험담은 금물이다). 그 대신 항상 머릿속은 공부하고 또 공부하라. 이웃과 잘 어울리고 예의 바른 행동(누구를 만나든지 무조건 먼저 인사해라. 그러면 세로토닌이 분비된다)을 하면서 부지런히 걸어라. 하루 3km 이상을 걸어라.

외유내강. 이것이 진짜 공부법이다. 나 자신의 칼을 숨기고(의지) 외적으로 부드럽게 보이는 상태가 바로 진정한 강자임을 명심하라. 외유내강의 자세, 이것이 우리 선조들이 가졌던 선비정신이다.

몸속에 잠들어 있는 내 맑은 영혼을 흔들어 깨워라. 그리고 지금 이 순간 바로 공부에 몰입하라.

공부 몰입의 여섯 가지 느낌

진정한 행복이란 무엇인가? 수천 년 동안 철학에서 다루어 왔지만 아직도 그 질문은 풀리지 않은 과제이다. 이 과제를 풀기 위해 필자는 공부몰입의 이론을 주장한다.

학생이야말로 가장 쉽게 몰입을 경험할 수 있는 환경을 가졌다고 한다면 당신은 이해할 수 있겠는가? 최고의 나를 만나려고 노력하는 그 순간, 학술서적을 읽고 나의 모든 신경을 한곳으로 집중하는 그 순간, 개개인은 최고의 행복한 나를 만날 수 있다.

순간적인 쾌락(식욕, 성욕, 마약 등)도 물론 행복을 가져다줄 수 있지만 매우 일시적이다. 그리고 그 행복이 끝나는 순간 인간은 허무와 불안을 경험하게 된다. 인간만이 지적활동을 통하여 최고의 나를 만나는 몰입을 경험하게 된다. 하루에 적정 시간(공부에 몰입해야 하는 시간은 개인차가 있다. 가장 기분 좋을 때까지 몰입시간을 늘려가는 것이 좋다)을 공부에 몰입할 수 있다면 한 달 뒤에 최고의 나를 만날 수 있다.

명심하라. 공부 몰입으로 나타나는 행복감은 여타 다른 행복감과
는 비교 자체가 안 된다. 그리고 그 느낌을 모르고 죽어가는 모든 사람
들은 분명 불행한 사람들이다. (아래에 제시된 공부 몰입의 여섯 가지 느낌
은 미하이 칙센트미하이의 《몰입의 경영》(p.75～p.99)을 참조하여 적용하였다.)

1. 목표가 분명해진다

원대한 목표(예를 들어 대학에 들어가고 싶은 욕망, 돈을 많이 벌고 싶은
욕망)도 중요하지만, 몰입을 하고 있으면 아주 작은 목표에 만족하게
된다. 5분 후에 일어날 목표에만 집중하므로 원대한 목표보다는 작
은 목표가 이루어지는 그 과정 자체에서 행복감을 느낄 수 있게 된
다. 결과에 집착하는 것이 아니라 문제를 풀어나가는 과정 그 자체
에 집중하게 된다. 그러므로 대학을 가기 위해 바보 혹은 노예처럼
살지 마라.

현실적 몰입의 행복감이 그 목표여야 대학이라는 작은 목표를 이
룰 수 있다. 필자가 가장 싫어하는 말은 "내일의 영광을 위해 오늘의
고통을 인내하라"이다. 고통스러운 오늘을 보내면 내일도 고통이다.

몰입이란 그 고통에 규칙과 리듬을 주는 행위이다. 무조건 감내
할 게 아니라 끊임없이 규칙을 발견하라. 암기는 몰입의 적이다. 규
칙과 원리를 이해하려고 노력하라.

2. 어려운 과제와 높은 공부 수행 능력 사이에 균형을 유지한다

과제의 난이도가 점점 높아지고 나 자신 역시 그것을 해결할 수 있는 능력을 천천히 갖추어나갈 수 있다는 확신이 들면 공부흥미가 발생한다. 몰입의 상태가 계속될수록 문제집이 너무 재밌게 느껴진다. 이유는 단순하다. 이미 규칙이 내 머릿속에 있으므로 더욱 더 큰 도전을 하고 싶은 욕구가 생기기 마련이다.

3. 집중력이 강화된다

우리의 기본 정신세계는 끊임없이 산만해지고 관심의 대상도 자꾸만 다른 자극을 찾아 매순간 달라진다. 불교도들이 말하는 이른바 원숭이 마음[朝三暮四]은 바로 이런 상태를 지칭한다.

마음을 한곳으로 모으면 네트로피 상태가 된다. 마음속에 질서가 잡혀진 상태, 그 상태가 바로 네트로피 상태다. 이 상태를 불교에선 '선(禪)'이라고 한다. 일단 모든 것이 자동적으로 진행되는 공부 경지에 오르면 굳이 생각하거나 행동하지 않더라도 저절로 척척 일이 이루어진다.

최고의 황홀경을 만나는 순간이다. 엑스터시(ecstasy, 어원으로 보면 옆에서 나가 있는 것)란 최고의 나를 만나는 상태, 나의 자의식이 무시되고 오직 책과 나의 대화만이 있는 최고의 시간을 의미한다.

4. 현재가 중요하다

몰입을 하고 있는 순간에는 직전의 30초와 그 순간 앞으로 전개될 5분 동안에만 신경을 쓰게 된다. 인간은 긴급하게 해야 할 다른 마땅한 일이 없으면 대개 염려와 근심, 실패와 미완성, 욕구 불만에 신경을 쓰게 마련이다. 주의를 집중해야 할 과제가 없으면, 대부분의 사람들은 점차 의기소침해진다. 그러나 몰입을 하는 동안에는 모든 부정적 감정들에서 벗어날 수 있다. 그리고 또 다른 세상을 접하게 된다.

5. 자기통제가 전혀 어렵지 않다

다른 인간관계나, 기타 갈등에는 신경을 쓰지 않는다. 몰입상태에서 신경을 쓰는 것은 자연스러운 자기통제이다. 자기통제가 스스로 이루어진다. 끊임없는 즐거운 에너지가 샘솟는 것 그것이 몰입이며 자기통제다.

6. 시간에 대한 감각이 달라진다

일반적으로 시간의 노예가 되어서 살아가는 것이 우리의 현실이다. 몰입을 하게 되면 새로운 개념의 시간이 머릿속에 정립된다. 5시간이 마치 15분처럼 느껴지고, 1분이 2시간처럼 느껴질 수도 있다. 즉 시간통제가 가능해진다. 신의 영역에 도전하라. 시간을 지배할 수 있다면 우리는 영생을 누릴 수 있다.

공부 습관 바꾸기를 위한 10가지 제안

1. 몰입(think hard)을 경험케 하라.
   – 몰입은 재미에서부터 출발한다.
   – 공부에 몰입할 수 있는 동기부여가 가장 중요하다.
   – 몰입은 깊게, 오랜 시간 천천히 생각할 수 있는 정신적 상태를 의미한다.

2. 긍정적 사고를 주입하라. (긍정하고 또 긍정하라!)
   – 긍정의 에너지가 극대화되면 자존감이 커지고 자존감이 커진 학생은 공부를 잘할 수밖에 없다.
   – 수학, 영어를 못하는 것이 중요한 것이 아니라 학생의 머리에 무기력, 부정적 감정이 얼마나 들어 있느냐가 더 문제다.

3. 텔레비전, 컴퓨터, 게임을 없애라. (모든 유해성 매체가 결국 학생을 망가지게 한다)
   – 생각 없이 접근이 가능한 각종 유해매체가 학생들의 사고를 무디게 한다.
   – 하루 공부 4시간이 텔레비전 시청 1시간에 완전히 백지상태로 돌아간다는 점을 명심하라.
   – 아인슈타인도 하루 2시간 이상 유해매체에 노출되었다면 둔재가 되었을 것이다.

4. 앞쪽 뇌를 발달시켜라. (21세기는 창의적 인재가 필요한 시대이다)
   – 앞쪽 뇌가 발달하면 이성적이 된다. 이성적인 삶이란 자기를 중심에 두고 살아가는 삶이다. (주체적인 삶)
   – 앞쪽 뇌를 발달시키려면 독서를 하루 1시간 하라. 일기를 써라. 토론을 하라. 하루 1시간 운동을 하라.
   – 뒤쪽 뇌를 발달시키려면 텔레비전을 보라. 감정을 직접적으로 매일 표현하라. 부정적 말을 계속하라. 남을 탓하라. 독서하지 말고 운동도 하지 마라.

5. 정리정돈을 실천하라.
- 정리정돈을 잘하면 성적은 평균 10점 오른다.
- 학교 프린트는 곧 시험문제다. 철저히 관리해라.

6. 부모는 자녀를 목표 중심적인 학생으로 길러라. (결국 2040년에 성공할 수 있도록
   지도하라)
- 인생에 최종목표는 대학이 아니라 직업이어야 한다.
- 일에 우선순위를 정하고 가장 급하고 중요한 일부터 처리하도록 한다.
- 인생 계획서를 만드는 데 도움을 주어라.

7. 배경지식을 길러라.
- 하루 5개의 영문, 국문 신문 사설 탐독 후 중심문장 찾기 훈련을 하라.
- 위 작업을 3개월만 하면 국어, 영어는 무조건 상위권에 들어간다.

8. 반드시 독해력을 길러야 공부를 잘한다. 독해는 모든 공부의 기본이다.
- 독해력 향상을 위해 노력하라.
- 라디오 듣기, 토론하기, 신문 읽기를 병행하라.

9. 부모가 공부하면 자녀도 공부한다. (역할모델이 되어라)
- 대부분의 중학생, 고등학생 들은 아무리 훈계해도 공부하지 않는다.
- 집안 분위기를 바꾸어야 한다. 집안 분위기는 결국 공부하는 분위기로 전환을
  의미한다.
- 공부를 하라고 말하기 이전에 먼저 부모가 공부를 하라. 자녀가 공부를 하지 않으면
  부모가 먼저 거실에서 책을 읽어라. 그러면 반드시 공부한다

10. 80년대식 주입식 교육으로는 시험대비가 어렵다.
- 토론식, 문제해결식, 논리연결식 공부가 핵심이다.
- 정보나열식 수업은 학생들을 공부지옥으로 빠뜨린다.

NEGATIVE
ENTROPY

엔트로피 습관을 바꾸는 위대한 방법

합리적 낙관주의자가 되면
인생에서 성공한다

"100억 원이 있다면 무엇을 할 것인가?"라는 질
문은 학생들에게 수업시간에 종종 하는 질문이다. 답변들을 들어보
면 학생들이 가지고 있는 가치관을 확인할 수 있는데 그 내용이 매
우 흥미롭다. 80%는 현재 다니고 있는 학교를 그만두고 여생 동안
아무 일도 하지 않겠다고 말한다. 아무 노력도 하지 않은 상태에서
편안히 살기를 희망한다.

그들에게 하나 더 묻는다.

"학교를 다니지 않고 100억으로 평생을 놀기만 하면서 돈을 쓴다
면 정말 행복할까?"

학생들 대부분은 그래도 "정말 행복할 것이다"라고 대답한다. 필자

의 나이 언저리에 있는 사람들에게 물어봐도 대부분은 현재 다니는 직장 및 사업을 그만두고 평생 놀기만 하겠다고 답한다.

정말 우리가 생활하고 만들어가는 삶이 100억의 가치도 없는 것인가? 아니다. 우리 삶은 100억이 아니라 1천억을 주고도 살 수 없는 소중한 가치로 채워져 있다. 위의 대답은 단순하게 사고하기 때문에 혹은 우리 현실에 만족하지 못하기 때문에 일어나는 일종의 현실도피적 발상일 뿐이다. 현재 삶에 만족하지 못한다면 100억 원을 주고 놀기만 하라고 해도 역시 만족을 못할 것이다.

학생들은 연예인의 삶을 부러워한다. 돈 많은 재벌들을 부러워하고, 부모 덕에 편안한 삶을 살 수 있는 학생들을 부러워한다. 물론 외형적으로 드러나는 부의 기준에서 볼 때, 필자인 나도 재벌이나 연예인이 부럽다.

하지만 인간의 삶을 거대한 스펙트럼 위에 놓고 보면, 인생이란 누구를 부러워하거나 자신이 열등하다고 느낄 만한 소재는 아니다. 진정한 행복은 주어진 현실에서 온다. 현재 행복을 느끼지 못한다면 감사를 통해 행복감을 느끼도록 노력해야 한다. 아무리 인기 많은 연예인이라 할지라도 그들이 매일 행복하지는 않을 것이다. 다만 우리는 눈에 보이는 그들의 가식적인 모습을 보면서 그들이 행복하리라고 추측할 뿐이다.

인간을 불행하게 하는 요소는 부정적인 생각, 포기, 그리고 막연한 열등감 등이다. 진정으로 행복하려면 현재 나를 둘러싼 여러 가지 환경에 감사하면서 사는 것이 우선이다. 그래야 인간이 느낄 수 있는 근원적인 행복감을 얻을 수 있다. 남을 부러워하는 순간부터 인간의 삶은 불행해진다. 한번 남과 비교하기 시작하면 자신은 한정 없이 초라해지고 세상을 왜곡해서 바라보게 되는 것이다. 진정으로 행복해지고 싶다면 '행복'이라는 두 글자의 의미를 다시 생각해 볼 필요가 있다.

학생들은 오늘도 미래를 위해서 좋든 싫든 공부를 해야 한다. 미래를 위한 투자니까 당장은 불행해도 된다는 식으로 공부에만 전념해야 하는 것이 현실이다.

하지만 막연하게 미래를 대비하기 위해 공부를 한다면 쉽게 지치기 마련이다. 그러나 현재의 만족을 위해 공부를 한다면 진정한 행복감과 성취감을 느낄 수 있다. 그리고 현재 만족한 삶을 살고 있다면 미래에도 물질적 승패를 떠나서 행복한 인생을 살고 있을 확률이 높다.

공부를 잘하는 사람은 합리적인 낙관주의자다. 합리적 낙관주의자는 현재를 철저히 준비하며 미래를 만들어나가는 과정에서 행복감을 느낀다. 지금 행복하므로 당연히 미래를 낙관할 수 있다. 이것은 철저한 준비를 통해 맛볼 수 있는 행복감이다. 그리고 그것은 미래를 합리적으로 대비하는 현명함이기도 하다.

공부를 잘하기 위해서는 계획적으로 준비해야 한다. 공부는 엔트로피적 복수극이 아니다. 그냥 하루 세끼 밥을 먹듯이 편안한 기분으로 행복감을 느끼면서 하면 된다.

베트남전(戰)에서 포로로 잡힌 미군 중엔 세 부류의 유형이 있었다. 첫 번째는 미래에 대해서 아무 대책 없이 낙관하는 유형이다. 이런 인간은 현실포기적이다. 가장 경계해야 할 유형으로 미래에 대한 아무 대비 없이 쉽게 자포자기한다. 미래에 대한 막연한 낙관은 현재를 포기했기에 오는 것이다. 그러므로 이런 유형의 인간은 현재 느끼는 행복감 자체가 미래의 불안일 수밖에 없다.

두 번째 유형은 과거 경험에 비추어서 무조건적으로 부정하는 극단적인 비관론자이다. 무조건적인 비관론자는 과거 자신이 겪은 실패에 비추어 끊임없이 현실을 부정한다. 현실에 대한 부정은 자포자기가 아니다. 부정이란 자신을 보호하기 위한 소극적 자기방어일 뿐이다. 이런 유형의 사람이 현실을 행복하다고 느낄 리 없다. 늘 부정적 결과만을 생각하기에 공부를 하더라도 전투적이고 부정적 투쟁으로만 생각할 뿐이다.

세 번째 유형은 합리성에 바탕을 둔 낙관주의자이다. 가장 바람직한 유형이다. 이 유형의 사람은 현재 자신이 행하고 있는 사소한 일에 행복감을 만끽하면서 합리성에 바탕을 두고 낙관하면서 미래를 철저히 준비한다. 누가 뭐라고 해도 흔들리지 않고, 미래를 불안해하지 않으며, 자신을 소중히 생각하고, 항상 합리성에 바탕을 두고 준비해 나간다. 진정으로 공부에 행복감을 느낄 수 있는 유형은 바로 합리성에 바탕을 둔 낙관주의자라고 정의할 수 있다.

이 세 부류 중에서 가장 먼저 죽은 자는 미래에 대해 아무 대책 없이 낙관하는 유형이었고, 그 다음으로는 극단적인 비관론자였다. 그리고 마지막까지 살아남을 수 있었던 유형은 자신이 포로로서 교환가치가 충분하다고 인식하고 끝까지 삶을 포기하지 않고 현실을 준비하면서 팔굽혀펴기를 했던 합리적 낙관주의자였다.

학생이라면 누구나 공부에 대한 스트레스를 느끼기 마련이다. 하지만 공부를 행복하다고 여긴다면 공부는 더 이상 두려움과 도전의 대상이 아니라 친구가 될 수 있다.

시간이 허락된다면 밤하늘을 천천히 올려다보라. 수많은 별들이 있다. 그 별들의 반짝임과 같이 영원한 진리의 빛을 가지고 있는 것이 공부다. 아무런 사심 없이 오직 진리탐구에 대한 순수 열정을 가지고 공부에 임하라. 그것이 큰 행복감 속에서 현실을 가장 알차게 보낼 수 있는 비밀의 열쇠이다.

누구나 부정적인 생각을 떨치고 긍정하는 마음으로 현재에 만족하면서 살아간다면 인생은 그 자체로 행복이다. 만약 현재 불행하다고 느끼고 있다면 가치관을 바꿔 합리적 낙관주의자가 될 수 있도록 노력해야 한다.

공부 재미를 알면 인생이 즐겁다

우리는 수많은 즐거움을 접하면서 살아가게 된다. 진정한 즐거움이란 무엇인가? 필자는 진정한 즐거움을 자신의 내면에서 찾아야 한다고 강조한다. 내면적 즐거움이란 무엇인가? 그것은 내면적 충족감을 의미한다. 내 속이 꽉 차오는 충만감이 인간을 진정으로 즐겁게 한다.

외부적 자극에 의한 즐거움은 늘 한계점에 도달하게 된다. 많은 돈, 좋은 차, 멋진 옷 등은 외부적 자극에서 오는 즐거움이다. 인간이 추구해야 하는 가치를 이 외부적 자극에 충족에 두느냐 아니면 내면적 충족감에 두느냐에 따라 인간 개개인의 가치관은 달라질 수 있다. 하지만 우리가 경계해야 할 사실은 외부적 요인에 의한 즐거움은 그것이 극에 다다르면 반드시 허무감에 빠진다는 점이다.

예를 들어 배가 아주 고플 때는 머릿속에 맛있는 음식만 떠올리게 될 것이다. 하지만 고급스러운 음식을 약 2시간 동안 먹고 나면 더 이상 좋은 음식이 성에 차지 않을 것이다. 그 다음부터 먹게 되는 음식은 배고플 때 먹었던 것처럼 달콤하지 않을 것이다. 배고픔이 채워지고 난 다음부터 먹는 음식은 더 이상 음식이 아니라 허무감 그 자체가 될 수밖에 없다.

인생의 목표를 무엇으로 잡았든 간에, 외부적 요인들을 만족시키는 것으로 삶의 목표를 정했다면 이는 반드시 수정되어야 한다. 외부적 요소를 통해서 충족감을 최고로 높인다고 하더라도 인생이 궁극적으로 행복해질 수 없다는 사실을 명심하고 내면적 충족감을 확대시키는 데 집중해 보자.

내면적 충족감은 행복이 샘솟는 마르지 않는 샘물과 같다. 내면적 충족감에 의해서 느낀 행복은 인생에서 성공을 체험한 것과 마찬가지다. 내면적 충족감을 느끼고 있는 사람들을 옆에서 쳐다보는 것만으로도 행복해진다. 그들은 자신이 현재 하는 일에 완전히 몰입되어 있기 때문에 주변 사람들에게 귀감이 될 수밖에 없다.

우리 자신에게도 이러한 내면적 충족에서 오는 행복을 느끼게 할 수 없을까? 그래서 필자는 늘 자율적인 공부를 강조한다. 스스로 공부의 필요성을 깨달아야 한다.

인류사를 보면 성공적인 인생을 산 사람들과 그렇지 못한 사람들로 구분해 볼 수 있다. 성공적인 인생을 산 사람들은 대부분 내면적 충족감을 채우면서 만족과 행복을 느낀 사람들이다. 내면적 충족감을 채울줄 모르는 사람들은 그 영원한 비밀을 파악하지 못한 채 한평생을 살다 간다.

내면적 충족감을 극대화하는 데 반드시 필요한 도구가 학문이다. 학문은 양파껍질처럼 벗겨도 벗겨도 계속 알아야 할 것들이 나온다. 그러므로 끊임없이 연구해야 한다. 그래서 늘 신비롭다.

그럼 학문이란 무엇인가? 학문의 사전적 의미는 아래와 같다.

학문(學問, Learning, Science)은 배우고 익히는 것이다. 학문은 지식을 다른 사람과 사물, 기록과 경험, 간접경험으로부터 얻어 배우고 이를 익혀서 체득하는 과정을 거친다. 이렇게 지식을 얻기 위해서는 지식, 기술과 가치를 얻기 위해 노력하고 이해하는 것이 필요하다. 학문은 교육을 통해 얻어질 수도 있지만 스스로의 탐구로도 이루어질 수 있다. 사회와 국가는 구성원을 학문을 통해 교육시키고 바른 품성과 문화의 발전을 이루도록 활동케 하여야 한다.

또 동양에서는 학문을 "학이시습지면 불역열호아(學而時習之 不亦說乎)"라고 하여 "배우고 때로 익히면 또한 기쁘지 않겠는가"라고 정의하였다. 이렇듯 학문의 길은 진정한 기쁨을 추구하는 방법이다.

국문학자 조동일은 "학문은 진실을 탐구하는 행위"라고 정의하면서, 진실이 무엇인가 바로 대답하려고 서두르지 않아야 학문 탐구를 올바르게 할 수 있다고 하였다.

지금 우리가 게임이나 친구 혹은 만화책에 집중하고 있다면 진정한 내면적 충족감을 추구하지 못하고 있는 것이다. 게임기나 만화책은 그 재미가 곧 없어지므로 금세 허무감에 빠질 수밖에 없다. 그러므로 즐거움이 다하면 더 큰 외부적 자극을 원하게 되며 그 자극은 더 큰 외부적 채워짐을 요구하는 악순환을 낳는다. 결국 문제아라고 말하는 학생들은 대부분 외부적 요인에 의한 만족감을 추구한다. 외부적 요인에서 인생에 모든 행복감을 찾으려 한다면 그 인생은 허무를 담보로 한 무모한 가치 없는 도전일 뿐이다.

자신이 지금 공부의 즐거움을 느끼지 못하고 방황하고 있다면 두 가지 방법을 사용해 보기 바란다.

첫 번째, 자신의 탐구적 본능을 깨워주어라. 학문은 보물이 가득한 동굴과 같다. 동굴을 탐구할 본능이 없으면 동굴 속에 들어갈 수 없다. 탐구본능은 인간의 천성이다. 단지 주변 환경 때문에 탐구에 대한 본능이 줄어들거나 없어질 뿐이다.

사람들은 대화 중에 금지형을 많이 쓴다. "하지 마라", "그거 해서 뭐 해?", "시간 아깝게 그런 것 하지 말고 공부나 해라" 등의 대화는 탐구의 본능을 꺾는다. 탐구의지가 꺾인 사람은 동굴 속에 들어가는 것 자체를 두려워할 것이고 동굴 속에 엄청난 보물이 숨겨져 있다고 해도 그 즐거움을 느껴볼 엄두를 내지 못하고 평생을 살아가게 된다. 그리고 그저 동굴의 주변에서 열매나 따먹으면서 그렇고 그런 인생을 살게 된다. 자신을 진정으로 사랑한다면 동굴을 탐험할 수 있는 탐구본능을 살려내도록 하자.

두 번째, 공부의 즐거움을 느끼기 위해서는 열정을 가져라. 열정은 지혜나 이성보다 앞서야 한다. 이성은 차갑고 냉철하지만 감성이 없고, 지혜는 현명하지만 쓰지 않으면 무용지물이다. 이성이나 지혜는 공부를 하기 위한 필수요소이다. 이 요소들을 갖추기 위한 기본이 바로 열정인 것이다. 열정은 나이가 적으나 많은 사람이나 상관없이 인간을 움직이게 하고 활동하게 하는 에너지이다. 열정은 용광로와 같이 뜨거워서 때론 실수도 하지만 그 실수가 바로 공부의 즐거움을 깨닫게 하는 원천이 된다.

인생의 성공이 무엇이냐고 말한다면 필자는 "내면적 즐거움을 알고 죽는 것"이라고 말하고 싶다. 이 말은 인생의 진정한 즐거움과 내면의 충족감을 알고 죽는다는 의미와 일맥상통한다. 자신을 성공시키고 싶다면 외면적 즐거움이 아니라 내면적 즐거움에 몰입할 수 있도록 교육방식을 바꾸어 나가보자.

우리 자신에게 열정적인 공부습관을 만들어주고 싶다면 우선 목표를 만들어주어야 한다. 열정은 폭주기관차이다. 폭주하는 기관차를 어디로 향하게 하는가는 바로 자기 자신의 몫이다.

공부를 잘하려면 배려부터 배워라

앞을 못 보는 사람이 밤에 물동이를 머리에 이고, 한 손에는 등불을 들고 길을 걸어가고 있었다. 그와 마주친 사람이 물었다.

"정말 어리석군요. 당신은 앞을 보지도 못하면서 등불은 왜 들고 다닙니까?"

그가 말했다.

"당신이 나와 부딪히지 않게 하려고요. 이 등불은 나를 위한 것이 아니라 당신을 위한 것입니다."

이 이야기는 배려를 단적으로 보여주는 예이다. 우리나라 사람들은 배려라는 의미를 정확히 이해하지 못한다. 자존심을 굽혀가며 남에게 친절을 베푸는 것은 체면이 깎이는 일이라고 생각한다. 물론 이런 생각들은 자녀교육에서도 그대로 드러난다. 학생은 공부하기 이전에 배려를 먼저 배워야 한다. 배려는 학습에 지대한 영향을 끼친다.

배려는 아주 사소한 부분부터 '남을 위해 베푼다'라는 의미를 담고 있다. 이런 행위를 하는 동안에 우리 뇌는 '정화'라는 경험을 하게 된다. 즉 배려를 하는 이의 머릿속이 받는 이보다 더 평화로워진다. 다시 말해 우리 뇌에 부정적 감정을 없애주는 행위가 바로 배려인 것이다.

친구와 싸우고 돌아오거나 혹은 이기적인 행동을 했을 때는 뇌의 공부 기억세포가 멈추게 된다. 이런 상태에서는 아무리 좋은 과외를 붙여도 겉돌기만 하고 진정한 공부가 이루어지지 않는다.

우리 뇌를 활성화시키기 위해서 가장 필요한 긍정적 마인드가 바로 배려이다. 배려란 남에게 무조건 잘해주는 것을 의미하는 것이 아니다. 아주 사소한 것이라도 내가 남에게 먼저 베풀 줄 아는 일종의 인위적인 노력이다. 후천적 노력에 의해서만 이루어질 수 있는 것이다.

배려를 몸소 실천하는 주위 사람들을 보면 이미 그들은 배려의 즐거움을 십분 활용하고 있다. 배려를 할 줄 아는 학생의 학습효과가 배려를 할 줄 모르는 학생에 비하여 90% 정도 높게 나타나는 점이 이를 뒷받침한다.

배려란 가장 긍정적 상태가 될 수 있도록 도와주는 행위이다. 배려란 후천적 노력에 의해서 나타나기 때문에 처음에는 약간의 연극이 필요하다. 그러므로 처음에는 몸에 안 맞는 옷을 입은 것처럼 어색하고 불편할 것이다. 하지만 배려라는 습관의 옷을 한 번 입고 나면 어느 순간부터 자신이 운명이 잘 풀려가고 있음을 온몸으로 느낄 수 있게 된다.

배려심이 없는 학생은 화를 잘 내고 감정을 잘 조절하지 못한다. 작은 일에도 쉽게 불쾌한 기분을 모두 드러낸다. 이러한 감정조절 또한 훈련에 의해서 조절이 가능하다. 화를 잘 내고 감정조절이 안 되어서 늘 우울하거나 슬퍼 보이는 학생들은 공부를 잘할 수 없다. 이 모든 것이 배려가 없기 때문에 나타나는 현상이다.

감정조절이 안 되는 학생은 극도로 자신을 지키려는 이기심이 가슴속에 내재되어 있다. 이런 기분이 가슴속에 가득한 상태에서 공부를 잘하기를 바란다면 어불성설(語不成說)이다.

'공부를 잘하느냐 못하느냐'의 문제를 바라보는 기본 법칙은 '윈윈 (win-win)'이다. 현재 내 가슴속에 있는 감정을 남도 나도 같이 인정하느냐 아니면 그렇지 않느냐의 차이이다.

어차피 공부는 몰입이 필요하다. 그렇다면 머릿속에 감정 찌꺼기가 남아 있지 않아야 한다. 그러기 위해서는 내가 먼저 적극적으로 남을 배려해야 한다. 당신이 이 세상 누구와 좋은 관계를 맺고 싶다면 이기적으로 남을 이기는 법칙을 익히기 이전에 이타적인 배려를 배워야 한다.

배려를 할 때는 반드시 두 가지 원칙을 지켜야 한다. 이 원칙 아래서 배려가 이해되고 시행되어야 한다.

첫 번째, 배려의 법칙은 상대가 원하는 것을 먼저 해주는 것이다. 배려는 무조건 주는 것이 아니다. 비록 그것이 사소한 것일지라도 상대가 원하는 것을 주어야 한다. 즉 상대를 진정으로 생각하고 그가 필요한 것이 무엇인지를 파악하는 게 필요하다.

예를 들어 3일 동안 물을 한 모금도 못 마신 사람이 있다고 가정해보자. 이 사람에게 가장 필요한 것은 수백 개의 다이아몬드가 아니라 한 모금의 물이다.

배려를 모르는 사람들은 배려란 무언가 좋은 것을 무한대로 공급해 주면서 상대의 위에서 군림하는 행위로 잘못 인식하곤 한다. 아무리 부가 많고 권위가 높다고 하더라도 현재 상대가 원하는 행위가 아니면 그것은 무용지물이다. 그런 행위는 배려가 아니라 이기적 자기만족에 지나지 않는다.

상대가 원하는 것이 과연 무엇인지 제대로 아는 사람은 많지 않다. 피상적으로만 짐작할 뿐이다. 그러므로 이기적이게도 자기를 만족시킬 수 있는 행위로 상대를 대할 수밖에 없다. 충분한 대화와 배려도 없이 상대의 상태를 결론 내린다. 당신이 배려심을 기르고 싶다면 우선 상대와 소통(대화)해야 한다. 그래야 상대가 원하는 것이 무엇인지를 알게 되며, 그것을 알아야 올바른 배려를 할 수 있다.

두 번째 배려의 법칙은 노력이다. 배려는 노력 없이 할 수 없다. 배려는 엄청난 에너지가 필요한 행위다. 내가 피곤하고 지쳐 있지만 남을 위해서 무언가를 해줄 수 있는 행위는 위대한 것이다.

그런데 이런 배려에는 비밀이 숨겨져 있다. 우리 몸은 배려를 하는 순간 아무리 지쳐 있어도 새로운 에너지가 생겨나도록 구성되어 있다. 이기적이 되려 하면 할수록 끊임없이 피곤해지는 것이 우리 몸이고, 남을 위해 베풀려고 하면 새로운 에너지가 무한대로 생산되도록 설계되어 있는 것이 또한 우리 몸이다.

조금만 움직여도 몸이 피곤하다고 말하는 사람들이 주변에 많이 있다. 그런 사람은 틀림없이 남을 위한 배려심이 약한 사람이다. 자신을 위해서 이기적인 마음을 먹으면 먹을수록 자신의 몸과 마음은 나빠지고, 남을 위해 조금이라도 베풀려고 하면 자신의 몸과 마음은 풍요로워진다. 이것이 배려가 지닌 신비한 비밀이다. 그러므로 진정으로 자신을 위한다면 배려하기 위해 노력해야 한다. 배려를 위한 노력은 결국 자신에게 돌아온다는 점을 명심해야 한다. 배려는 하면 할수록 자신에게 돌아오고 내공이 쌓인다.

혹자는 배려를 가식적 행동이라고 말한다. 하지만 배려란 가식을 넘어선 삶의 지혜이다. 자신을 성공시키고 삶을 풍요롭게 하고 싶다면 배려심을 길러야 한다. 그리고 그것을 위해 노력하고 실천하다 보면 배려는 어느 순간 자신에 몸에 자연스럽게 배게 된다. 어느덧 배려가 몸에 배어 아주 자연스럽게 생활에 묻어난다면 그것만으로도 자신의 일에서도 성공할 수 있다.

공부를 결정짓는 가장 큰 요인은 동기부여다

사람들은 공부를 못하는 이유를 외부적 요인에서 찾으려고 한다. 지금 다니고 있는 학원 시스템이 잘못 되었나 혹은 현재 하고 있는 과외 선생 자질이 부족한 것인가를 먼저 따져본다. 하지만 아무리 과외 선생을 바꾸고, 학원 강사를 바꾸어도 학습 동기가 부여되지 않은 상태에서는 공염불에 불과하다.

학습 동기란 무엇인가? 무엇인가를 강렬히 하려는 의지가 동기로 이어지고 그것이 공부라는 것에 다다르게 되면 공부를 잘하게 된다는 아주 간단한 진리이다. 공부를 정말 잘하는 학생들을 관찰해 보면 학습 동기가 잘 부여되었다는 것을 금방 알 수 있다. 공부에 동기가 부여된 학생들은 공부를 즐기면서 한다. 수학문제 푸는 것 그 자체가 그들에게는 특별한 즐거움이다. 공부를 한다는 것 자체를 즐기고 있는 것이므로 그들에게 특별히 공부보다 더 큰 즐거움을 발견하기란 쉽지 않다.

지금 공부가 좀 뒤떨어진다고 하더라도 걱정할 필요가 없다. 필자가 10년간 강의하면서 느낀 점은 지능지수(IQ)가 낮아서 공부를 못하는 사람는 10%에도 미치지 못한다는 것이다. 그저 공부에 동기가 부여되지 않아서일 뿐이다. 또한 공부를 잘한다고 해서 우월감을 가질 필요는 전혀 없다. 공부를 잘하는 것은 그저 남들보다 먼저 공부에 동기가 부여되었을 뿐이니까.

공부 동기를 부여하는 방법

현재 자신이 공부를 못한다고 해서 고민할 필요는 전혀 없다. 공부를 좀 못하더라도 수많은 세상일 중에서 단 한 가지에라도 긍정적인 동기가 부여되어 있다면 그 학생은 반드시 성공할 수 있다.

문제는 아무것에도 의욕을 보이지 않는 사람이다. 그 무엇에도 동기가 없는 사람은 그 자체로 문제다. 공부도 못하고, 운동도 못하고, 말주변도 없고, 놀지도 못한다면 그 학생에게 공부를 잘하는 것은 2차적인 문제일 뿐이다. 어떤 일이건 동기를 부여하는 일이 우선이다. 그러기 위해선 어떤 사물, 대상에 대한 배려가 필요하다. 대상에 대한 깊은 배려 없이는 절대 동기가 발생되지 않는다는 사실을 기억하라.

앞서 가는 학부모라면 우리 자녀들을 주목해서 바라볼 필요가 있다. 우리 자녀가 어디에 동기를 부여받고 있는지, 만약 아무것에도 동기를 부여받고 있지 못하다면 그것은 큰 문제임을 인식해야 한다.

동기부여가 되었다는 것은 한 분야에서 재미를 느껴서 완전히 몰입되어 있는 상태이기도 하다. 어떤 일을 하고 있을 때 그 일이 사회적으로 보았을 때 윤리적이건 비윤리적이건 간에 자신이 재미를 느낄 수 있는 분야가 있다. 그것이 필자가 정의하는 동기부여이다.

하지만 동기부여와 단순한 쾌락(엔트로피)은 구분되어야 한다. 단순한 쾌락은 노력이나 의지가 필요 없다. 그냥 본능을 충족시키기만 하면 되는 것이다. 강력한 동기부여를 받기 위해서 한 분야에서 흥미를 느끼고, 그에 대한 엄청난 몰입, 성취를 향한 노력과 의지가 함께 실행되어야 한다. 그럴 때 비로소 필자가 주장하는 동기부여가 주는 쾌락을 느낄 수 있다.

지금 자신이 어느 부분에 동기부여를 느끼고 있는지 한 번 점검해 보자. 공부 이외에 다른 분야에서 동기부여를 느꼈다면, 그 정열을 공부로 옮기는 것은 어렵지 않다. 그러므로 우선 자신이 무엇에 재미를 느끼고 있는지부터 정확하게 알고 그 에너지를 공부로 전환시키는 데 주목해야 한다. 공부란 세상 어떤 일보다 무궁무진한 흥미를 가지고 있는 분야이다. 즉 공부 쪽으로 동기만 제대로 부여할 수 있다면 공부를 하지 말라고 말려도 저절로 공부를 하게 된다. 이것은 의외로 집에서 간단하게 실천할 수 있다. 필자의 경험에서 얻은 두 가지 방법을 제시하고자 하니 실천에 옮겨보길 바란다.

우선 공부할 수 있는 집안 분위기를 조성하는 것이 급선무다. 방법은 간단하지만 이제까지의 습관을 일순간에 고치기는 어렵다. 마치 자신이 살던 모든 습관을 전부 부정해야 할 것만 같아서이다.

먼저 학생이 집에서 공부를 시작하면 집안 구성원 모두가 각자가 하던 일을 모두 멈추고 같이 공부를 시작한다. 옆에서 함께 책을 보면서 공부하면 공부에 몰입을 잘 못하던 학생들도 쉽게 몰입할 수 있게 된다. 학생의 책상 옆에 가족 구성원의 책상도 같이 준비하자. 다시 한 번 강조하지만 공부를 잘할 수 있게 만드는 집안 분위기는 별게 아니다. "공부해라, 공부해라, 공부해서 남 주나!"라고 아무리 다그쳐봤자 학습자들의 뇌리에는 부정적 감정만 싹틀 뿐이다.

아무리 시간이 없더라도 학생이 공부하는 시간에는 집안 구성원도 각자가 하던 일을 모두 멈추고 같이 공부에 집중하자. 이렇게 한 달만 미친 척하고 실천하면 기적이 일어날 것이다. 공부를 우선시하는 집안 분위기가 조성될 것이고, 그 변화된 분위기는 학생을 공부를 하지 않고는 견딜 수 없는 공부몰입형 인간으로 변화시킬 것이다.

집안에서 상호 존중하라

머릿속에 불안, 공포, 답답함, 슬픔 등 부정적 감정을 가진 상태에서는 절대 공부에 몰입할 수 없다. 부모로부터 심한 꾸중을 듣고 책상 앞에 앉아 있는 당신은 공부에 집중할 수 있겠는가?

어린 시절 꾸중을 듣고 책상 앞에 앉아본 경험을 떠올려보자. 그때 정말 공부가 되었는가? 공부도 마음이 편안할 때 할 수 있는 것이다. 공부할 수 있는 집안 분위기를 조성기 위해 가족이 기억해야 할 핵심 단어는 상호존중이다. 존중은 아이를 성장시킨다. 존중하고 또 존중하라.

여기서 말하는 존중이란 사랑이 담긴 무관심이다. 내 자녀가 공부에 동기가 부여되고 건전하게 자라기를 원한다면 무관심해져야 한다. 갈등은 소유욕에서 시작된다.

현재의 성적이 만족스럽지 않더라도 아무 걱정할 필요는 없다. 단지 몇 가지만 변화된다면 학습 성취도는 급격히 반전될 수 있다.

독해능력이 좋아지면 성적은 저절로 향상된다

공부를 잘하는 학생과 못하는 학생을 연구하다 보면 재미있는 분석이 가능해진다. 공부를 잘하는 학생은 시험에 강하고 공부를 못하는 학생은 시험에 약하다. 당연한 말처럼 들릴지 모르지만 공부를 아무리 해도 성적이 안 오르는 학생은 한 번쯤 생각해 볼 문제이다.

성적이 잘 오르지 않는 학생들을 직접 대면상담하고 테스트를 해보면 사실 지능지수나 신체적 문제 때문인 경우는 거의 없다. 공부를 못하는 학생들 대부분은 독해능력이 부족하다. 앞으로 학교시험은 대부분 서술형으로 바뀌게 된다. 이렇게 되면 공부를 잘하는 학생과 공부를 못하는 학생 간의 격차는 더욱 벌어질 수밖에 없다. 독해능력은 모든 공부의 기본이다. 하지만 사실 독해를 정확하게 가르쳐주는 학교나 학원은 아주 드물다.

필자는 몇 해 전 고1인 K군을 만났다. K군은 전 과목이 거의 바닥권인, 말 그대로 열등생이었다. 처음 테스트를 했을 때 필자는 눈을 의심하지 않을 수 없었다. 국어, 영어, 수학 단 한 문제도 풀지 못했기 때문이다. 필자는 그때 '아! 이 녀석 얼마나 학교가 가기 싫었을까' 하는 측은한 마음이 들었다.

그래서 필자는 이 열등생을 바꾸어놓기 위한 방법을 고안했다. K군이 학원에 오면 우선 짧은 국어 독해지문 한 단락을 주고 가장 핵심적인 내용을 요약하게 했다. 그 다음 일주일 단위로 국어 독해지문의 단락 수를 늘려나갔다. 핵심적인 내용을 요약하고 정리하도록 하였다. 한 달간 이러한 작업을 하면서 K군에게 가장 쉽게 나온 참고서를 가지고 가르치도록 각 과목 선생님들에게 부탁했다. 그리고 학생의 독해지문의 양과 난이도를 점점 올려가기 시작했다.

한 달 만에 기적이 일어났다. 입학할 때 국어문제 50개 중 단 한 개도 못 풀던 K군이 무려 30문제를 정확히 풀어낸 것이다. 국어독해가 되면 참고서의 내용을 이해할 수 있으므로 그다음 영어, 수학 능력을 쌓아가는 것은 문제가 되지 않았다. 현재 K군은 검정고시를 통과하여 서울 시내 4년제 대학에서 법학을 공부하는 학생이 되었다.

K군과 같은 사례는 우리 주변에서도 흔히 만나볼 수 있다. 독해능력이 떨어지는 학생에게 공부란 공포일 수밖에 없다. 독해능력이 현저히 떨어지는 학생에게 주입식으로 아무리 머리에 밀어넣으려 한들 그것은 쉽지 않을 것이다.

물론 이것은 모든 사람이 공감하는 문제일 것이다. 하지만 단지 막연한 불안감 때문에 학원을 다니고 과외를 받는다. 그럼에도 불구하고 성적향상이 이루어지지 않는다면 그 이유는 틀림없이 독해능력이 부족하기 때문이다. 독해능력은 학원을 가지 않아도 얼마든지 향상될 수 있다. 여기에 독해에 필요한 필수적인 요소 세 가지를 제시하고자 한다.

1. 단락별 글 읽기

수능이나 모의고사 지문을 살펴보면 상당히 난해하다. 이 난해한 지문을 해석하기 위해서는 처음부터 연습이 필요하다. 독해능력은 아무리 명강사가 강의를 해도 향상시키기 쉽지 않다. 본인이 스스로 터득해야 한다. 독해능력이란 나이가 많고 적음이 중요한 것이 아니라, 글을 얼마나 사실적으로 읽었느냐가 관건이다.

우선 신문을 펴고 사설을 찾아서 한 개의 단락(너무 크지도 작지도 않은 덩어리이자, 내용을 조직하는 데 적절하다고 여긴 덩어리)을 주목해서 읽어보자. 사설은 보통 1개의 지문이 5∼6개 단락으로 구성되어 있는데 이 개별 단락들은 각각 1개의 소주제를 가지고 있다.

처음 독해훈련을 시작했다면 단락별 소주제 찾기에 주목하면서 읽어야 한다. 한 개의 단락은 오직 한 개의 소주제문과 여러 개의 뒷받침 문장으로 구성되어 있다. 소주제문이란 그 단락에서 가장 중요하다고 생각되는 부분을 찾는 것이다. 이것이 사실적 글 읽기의 출발이다.

하루에 10개 정도의 단락에서 소주제 찾기 훈련을 해보자. 처음엔 속도가 붙지 않지만 한 달 정도 계속하다 보면 속도가 붙어서 손쉽게 소주제를 찾을 수 있다.

2. 전체 지문 읽기 훈련

단락별 글 읽기 훈련이 어느 정도 마무리가 되었다면 이제는 전체 지문 읽기 훈련을 해야 한다. 단락별 글 읽기가 합쳐지면 전체 지문 읽기가 된다. 이제 각 단락별 소주제 찾기를 생각하면서 글 전체를 읽어나가는 훈련을 해보자.

글 전체를 읽을 때는 우선 접속어에 주목해야 한다. 접속어 뒤에는 무조건 핵심적인 내용이 숨겨져 있다. 그러므로 접속어에 주목해서 읽어내려가다 보면 어느새 전체 지문 읽기가 수월하게 느껴질 것이다.

　한 달 정도의 단락별 글 읽기 훈련이 끝났다면 이제 전체 지문 읽기 훈련이 필요하다. 이때 활용할 수 있는 지문의 길이는 각 신문의 오피니언(opinion) 정도가 적당하다. 독해능력의 핵심은 전체 지문을 해석하는 능력이다. 수능 지문들은 각 신문사에서 발행되는 오피니언 정도의 길이가 많다. 물론 보다 전문적인 용어가 많이 등장하긴 하지만 독해 연습을 하기에 신문 오피니언이 가장 유용하다.

　전체 지문 읽기의 핵심은 각 단락별 소주제를 생각하면서 글을 읽는 것이다. 각 단락별로 소주제는 오직 1개씩만 등장하므로 각 단락의 소주제를 결합하면 그 글의 전체 주제가 된다.

3. 끊임없이 연상능력을 활용하라

　글을 잘 읽는 학생은 글을 사실적으로 읽는다. 글을 읽을 때 정확하게 머릿속으로 그 상황을 분석한다. 그리고 아주 사실적으로 글의 내용을 연상한다. 다음 글을 읽고 연상해 보자.

　　조선달 편을 바라는 보았으나 물론 미안해서가 아니라 달빛에 감동하여서였다. 이지러는졌으나 보름을 갓 지난 달은 부드러운 빛을 흐뭇이 흘리고 있다. 대화까지는 팔십 리의 밤길, 고개를 둘이나 넘고 개울을 하나 건너고 벌판과 산길을 걸어야 된다. 길은 지금 긴 산허리에 걸려 있다. 밤중을 지난 무렵인지 죽은 듯이 고요한 속에서 짐승 같은 달의 숨소리가 손에 잡힐 듯이 들리며, 콩 포기와 옥수수 잎새가 한층 달에 푸르게 젖었다. 산허리는 온통 메밀밭이어서 피기 시작한 꽃이 소금을 뿌린 듯이 흐뭇한 달빛에 숨이 막힐 지경이다. 붉은 대궁이 향기같이 애잔하고 나귀들의 걸음도 시원하다. 길이 좁은 까닭에 세 사람은 나귀를 타고 외줄로 늘어섰다. 방울소리가 시원스럽게 딸랑딸랑 메밀밭께로 흘러간다. 앞장선 허 생원의 이야기소리는 꽁무니에 선 동이에게는 확적히는 안 들렸으나, 그는 그대로 개운한 제멋에 적적하지는 않았다.

– 이효석 〈메밀꽃 필 무렵〉 중에서

이 글을 읽었을 때 한편의 영상이 사실적으로 머릿속에 떠오른다면 정상적인 글 읽기가 가능한 학생이다. 하지만 독해능력이 떨어지는 학생이 이 글을 읽었을 때는 어휘에 막혀서 연상 자체가 불가능한 경우가 많다. 그럴 경우 어휘에 너무 연연하지 말고 천천히 전체 글의 흐름을 이해하며 모든 글을 정확히 연상하면서 글을 읽는 습관을 들여야 한다.

글을 연상하는 훈련은 전체 문맥적 의미를 연상하는 훈련과 전체 장면을 영상으로 바꾸는 두 가지 연습이 병행되어야 한다. 글의 성격이 비문학이라면 문맥적 의미(논리적 구조)에 주목해서 글을 이해하고, 글이 문학작품이라면 전체 장면을 영상으로 바꾸는 훈련이 필요하다.

글을 잘 읽는다는 것은 공부를 잘할 수 있는 가장 확실한 방법이며 수단이다. 또한 인생을 살아가는 데 반드시 필요한 논리적 훈련도 여기서 비롯된다. 지금 공부가 힘들다면 독해능력을 의심해 볼 필요가 있다.

항산(恒産)이 없으면 항심(恒心)이 없다

무항산 무항심(無恒産 無恒心, 항산이 없으면 항심이 없다).

맹자(孟子)의 〈양혜왕〉편에 나오는 이 말은 주로 민본주의 정치를 하라는 말로 자주 인용되는 말이다. 이 말을 풀이하면 '항산'이란 물질적 충족감을 의미한다. 학생들에게 물질적 충족감이란 공부를 잘하기 위한 주변 환경이다.

'항심'이란 행복하다고 느끼는 만족감이다. 학생들에게 필요한 항심이란 무엇인가? 그것은 공부다. 공부를 잘해야 행복해진다. 맹자는 이 최소한의 물질적 조건(항산)이 충족되어야 행복감(항심)이 생긴다고 말한다. 항심이란 정신적인 만족감을 말한다. 즉 '행복하다'라고 느끼는 마음을 의미한다.

그렇다면 학생들에게 항산이란 무엇인가? 학생들에게 항산이란 학생들이 최소한 공부를 잘할 수 있도록 외부환경을 만들어 나가는 과정을 의미한다. 필자가 학생들에게 제안하는 필수적이고 최소한의 항산은 이렇다.

첫째, 본인이 편안히 공부할 수 있게 잘 정리된 책상과 공부방이 필요하다. 어려운 가정환경을 극복하고 형설지공(螢雪之功)으로 공부해서 서울대에 갔다는 이야기는 이제 전설이다. 정말 그렇게 해서 서울대에 간 학생이라면 맹자가 말하는 의지가 강한 선비형의 사람일 것이다. 맹자는 선비만이 항산이 없어도 항심을 느낄 수 있다고 했다.

물론 완전히 갖추어지지 않은 조건에서 스스로 불굴의 노력으로 현실적 고통을 인내할 수는 있다. 하지만 학생들에게 이런 것을 강요해서는 안 된다. 지금은 금상첨화가 필요한 시대이기 때문이다.

공부를 잘할 수 있는 주변 환경(항산)은 자신과 주변 사람들이 같이 만들어나가야 한다. 중고생이라면 당연히 자신이 마음 편안하게 공부할 수 있는 자신만의 공간을 만들어야 한다. 공부를 잘할 수 있는 환경은 물질적 조건만 충족되어서는 해결되지 않지만 최소한의 물질적 조건은 반드시 충족되어야 한다.

당신이 공부를 못한다면 책상과 의자, 조명기구부터 가장 좋은 것으로 바꿔야 한다. 100만 원 정도의 투자비용이 들겠지만 여기에 돈을 아끼면 안 된다. 다른 곳에서 돈을 아끼더라도 우선 책상과 의자부터 바꾸어야 한다.

그리고 정리 정돈하는 습관을 의무적으로 들여야 한다. 정리는 무엇을 버리는 게 아니라 정확한 분류가 기본이 되어야 한다. 책상에서 가장 중요한 학습도구부터 챙기고 필요 없는 것은 가급적 멀리 배치하자. 이것이 정리의 기본이다.

둘째, 본인이 직접 공부할 책을 살 수 있는 경제적 충족감이 필요하다. 책은 본인이 직접 서점에서 고르는 것이 좋다. 자신이 골라온 책이 다른 사람의 눈에 차지 않는다 하더라도 그런 것에 신경 쓰지 말아야 한다. 그래야 책을 고르는 안목이 생긴다.

처음 책을 고를 땐 누구나 시행착오를 경험한다. 시행착오를 이미 극복한 손윗사람이나 친구가 자신의 눈높이에 맞춰 책을 사다주면 당신은 책에 대한 애착을 쉽게 포기하게 될 수도 있다. 짬이 나면 늘어진 몸뚱이를 추스르고 대형서점에 가서 직접 책을 고르는 여유를 즐기자. 그래야 공부에 대한 항산이 생길 수 있다.

셋째, 걱정 없이 공부할 수 있는 주변 환경도 매우 중요한 항산의 요소다.

당신이 매일 집에서 신세한탄만 하고 남과 비교만 당한다면 모든 물질적 충족감이 충족되었다 해도 항산이 생길 수는 없다. 아버지는 회사 일이 힘들다고 지쳐 쓰러져 잠만 자고, 어머니는 집안일에 시달려 스트레스로 항상 찡그린 얼굴만 하면서 "너에게 모든 것을 해줬는데 너는 왜 공부를 못하니"라고 말한다면 당신의 항산은 채워지지 않는다.

　당신이 정말 지혜롭다면 늘 풍요롭고 편안한 마음을 가져야 한다. 항산을 충족시켜 주어야만 항심을 가질 수 있고, 항심이 나타나야 공부를 잘할 수 있다. 항산이 충족된 상태에서 발현된 정신적 만족감 속에서 공부는 자연스럽게 잘 될 수 있다. 주변환경이 잘 정리되고 공부의 물질적 환경(항산)이 조성되어야 공부를 행복하다고 생각하게 되며 그때 비로소 항심을 느끼게 된다는 것이다.

　항산을 가지고 공부하는 학생들에게 나타나는 일반적인 현상은 아래와 같다.

　항심을 느끼며 공부하는 학생들은 첫째, 공부 자체를 즐기면서 하므로 공부를 목표 달성의 수단으로 삼지 않는다.

　공부를 즐기면서 하는 학생들이 드물다. 지독하게 원망하면서 공부를 하는 학생이 대부분이다. 이들의 마음속에는 공부가 마치 부모에 대한 효도인 양 혹은 경쟁자를 쓰러뜨리기 위한, 한(恨)이 맺힌 보복 정도로 밖엔 생각되지 않는다. 이런 공부는 60년대식 공부다. 이런 식으로 공부하면 절대로 깊은 공부를 하지 못한다. 공부는 편안한 마음에서 시작해야 한다. 즉 항산을 느끼면서 공부 그 자체를 즐기는 것이 중요하다.

　둘째, 항심을 느끼면서 공부하는 학생은 매우 집중한다.

인간이 가장 즐거운 때는 언제일까? 그것은 아마도 자신의 일에 완전히 몰입하고 있는 순간일 것이다. 아무 잡념 없이 무념무상의 상태에서 오직 목표를 향해 끊임없이 매진해 나가는 그 순간이 인간을 가장 행복하게 만든다. 그러기 위해서는 공부를 하는 순간만큼은 모든 잡념에서 벗어나서 오직 공부에만 전념하는 것이 필요하다. 그래야 행복해진다. 학생이 공부 이외에 다른 곳에서 행복을 찾으려고 하면 그때부터 불행해진다. 학생의 항심은 오직 공부에서만 찾아야 한다. 만약 학생이 항심을 다른 곳에서 찾으려고 한다면 그건 가장이 회사 업무에 충실하지 않고 이성과 바람을 피면서 항심을 찾는 것과 같고, 수많은 승객을 태운 비행기 조종사가 다른 생각을 하면서 비행기를 조종하는 것과 마찬가지이다.

셋째, 항심을 느끼며 공부하는 학생은 공부 이외의 다른 부분에 여유롭다.

항심을 느끼며 공부하는 학생은 공부에 대한 열정을 가지고 있기 때문에 쓸데없는 인간관계나 물질에 연연하지 않는다. 왜냐하면 이미 항산이 충족된 상태이기 때문이다.

공부에 대한 항심을 느끼지 못하는 학생들은 공부 이외의 조건에만 신경을 쓴다. 외모나 대인관계에 집착한다. 이러한 상태에서는 결코 공부를 잘할 수 없다. 주어진 모든 것이 충분하고 만족스럽다고 생각하면서, 항산을 느끼며 공부할 수 있도록 해야 한다.

필자는 학생들을 가르치면서 항산이 충족되게 하려 노력한다. 수천 년 전 맹자가 한 말이 지금의 학생들에게 정확히 부합되는 이유는 물질적 풍요가 결코 나라를 다스리는 데에만 적용되는 것은 아니기 때문이다. 항산은 단순히 공부를 잘하기 위한 물질적 충족감이 아니라 여유롭고 충분히 공부를 잘할 수 있는 환경이라고 느끼는 정신적 충족감까지 포함하고 있다.

"항산(공부를 잘하기 위한 최소한의 조건)이 있어야 항심(공부로 인한 행복감)이 있다"라는 말은 항상 부모와 학생이 새겨볼 말이다.

공부 못하는 체질은 따로 있다

대부분의 학생들이 중간고사나 기말고사 성적을 향상시키기 위해 학원을 간다. 조금 더 좋은 성적을 냈으면 하는 일시적 욕구를 충족시키기 위해서이다. 결국 학원을 가는 학생의 90%는 단기승부에 급급하여 먼 미래를 내다보지 못하는 경우가 대부분이다.

공부는 장기승부이다. 그럼에도 불구하고 항상 초조함과 불안감을 가지기만 한다면 작은 결실은 얻을 수 있을지 몰라도 큰 성과는 얻어낼 수 없다.

공부를 못하는 학생들이나 공부를 잘하는 학생이나 체질개선이 중요하다. 여기서 말하는 체질이나 기질은 한의학적 관점에서 말하는 사상체질이 아니다. 필자가 말하는 체질은 일종의 습관을 의미한다. 단기승부에 급급한 부모를 둔 아이들은 조급함과 불안감 속에서 공부를 하기 때문에 큰 그림을 그릴 수 없다.

공부는 평생을 같이 가야 할 친구로 생각해야 한다. 결코 부담을 주기 위한 도구가 되어서는 안 된다. 공부는 가장 즐겁게 즐기며 탐구할 수 있는 도구여야 한다.

매일 똑같은 노동을 하는 노동자에게 삶이란 주린 배를 채울 수 있는 수단에 불과하다. 하지만 자신감을 가지고 자신이 하고 싶은 일을 창조적으로 하면서 돈을 버는 사람의 인생은 인생 그 자체가 희열이고 낭만이다. 두 사람의 노동의 강도가 똑같다고 했을 때 과연 어떤 삶이 더욱 아름다운가? 두말하면 잔소리이다. 모두들 창의적이고 활기차게 자신이 하고 싶은 일을 하면서 인생을 즐기는 삶을 선호할 것이다.

우리는 즐길 줄 아는 사람이 되어야 한다. 그렇게 되기 위해선 체질개선이 필요하다. 중간고사, 기말고사에서 두세 문제 덜 틀리는 것은 그리 중요하지 않다. 가장 중요한 핵심은 공부를 잘하기 위한 체질로 전환시키는 것이다. 그것이 현재를 살아가는 당신이 해야 할 일이다.

잘못된 습관, 부정적 생각, 일탈과 중독은 세대를 걸쳐 전달된다. 그렇다면 당신이 어떻게 해야 공부를 잘하는 체질로 변할 수 있을까?

모든 습관과 부정적 태도는 연관되어 있다. 공부를 잘하기 위해서는 장기적인 체질개선이 필요하다. 험악하게 표현하자면 피를 갈아야 한다. 피를 갈아야 결국 당신의 체질을 공부체질로 바꿀 수 있다. 공부체질 개선의 포인트는 바로 피를 바꿀 정도로 완전한 변화의 마음가짐을 가져야 한다는 점이다. 선언적이거나 폭력적인 변화를 원하는 것이 아니다. 예를 들어 '나는 오늘부터 모든 것을 중단하고 오직 자녀의 공부체질을 바꾸기 위해 최선의 노력을 다할 거야'라고 비장한 각오를 할 필요는 없다.

아래에서 공부체질 개선을 위한 방법 세 가지를 제안하려고 한다. 절대적인 방법은 아닐지 몰라도 필자가 10여 년간 겪은 경험을 바탕으로 작성한 글이므로 실천해 보면 틀림없이 좋은 결과를 가져올 수 있으리라고 확신한다.

공부체질 개선을 위한 제안

첫 번째 제안은 이미 자신이 꿈꾸는 삶을 이룩한 것처럼 행동하라는 것이다.

흔히 부모님은 자녀에게 "공부해서 남 주냐", "열심히 공부 좀 해라" 등등의 말을 끊임없이 한다. 하지만 이 말은 참으로 많은 모순을 가지고 있다. 도대체 공부를 해서 무엇을 하라는 말인가? 최종목표도 없이 무조건 열심히 하라는 것은 삽 하나를 주면서 계속 땅을 파면 언젠가는 보물을 찾을 수 있을 것이라는 막연한 기대감을 가지는 것과 똑같다.

그렇기 때문에 최종적인 삶의 목표를 이룩한 사람처럼 행동하고 상상할 필요가 있다. 의사가 되고 싶다면 이미 의사가 된 모습을 매일 상상하면 된다. 아주 구체적으로 머릿속에서 그 직업을 이미 획득한 것처럼 상상해 보자.

매일 자신의 최종목표를 이룩한 것처럼 묘사하는 글을 쓰도록 하자. 한 달간 매일매일 이 작업을 하면 체질이 바뀌기 시작한다. 체질이 바뀌기 시작하면 성적은 덤으로 따라온다.

공부체질 개선을 위한 두 번째 제안은 공부는 경쟁이 아니라 최종목표를 이루기 위한 즐거운 작업임을 깨달아야 한다는 것이다.

일부 학생들 중에는 공부를 가난을 벗어나기 위한 도구로 여기거나, 자신의 꿈을 성취하기 위해 거쳐야 하는 힘든 여정이라고 생각한다. 이런 생각을 하면 성적을 올릴 수는 있을지 몰라도 공부의 진정한 재미는 깨달을 수 없다. 경쟁 혹은 성공을 위한 공부는 노동이 될 수밖에 없다. 어떤 일이 건 노동이라고 생각되는 순간 그 일이 하기 싫어진다. 노동은 노동일 뿐이다. 공부가 노동이 되어서는 안 된다. 공부는 절대적으로 즐거워야 한다.

공부를 즐길 줄 알아야 비로소 체질개선이 이루어진다. 공부를 즐겁게 하기 위한 핵심은 필자가 줄곧 강조했던 몰입이다. 몰입하라. 공부에 자신을 잃어버릴 정도로 매일 30분간 몰입하라. 몰입에 몰입을 거듭하다 보면 어느 순간 공부는 노동이 아니라 창의적이고 즐거운 작업으로 다가올 것이라 확신한다.

공부체질 개선을 위한 세 번째 제안은 공부는 끊임없는 부정적 감정과의 전투임을 명심하는 것이다.

인간의 본성은 기본적으로 모든 것을 부정적으로 바라보게 되어 있다. 하지만 역사 속에서 성공한 인물들은 모두 이 부정적 생각의 틀을 깨고 일어섰다. 이 점을 명심해야 한다.

긍정적 메시지를 자신에게 끊임없이 던져라. 아주 유치하더라도 자신에게 끊임없이 세뇌시켜라. "할 수 있다"라는 말을 끊임없이 던져야 이루어진다. 부정적 생각을 가지면 절대로 될 수 없다. 끊임없는 긍정만이 인생을 성공으로 이끌 수 있다.

공부 역시 '될 수 없다'라는 메시지와 싸우는 과정이다. 자, 지금 이 순간부터 부정적인 말은 절대로 내뱉지 않겠다고 다짐하라. 그리고 '매일 매일 잘 될 수 있다'라고 긍정의 마음을 가져야 한다. 30일간 매일 긍정적 말만 한다면 반드시 체질개선이 이루어질 수 있다.

오늘도 수없이 많은 사람들로부터 어떻게 하면 공부를 잘할 수 있는지에 관한 질문을 받는다. 필자는 늘 고민한다. 그리고 그 고민의 끝은 결국 세 가지 단어로 결론지을 수 있다. 몰입, 여유, 목표이다. 이것을 한 문장으로 만들면 "공부를 잘하고 싶다면 최종목표를 가지고 공부에 몰입하면서 여유를 가져라"이다.

똑같이 행동하면서 결과가 바뀌기를 기대하지 마라

일반적인 사람들은 매일 똑같은 행동을 하면서 자신이 원하는 결과가 나타나지 않으면 자신은 최선을 다했는데 왜 결과가 좋지 않을까라며 분노한다.

그렇다면 최선을 다했다는 의미를 분석해 보자. 그것은 어쩌면 자신이 만들어놓은 시간과 공간의 규칙, 습관 속에서 할 수 있는 모든 것을 다했다는 의미일 것이다. 일정한 시간에 밥을 먹고, 일정한 시간에 잠을 자고 일정한 시간에 공부를 하는 일련의 반복된 생활 속에서 최선을 다했다는 것은 결국 자신의 이기심을 채우는 데만 최선을 다했다는 말이 된다.

가만히 생각해 보면 이는 정신이상자와 같은 미친 발상이다. 매일 똑같은 행동과 똑같은 부정적 습관을 가지고 있으면서 어떻게 좋은 결과를 기대할 수 있단 말인가. 그렇게 해놓고 결국 결과가 부정적으로 나오면 '나는 안 된다' 혹은 '나는 잘 할 수 없는 사람이다'라고 자신에게 낙인을 찍는다.

자신의 반복된 생활리듬을 깨는 것, 그것은 참으로 힘든 것이다. 솔직히 말해서 시작할 때는 매우 힘들고 거북할 것이다. 하지만 거꾸로 돌려서 생각해 보면, 내가 가지고 있는 나쁜 습관의 틀을 깨지 않으면서 그 안에서 쏟는 노력만으로 좋은 결과가 이루어지길 바라는 것은 도둑놈 심보다.

같은 행동의 반복은 같은 결과의 연속으로 이어질 수밖에 없다. 공부를 못하는 학생은 여간해서 성적이 올라가지 않는 것도 그 부정적 습관의 틀 안에서 공부가 이루어지기 때문이다.

현재와 같은 부정적 행동의 틀을 깨야한다. 틀을 깨지 않으면 그 공부는 실패하고 만다. 결국 이렇게 무섭게 반복되는 부정적 습관의 틀도 엔트로피적 무질서 상태이다. 반복되는 무서운 습관의 틀을 깨는 작업은 지금 아래에 제시된 지침서대로 하면 고쳐질 수 있다.

같은 행동을 반복하면 같은 결과가 도출될 수밖에 없다. 이 점을 명심해야 한다. 매번 같은 결과를 도출해내기 싫다면 현재의 생활습관을 완전히 뜯어고쳐야 한다. 즉 무질서한 엔트로피적 행위를 질서 잡힌 네트로피 상태로 바꾸어야 한다는 말이다.

무질서 상태를 질서 상태로 바꾸는 방법

첫 번째, 주변정리가 필요하다. 공부를 못하는 무질서한 학생일수록 정리를 못한다. 생활에서부터 공부까지 정리가 되지 않는 삶을 산다. 정리가 되어 있지 않은 상태에서 그저 자신의 옷과 개인의 청결만을 정리라고 말한다. 질서 상태로 가기 위해선 공부와 생활은 반드시 정리가 필요하다.

먼저 포스트잇을 준비하고 공부 중에 중요한 부분이 나오면 정리하는 습관을 가지자. 그리고 자신이 보고 난 책을 정확한 위치에 꽂자. 오늘 공부할 책을 가장 중앙에 배치하고 중요도에 따라 분류하자.

공부를 못하는 학생들은 학습에서 사용된 유인물과 시험지를 전혀 관리하지 않는다. 공부를 잘하는 학생들은 문구용품 사는 데 들어가는 돈을 아끼지 않는다. 그래서 그들의 유인물은 정리 상태가 아주 좋다. 자신이 풀었던 유인물과 각종 시험지는 아주 소중하게 바인더를 통해 보관된다. 그리고 그것들이 곧 중요한 시험에 써먹을 수 있는 중요한 무기가 된다.

하지만 공부를 못하는 학생들의 책상은 온갖 유인물과 시험지로 넘쳐난다. 책상 중앙에는 먹다 남은 커피와 과자가 판을 친다. 즉 무질서한 습관 엔트로피의 극치를 보여준다. 결국 정리만 잘해도 공부의 70%는 완성된다. 공부 과정은 요약(summary), 즉 정리의 과정이라고 해도 과언이 아니다.

공부를 잘하고 싶은가? 그렇다면 지금 당장 생활을 변화시켜라. 책상에서 필요 없다고 생각되는 것은 과감히 버려라. 그리고 문구용품(포스트잇, 바인더, 수첩 등)을 사서 정확하게 분류하고 유인물과 시험지를 분류하라. 오답수첩을 만들어라. 오답노트보다 오답수첩이 간편하기 때문에 자투리 시간을 활용하기 유용하다.

공부를 못하는 학생들은 브랜드 옷을 못 입으면 창피하다고 생각한다. 하지만 공부를 잘하는 학생은 책상 정리가 안 되면 창피하다고 생각한다. 어떠한 마음가짐을 가지고 있느냐에 따라 성적은 결정된다.

두 번째, 생활 속의 공부자만과 공부불안에서 벗어나야 한다. 학생들은 시험 때가 되면 불안한 마음에 암기에 몰두한다. 이것이 불안에 의한 공부다. 불안에 의한 공부는 일종의 강박증상이다. 시일이 다가오면 강박증에 시달리면서 결국 암기에만 매달리게 된다. 그리고 이것을 최선의 공부라고 생각한다. 하지만 이것 또한 부정적 습관이다. 결국 암기에 의해 습득한 공부는 공부가 아니라 강박증 초기증상에 불과하다. 물론 결과에도 영향을 끼치지 못한다. 아무리 암기하고 시험장에 들어가도 시험은 자신이 암기하지 않은 부분에서 주로 출제된다는 점을 명심해야 한다.

또 다른 잘못된 공부 습관은 자만형 공부다. 눈으로만 대충 훑어보고 시험을 치면서 태만한 자신의 생활방식이 여유롭게 사는 것이라고 자랑한다. 하지만 결국 태만한 공부는 그 한계점을 보이게 된다. 편안한 마음으로 공부하는 것은 좋지만 눈으로만 공부하고 쓰지 않으면 효과는 반감된다.

결국 올바른 공부를 하기 위해서는 꾸준히 읽는 것이 중요하다. 무턱대고 암기하려 하지 말고, 또 자만하지 말고 꾸준히 읽고 정리해라. 이왕이면 두꺼운 자습서나 교과서(기본 개념을 스토리로 이해해야 한다)를 사서 한 번에 암기하려 하지 말고 차근차근 정리하면서 5번을 읽어라. 그러면 마음속의 불안도 잠잠해질 것이다. 불안이 가시면 지식이 머릿속에 더 잘 저장되며, 시험에서도 좋은 성적을 거둘 수 있다. 결국 더디게 가는 것처럼 보여도 읽고 이해하고 정리해서 하나의 스토리를 정리하는 방법이 가장 빠른 방법이다.

세 번째, 공부를 잘하는 습관을 만들기 위해서는 나 자신의 객관적 통제자를 키워야 한다.

사실 공부는 힘들다. 빠져들기 전까지는 힘들고 괴로운 것일 수밖에 없다. 공부에 빠져 든 사람의 입장에서 보면 공부 안 하는 사람들이 측은하고 불쌍해 보인다. 하지만 공부에 빠져들지 않은 사람의 입장에서는 공부하는 사람은 재미없고 융통성 없게 비칠 수 있다.

인간은 기본적으로 같은 내부적 에너지를 가지고 있다. 남자건 여자건 체력이 좋건 나쁘건 간에 내부적 에너지는 동일하다. 이 에너지를 어떻게 사용하느냐에 따라 엔트로피적 무질서와 네트로피적 질서가 결정된다.

내면의 에너지는 이글거리는 용암과 같다. 이 불덩이는 언제 어디로 분출될지 모르지만 자신이 가지고 있는 또 다른 객관적 자아(객관적 통제자)에 의해서 통제를 받는다. 객관적 자아가 내부적 에너지를 부정적 에너지로 사용하면 무질서적인 엔트로피 상태가 된다. 즉 밖에 나가서 놀고 싶은 욕망에 사로잡힌 상태로 잡다하고 무가치한 놀이를 하길 열망한다. 이는 객관적 자아가 통제력을 상실한 상태이다.

공부를 잘하는 학생일수록 내부에 이글거리는 에너지를 잘 통제한다. 내부의 에너지를 잘 활용하기 위해서는 객관적 통제자의 역할이 중요하다. 공부를 잘하는 사람일수록 객관적 통제자의 역할이 대단히 긍정적이다.

우리 뇌에 존재하는 두 개의 자아는 이렇게 구분할 수 있다. 욕망에 이글거리는 마그마와 같은 에너지를 지닌 야생적인 자아와 이것을 적절히 통제하고 활용할 수 있는 핸들을 가진 객관적 자아. 즉 아무것도 조작도 하지 않으면 내부의 이글거리는 마그마와 같은 에너지가 분출되기 시작한다. 그러면서 부정적 행동이 함께 일어난다. 이것은 이미 객관적 통제자가 죽어 있는 상태다. 이 습관은 고치려 노력하지 않으면 끊임없이 계속된다.

객관적 자아의 통제가 상실되면 일시적으로 쾌락을 맛볼 수 있기 때문에 공부를 못하는 학생들의 내면에서는 늘 객관적, 통제적 자아와의 부정적 거래가 성립된다. 결국 야생적 자아의 분출구가 마련되는 셈이다. 이것은 일시적으로는 개인에게 쾌락을 부여하지만 결과적으로 그에 상응하는 허무와 공허함을 동반한다.

결국 공부를 잘하고 행복해지기 위해서는 객관적 자아를 확립하는 것이 중요하다. 이 통제자를 잘 확립하기 위해서는 결국 끊임없는 공부가 수반되어야 한다.

단순히 생각만 해서는 결코 생활이 변화되지 않는다. 객관적 자아를 올바르게 확립할 수 있는 유일한 방법은 공부를 하는 것이다. 무의미한 계획표는 찢어버려라. 그리고 지금 당장 책상 앞에 앉아 현실의 공부에 미쳐라. 자신 안에 있는 객관적 자아와 부정적으로 타협해서는 안 된다. 그냥 아무 생각 없이 책을 펴야 공부하게 된다. 그래야 결국 우리의 객관적 자아가 긍정적으로 변한다.

이기적인 고민이 자신을 망친다

인류역사상 현재만큼 풍요로운 때는 없었다. 대한민국에서도 최소한 굶어죽는 사람은 없다. 그만큼 한국사회도 성장했다는 이야기이다. 하지만 우리가 잘 알지 못하는 제3세계에서는 오늘도 3초에 한 명씩 사람들이 굶주림에 죽어간다. 참으로 아이러니하다. 한쪽에서는 비만으로 다이어트 열풍이 불고 있는데 다른 한쪽에서는 먹을 게 없어 죽다니, 참으로 우습지만 웃을 수 없는 현실이다.

한비야는 자신의 몸을 희생하면서 아프리카의 죽어가는 어린 생명을 구해내려고 노력한다. 그는 참으로 희생적인 사람이다. 자신의 이익을 생각하기 이전에 남의 생명을 우선 생각하는 것을 보면 여간 대단한 사람이 아닐 수 없다. 그런데 그녀가 쓴 책을 읽어보면 참으로 재미있는 철학이 나온다. 자신이 아프리카에서 죽어가는 아이들을 돕는 이유는 그 일이 이 세상에서 자신에게 가장 큰 행복감을 주기 때문이라고 말한다.

　차마 눈 뜨고 볼 수 없는 처절한 죽음의 현장에서, 또 자신이 바이러스에 감염될지도 모르는 상황에서 자신을 희생하면서 어떻게 행복감을 맛볼 수 있을까? 그것이 가식적이고 성공하기 위한 봉사가 아니라 진정으로 자신을 희생하면서 얻는 즐거움이기 때문이다. 그 행복의 참, 거짓은 그녀의 얼굴 표정을 보면 알 수 있다.

　인간의 행복은 무엇일까? 한비야처럼 오지에 가서 남을 도우며 사는 삶이 참다운 삶이고 행복한 삶일까? 한비야가 행복한 진짜 이유는 자신의 자아를 버리고 한 가지 일에 모든 것을 다 쏟았기 때문이다. 거기에 덧붙여서 사회적으로 정당성을 지니고 있는 일을 행하였기 때문에 더욱 행복하다고 느꼈을 것이다.

　누구나 한비야처럼 희생적인 삶을 살라고 강요할 수 없다. 하지만 자신의 모든 에너지를 바쳐서 죽어도 좋을 만큼 정열적으로 한곳에 몰입할 수 있는 일을 당신도 찾을 수 있고, 또 반드시 찾아야 한다.

　꿈을 찾기 위해서는 우선 자신의 삶을 되돌아보아야 한다. 지금의 삶이 엔트로피적 무질서 상태라면 고민다운 고민을 하지 않고 있는 것이다. 그렇기 때문에 상당히 이기적인 고민을 할 수밖에 없다. 현재의 고민이 3초 뒤에 굶어 죽는 아이가 느끼는 생존의 절박함보다 더 긴박하고 큰 것이라면 그 고민은 가치가 있다. 하지만 그보다 가벼운 고민을 가지고 있다면 그건 사치에 불과하다. 아무리 가지고 있는 고민의 양이 크다고 할지라도 아프리카에서 구정물을 마시며 연명하는 같은 또래친구보다는 훨씬 행복한 삶을 살고 있다는 점은 변하지 않는다.

엔트로피적으로 무질서한 인간은 고민에서 고민을 파생하고 매일 부정적 생각만을 되풀이한다. 머릿속을 혼란스럽게 하는 이성, 외모 콤플렉스, 가치를 잃은 잡담에 불과한 대화와 가벼운 즐거움에 빠져 있다. 정말 어리석기 짝이 없는 정신병자와 같은 인생이다. 그런 사람들은 조금이라도 자신의 즐거움이 사라질 것 같으면 불같이 화를 낸다. 이것이 엔트로피적 삶이다.

그렇다면 우리는 3초에 한 명씩 죽어가는 이 인류의 비극 앞에서 당당한 인생을 살 수 있을까? 오지에 들어가서 직접 인명을 구하는 일만이 숭고한 일인가? 아니다. 우리의 꿈과 행동을 네트로피적 질서가 잡힌 상태로 채널을 돌리면 그 역시 숭고한 일이다.

최소한 지금 굶주림에 죽어가고 있는 생명들에게 겸허한 마음을 가지고 현재의 엔트로피적 고민을 털어버려야 한다. 그 대신에 부끄럽지 않은 고민을 하라. 그것이 네트로피적 삶의 시작이다. 지금 하고 있는 고민이 고작 성적이 낮다거나, 돈을 못 번다는 것 따위라면 그것은 정말 엔트로피적인 발상이다. 크게 생각하라. 최소한 죽어가는 모든 소외된 인간들에게 부끄럽지 않은 정정당당한 고민을 해야 하지 않은가.

공부도 마찬가지이다. 내가 공부하는 이유는 이기적이 아니라 이타적인 마음이어야 한다. 이기적 마음으로는 절대 목표를 성취할 수 없다. 이타적 마음이 생겨야 내면적 자아의 에너지가 폭발한다. 우리는 이러한 순간에 카타르시스와 감동을 느끼게 된다.

인간을 움직이게 하는 힘은 고민이다. 이기적 고민은 사람에게 부정적 의지를 심어주어서 무기력하고 의기소침하게 만들지만 이타적 고민을 하는 자에게는 진정한 행복(여기서는 이 행복감을 감동이라고 명명하겠다)을 부여한다. 이타적 고민은 무조건 나를 희생하라는 의미는 아니다. 나의 행복감이 곧 남을 위하는 삶이 될 때 진정한 의미의 감동을 느낄 수 있다.

뜨거운 감동을 느끼는 순간 인간은 네트로피 세계로 진입한다. 그래서 진정한 의미의 자원봉사는 정말 숭고한 자기 변화를 체험하게 해준다. 아직까지 이기적 고민에서 벗어나지 못하고 있다면 오늘 당장이라도 가까운 자원봉사센터에 들러 직접 봉사활동을 해보라. 그리고 도움을 필요로 하는 사람들에게 당신의 따뜻한 마음을 나누어 주고, 희망의 손을 내밀어보라. 그런 행동도 할 만한 용기가 없다면 지금 가지고 있는 그 이기적인 고민의 잔재부터 당장 털어버려라.

부끄럽지 않은 삶을 살아라. 그것이 꼭 한비야와 같은 치열한 삶이 될 필요는 없다. 열심히 공부하는 것만으로도 자신에게 부끄럽지 않은 사람이 될 수 있다. 쓸모없는 고민에서 벗어나 더 넓고 큰 멋진 세상을 꿈꾸어라. 세상을 정확하게 보지 않으면 결국 우리는 자멸의 길을 걸을 수밖에 없다.

이제는 지독한 엔트로피의 무질서 속에서 벗어나서 똑바로 세상을 보자. 비겁한 공부를 하지 말고 당당히 세상을 위해 살자. 가슴을 열면 세상은 감동이 되고 가슴을 닫으면 세상은 두려움과 고민이 된다.

행복해지고 싶다면 현재의 이기적인 고민을 버려라. 그리고 지금 이 시간에도 죽어가고 있는 많은 사람들에게 고개 숙이고, 겸허한 마음으로 공부에 매진하라.

부정적 습관이 또 다른 부정적 결과를 만든다

길거리엔 수많은 차들이 넘쳐난다. 고급 차도 있고 낡은 차도 있다. 고급 주상복합도, 낡고 허름한 아파트도 존재한다. 왜 이러한 빈부 격차가 존재할까? 자본주의 사회에서 부의 불공정한 분배는 어쩔 수 없는 현상이라고 하지만, 이 세상엔 아무리 노력해도 꿈과 부를 이룩하지 못하는 자가 너무도 많다.

하루 종일 엄청난 노력을 기울여서 행상을 해도 1만 원 손에 쥐기가 어려운 사람들. 반면에 겉으로 아무런 노력을 하지 않는 것처럼 보이지만 자신의 꿈을 이룩하며 멋진 인생을 사는 사람들도 있다.

이러한 현상이 비단 자본주의의 모순 때문이라고 생각하는가? 물론 부가 세습된다는 점에서 자본주의가 기본적으로 불공평한 면

이 없지 않다. 그렇다고 해서 한 달에 60만 원을 받는 저임금 노동자가 되고 싶은 사람은 없을 것이다. 그런데 지금 대학을 졸업하는 대부분의 학생들은 계약직이라는 희망이 없는 기차에 탑승하고 있다.

아이러니하게도 필자가 지도한 수많은 학생들은 대부분 백수다. 고교시절 그토록 명문대학에 들어가려고 많은 노력을 기울였던 그 학생들이 대학을 졸업하고는 실업상태에 놓여 있다. 참으로 이상한 일이다. 공부의 가치를 대학에 맞추고 있었다면 그곳을 졸업한 후 분명 장밋빛 인생이 펼쳐져야 하지 않은가. 자신이 그토록 염원했던 대학을 졸업했건만 바로 실업자로 전락해 버리는 상황이라면 참으로 김빠지는 일이 아닐 수 없다.

대학은 이상향이 아니며 공부가 끝나는 곳도 아니다. 대학은 큰 학문을 처음으로 시작하는 공간이다. 만약 대학을 내 학문의 끝 지점으로 생각하고 공부하고 있다면 그 사람은 미래의 실업자행 티켓을 미리 구입해 둔 것과 같다.

결국 중요한 것은 인생의 최종목표를 세워야 한다는 말이다. 만약 인생의 최종목표가 없다면 하루살이 인생에 불과하다. 최종목표가 창조적이면서도 끊임없이 공부해야만 정상에 설 수 있는 일이라면 그 인생은 행복한 인생이라 할 수 있다.

아무리 찾으려고 해도 인생의 목표를 찾기 힘들다고 생각되는가? 인생의 최종목표를 찾는 일은 매우 간단하다. 누누이 강조하지만 현재 자신이 하는 일 중에서 가장 중요하다고 생각되는 일에 최선을 다하라. 지금 하는 일 중에서 목숨을 바쳐서라도 꼭 잘해야 하는 한 가지 일에 집중하라. 인생의 최종목표를 찾는 일은 현재 하는 일을 부정하고 새로운 일을 찾는 것이 절대 아니다. 현재의 연장선인 것이다.

대부분 엔트로피적 무질서 상태에 놓여 있는 사람들은 현재의 일에 최선을 다하지 못한다. 그러면서 자신은 이 일이 적성이 아니라고 항변한다. 그리고 끊임없이 방황하면서 자신의 적성을 찾아 이곳저곳을 전전하거나 쓸데없는 고민에 빠지기 시작한다.

인생의 목표는 외부에서 보이는 것이 아니다. 자기 내면의 울림에 귀를 기울여야 한다. 끊임없이 공부하고 또 공부하다 보면 자연스럽게 아름답고 멋진 인생의 최종목표가 설정된다.

하지만 앞에서도 말했듯이 그것이 대학을 위한 공부가 되어서는 안 된다. 대학 더 너머의 자신의 미래와 인생을 위한 것이어야 한다. 그리고 공부 이외에 다른 목표를 찾으려고 하는 순간 자신의 삶의 균형은 무너지기 시작한다. 미래를 위해 최선을 다해 공부하다 보면 자연스럽게 최종목표를 찾을 수 있을 것이다. 억지로 찾으려고 하면 결국 엔트로피적인 목표가 생겨나기 시작하니 주의해야 한다.

엔트로피적 발상을 하는 사람들은 어떻게 하면 인생을 즐기면서 편안하게 생활할 수 있는지만 끊임없이 연구하므로 인생의 최종목표도 이룰 수 없다. 엔트로피 속에서 이루어지는 모든 행위의 결과는 비생산적인 쾌락에 집중된다. 공부를 하지 않고 있으면서 말로만 꿈을 이루겠다고 말한다. 궁색하기 짝이 없다. 한 달에 한 번 이상 꿈이 바뀌고 또다시 새로운 꿈을 찾아 헤맨다. 아무리 헤매도 길이 보이지 않으면 "인생은 살기 어려운 것"이라고 푸념한다.

생각을 달리 해보자. 현재 내 머릿속이 잡념으로 가득하고 허무와 불안으로 채워져 있다면 아무 생각도 하지 말고 오로지 공부에 집중해 보자. 처음 공부에 집중하려 하면 엔트로피 상태에 놓여 있는 우리의 뇌는 엄청난 거부반응을 보일 것이다. 이때가 바로 승부처다. 이것을 극복해야 한다. 강한 의지와 정확한 목표의식을 가지고 책 속으로 조용히 진입해야 한다.

엔트로피 상태에서 공부를 처음 할 때는 대형 여객기가 이륙을 시도할 때처럼 자신이 가지고 있는 모든 에너지를 가동하여 한곳에 집중해야 한다. 일단 이륙에 성공하면 그 다음부터는 재미가 따라 온다. 그러므로 그때까지 우리는 우리 인생을 위해서 엔트로피 상태를 극복해야 한다.

신이 주는 최고의 선물이 무엇인 줄 아는가? 공부에 집중했을 때 느끼는 즐거움이다. 이 즐거움은 선물세트와 같다. 멋진 이성도, 명문대학도, 많은 돈도 그리고 삶의 보람도 모두 들어 있다. 할 일 없이 길거리를 방황하지 말고 책 속에서 깊은 즐거움을 느껴보아라. 그 즐거움 속에서 인생의 목표가 설정된다.

대부분의 사람은 시간이 없다고 늘 투덜댄다. 물리적 시간의 한계로 인하여 공부 따위는 물 건너간 상황이라고 말한다. 하지만 그 따위 생각은 집어치워야 한다. 시간이라는 물리적 한계선은 뛰어넘으면 그만이다. 쟁점은 현재 내가 공부를 하고 있느냐, 하지 않느냐이다. 멍청한 사람은 하루 종일 고민하고 또 고민만 하다가 공부에 대해 분노하고 포기하는 일을 반복한다. 현명한 사람은 고민하지 않고 공부에 모든 것을 다 건다. 그리고 그 뒤에 오는 참다운 기쁨에 만족하며 산다.

인생은 결국 자신의 내면에 감추어진 최고의 나를 찾느냐 못 찾느냐의 게임이다. 평생 도움이 안 되는 노력을 하면서 허망하게 살고 싶다면 끊임없이 결심하고 포기하고 방황해라. 어차피 세상 사람 80%는 그런저런 이유로 죽어간다. 이 엄청난 부정적 엔트로피 무질서를 피할 수 있는 유일한 길은 매사에 긍정하며 현재 일에 최고도로 집중하는 길밖에는 없다.

자신이 할 수 있는 모든 에너지를 가동시켜라. 그리고 한곳에 집중하라. 나머지는 좀 못해도 된다. 한 분야에서 장인이 되어야 한다. 한곳에 집중하고 노력하려는 나의 모습 속에서 신이 만들어놓은 최고 행복의 보물상자를 발견하게 된다.

행복한 보물상자는 오늘도 당신의 내면 어디에선가 주인을 애타게 기다리고 있다. 우리는 그 보물상자를 찾기만 하면 된다. 결국 성공의 모든 비밀은 이미 내 안에 있다는 점을 명심해야 한다.

성공적인 결정을 만들어주는 지식상자

사회적 성공을 거둔 사람들은 위대한 결정을 내린 사람들이다. 과거 어느 시점에서 그러한 결정을 내리지 않았다면 지금의 성공은 기대하기 어려웠을 것이다. 우리는 하루에도 몇 번씩 엄청난 결정과 결심을 한다. 작은 것에서부터 큰 것까지, 정말 그 결과를 예측할 수 없는 수많은 결정을 내린다. 결과에 대한 책임은 모두 내가 질 수밖에 없다. 제대로 된 결정은 인생을 행복하게 만든다. 하지만 어느 누구도 신과 같이 미래를 정확히 예측할 수는 없다.

결정엔 두 가지 법칙에 따른다. 하나는 직관에 의한 결정이다. 당시에 느꼈던 감정이나, 즉흥적인 기분에 의해서 내려지는 결정이 바로 그것이다. 다른 하나는 분석에 의한 결정이다. 신문이나 잡지 혹은 컴퓨터가 제공하는 정보를 가지고 일반화하여 내리는 결정이다. 두 가지 결정 모두 오류를 범할 수 있다.

필자도 살아오면서 수많은 결정을 내렸고 앞으로도 수많은 결정을 내려야 한다. 결정을 잘 내리려면 어떻게 해야 하는가? 오랜 인류사에서도 이 질문은 끊임없는 고민거리였다.

그 누구도 완벽한 결정을 내릴 수는 없다. 하지만 가장 안전한 결정에 도달할 수는 있다. 엔트로피적인 결정을 내리지 않고 내 인생을 위대하게 만들 수 있는 결정을 내리기 위해서 필요한 것이 바로 '정보축적'이다.

어떠한 결정을 내리는 데 내 머릿속에 아무런 정보가 들어 있지 않다면 그것은 100% 잘못된 결정이 될 수 있다. 운이 좋게 좋은 결과를 얻을 수 있다 해도 나중에 후회하게 되는 경우가 많다.

이랜드 그룹을 이끌고 있는 박성수 회장은 대학 시절 근육무력증으로 하루 종일 침대에 누워만 있어야 했다. 그는 5년간 투병하면서 약 3천 권에 달하는 책을 읽었다. 그리고 1982년 이화여대 앞에 잉글랜드라는 겨우 2평짜리 작은 가게를 오픈했다. 하지만 현재는 재계 10위권 안에 들어가는 재벌그룹이 되었다. 박성수 회장은 늘 강조한다. 그룹을 경영하면서 수많은 결정의 순간에 3천 권의 독서는 언제나 밝은 등불처럼 결정을 도와주었다고.

박성수 회장의 예처럼 우리는 지식을 축적하는 데 총력을 기울여야 한다. 단순한 정보나 데이터는 언제나 인터넷에서 1분 안에 구해서 읽을 수 있다. 하지만 총체적인 지식상자를 머릿속에 담아두지 않으면 우리는 언제나 비합리적인 결정을 내릴 수밖에 없다.

성공하고 싶은가? 정말 인생을 멋있게 살고 싶은가? 그렇다면 머릿속에 지식을 담자. 책을 읽지 않으면 미래도 없다. 머릿속에 지식상자가 마련되어 있지 않으면 늘 근시안적이고 단편적인 결정밖에는 내리지 못한다.

책을 많이 읽은 사람은 지금 내가 내리는 결정이 5년, 10년 뒤에 나에게 미칠 영향에 대해서 진지하게 고민하고 그림을 그릴 수 있다. 하지만 책을 읽지 않은 사람은 즉흥적이고 단편적인 결정을 통해 현실을 모면하고자 한다. 결국 책을 읽지 않아서 지식상자가 머릿속에 축적되지 않은 상태에서 내리는 결정은 자신의 인생 전체를 엔트로피적 무질서 속으로 던져버리는 것과 같다.

위대한 결정을 내리는 사람은 현실적으로 조금 손해 보고 조금 불편하더라도 10년 뒤를 위한 결정을 한다. 그리고 항상 발전적이고 긍정적인 결정을 내리려고 노력한다. 지식상자는 어떤 결정을 내릴 때 위대한 지혜를 제공한다. 책 읽기에 주력해야 하는 이유는 바로 여기에 있다.

위대한 결정을 내리고 싶다면, 우선 지금 내가 가지고 있는 문제점을 파악하고 내가 집중해야 할 일과 그렇지 않은 일을 잘 구분해야 한다. 그리고 내가 미래에 하려는 일을 아주 구체화해야 한다. 다음으로 그 구체화된 일을 직접 머릿속에 시뮬레이션해 보아야 한다. 아주 세밀한 부분까지 미래에 일어날 일을 구체적으로 그려보자. 물론 이 과정에서 책을 읽지 않은 사람은 미래 그림이 떠오르지 않을 것이다. 하지만 많은 책을 읽은 사람은 자신의 성공한 모습을 아주 구체적으로 그려낼 수 있다.

책을 읽지 않은 사람은 자신의 가치를 미래에 두기보다는 현재의 문제에 연연하고 급급해 한다. 결국 돈 100원 때문에 미래의 원대한 가치를 송두리째 잃어버리기도 하고, 하찮은 현재의 부정적 감정 때문에 미래의 꿈을 버리기도 한다.

지금 이 순간에도 미래의 일은 이미 일어나고 있다. 내가 현재 어떤 행동을 하느냐에 따라 미래는 끊임없이 바뀐다. 지금 자신의 삶을 불평하고 있다면 미래에도 불평하게 될 것이며, 지금 불필요한 고민 속에 있다면 미래에도 불필요한 고민 속에서 살아가게 된다. 지금 당장 쓸모없는 고민은 다 버려라. 완전히 찢어버려라. 그리고 미래의 위대한 결정을 위해 책을 읽어라. 책을 읽는 것만큼 미래를 위한 확실한 투자는 없다.

제갈공명을 아는가? 그는 나약한 선비에 불과하다. 칼싸움도 못하고 겉으로 보기에는 유약하기 이를 데 없지만 그에게는 그 누구도 따라올 수 없는 위대한 지식상자가 있었다. 적벽대전에서 대승을 거둘 수 있었던 위대한 전략도 결국 그의 위대한 지식상자가 만들어낸 결과물이다. 결국 아무리 칼(재능, 도구)을 잘 쓴다고 해도 머리(지식상자)를 쓰지 않으면 무용지물이다.

하루 2시간 완전히 책에 몰입하라. 아무리 급한 일이 있어도 2시간의 독서시간을 낼 수 있다. 만약 하루 중에서 책 2시간을 읽을 수 없다면 그 인생은 죽은 인생과 마찬가지다. 가만히 있어도 죽음을 향해 달려가는 기관차에 탑승한 인생이다.

"난 반드시 성공하겠다"라는 굳은 의지가 있다면 지금부터 내 머리에 지식상자를 만들어나가자. 과학기술이 발달해서 모든 것을 완벽하게 분석하는 시대가 온다고 해도 개인의 위대한 지식상자(지혜)가 없으면 아무것도 이룰 수 없다.

하루 2시간씩 책을 읽으면 약 1년 뒤에 기분 좋은 체험을 하게 된다. 바로 미래에 내 모습이 내 머릿속에 그려진다는 점이다. 소름이 돋을 정도로 즐거운 일이다. 내가 가야할 길에 대해 명확한 결정이 가능해지는 시점에 다가왔기 때문에 그때부터 인생은 무한질주다.

1년 정도 독서를 하고 나면 머릿속에서 미래에 대한 직관적 스토리가 잡히기 시작한다. 그때부터 필자가 말하는 완벽한 네트로피 상태로 진입하게 된다. 네트로피 상태에서는 엄청난 지적 즐거움을 누릴 수 있다. 어떤 공부를 해도 가장 쉽고 즐겁게 하게 되며, 어느 때나 축적된 지식상자를 통해 앞서 나가는 삶을 살 수 있다. 현재 내가 가지고 있는 돈이 많고 적음은 인생에서 성공하는 데 전혀 영향을 주지 못한다. 성공하고 싶다면 위대한 지식상자를 만들기 위해 노력해야 한다.

지금 내가 읽는 한 줄의 책은 바로 미래 어느 순간에 반드시 쓰일 도구라는 점을 명심하라. 읽고, 읽고 또 읽어야 한다.

네트로피가 가져다줄
창조적 미래

1980년대 엘빈 토플러는《제3의 물결》이라는 책
에서 21세기에는 지식을 소유한 자가 권력이나 부의 핵심이 될 것이
라고 말했다. 그 당시에는 권력이나 부가 정치인이나 일부 2차 산업
의 대기업 경영인에게 국한된 일이었지만 앨빈 토플러는 미래를 정
확히 예측했다.

그렇다면 앞으로 30년 뒤에는 어떤 사람이 부와 권력의 근원을 차
지할 것인가? 열심히 학원을 다니고 명문대학을 나온 사람들이 다
시 부와 권력의 근원이 될 수 있을까? 미래를 정확히 읽어낼 수 없지
만 현재의 가치로 미래를 판단할 수도 없다.

네트로피적 삶이 가져올 창조적 2040년을 상상하라

앞으로 다가올 사회에서 성공할 수 있는 자는 네트로피를 갖춘 자라고 말할 수 있다. 몸이 원하는 것을 생각하고 움직이는 것이 엔트로피라면, 내 의지와 정신이 원하는 대로 행동하는 것이 네트로피이다. 네트로피적 질서란 창조적 내 의지가 내 몸을 이끌고 있는 상태이다. 내 정신이 내 몸을 이끌 수 있는 자가 앞으로 30년 뒤의 시대의 리더가 될 것이다.

인류가 탄생한 이후 지속되어온 흐름이지만 다시 한 번 네트로피 이론을 통해 강조하는 이유는 현대 사회에서는 엔트로피를 유발할 수 있는 요인이 너무도 많기 때문이다. 공부를 못하거나 성공하지 못한 것에 대한 핑계를 주변 환경에 돌릴 필요가 없다. 결국 이러한 결과가 나온 이유는 엔트로피 상태를 이해하지 못했기 때문이다.

자본주의라는 체제는 사람을 엔트로피 상태로 만들어놓기를 좋아한다. 일종의 감정 중독 상태를 만들어야 물건이 팔리기 때문에 자본주의 속의 텔레비전, 잡지 등은 모두 우리 정신세계의 엔트로피 상태를 높이는 데 큰 기여를 한다.

그러므로 주변 환경을 철저히 점검해 볼 필요가 있다. 주중에 열심히 공부에 매진했다고 일요일 하루만 텔레비전을 보겠다고 마음을 먹었다면 참으로 어처구니가 없는 발상이다. 1시간의 텔레비전 시청은 4시간의 완벽한 공부를 완전히 잊게 한다. 그리고 아주 급속도로 엔트로피 상태로 나 자신을 몰아넣게 된다.

자본주의의 극치이자, 네트로피로의 진입을 가로막는 텔레비전을 버리자. 텔레비전을 버리지 않으면 네트로피로 들어가는 것 자체가 불가능하다.

지금 당장 성공할 필요는 없다. 우리는 결국 2040년에 성공하면 된다. 지금 아무것도 없는 상태라도 걱정할 필요가 없다. 우리는 건전한 사고와 노력으로 지금 이 순간을 헛되이 보내지 않을 각오가 되어 있다. 천천히 자신을 컨트롤 하면서 2040년에 성공할 수 있는 네트로피적 질서 마인드를 가져보자.

2040년, 무엇을 해야 부자가 될 수 있을까?

우리들은 현재 정보화 사회를 살아가고 있다. 정보화 사회는 말 그대로 정보의 홍수 시대다. 넘쳐나는 정보를 처리할 수 없어서 매일 매일 정보에 속박되어서 살아갈 수밖에 없다.

정보는 이제 미국 대통령과 우리가 동등한 입장에서 인터넷이라는 평등한 공간을 통해 섭취할 수 있게 되었다. 현대사회에서 부자라는 개념은 이 정보를 얼마나 정확히 신속하게 조합하고 그것을 상품화시킬 수 있느냐가 되어버린 지 오래다.

지금 공부를 하고 있다면 그것은 과연 무엇을 위해서인가? 대학을 가기 위해서인가, 아니면 좋은 직장에 취직하기 위해서인가? 현재 공부가 짧은 시간의 성취를 위해서 하는 작업이라면 그 사람은 결코 성공할 수 없다.

우리나라 대졸 초임은 2008년 하반기 기준으로 142만 원이라고 한다(대기업, 공기업 포함 지급액 기준. 한국경영자총협회). 그렇게 치열하게 열심히 연간 1천만이 넘는 등록금을 지불하고 다니는 대학이 결국 142만 원짜리 처절한 노동자의 인생을 살기 위한 수단이라면, 공부는 너무도 가치가 없어 보인다.

여기서 '공부를 왜 해야 하는가'에 대한 진지한 물음이 필요하다. 앞으로 우리가 직면하게 될 30년은 지금까지와는 비교도 되지 않을 것이다. 정말 멋진 신세계가 우리 앞에 다가오고 있다. 신나지 않은가? 무엇이 두려운가? 정확한 방향타를 잡고 이 '멋진 신세계'를 창조해 보자.

미국에는 두뇌의 핵심들이 모여서 90년대 IT혁명을 이끌어 냈던 실리콘밸리라는 연구단지가 있다. 이제 그들은 더 이상 연구개발을 하지 않는다. 그들은 오직 상상만을 한다.

상상, 가슴 떨리는 단어다. 그들은 이제 연구소 책상 앞에 앉아 프로그램을 개발하지 않는다. 하루 종일 잠자고 놀고 책을 읽는다. 그리고 아무 구속도 없이 상상한다. 그리고 그들은 새로운 것을 창조한다.

창조된 상상물을 디자인하는 것은 예술가의 몫이고 나머지 그 상상을 만들어내는 것은 공학자의 몫이다. 그리고 그 생산된 제품에 인간적 감동과 매력을 담아내는 작업을 하는 것이 바로 인문학자들의 몫이다.

현재 미국 실리콘밸리에는 프로그래머가 없다. 1990년대 첨단 직업이라는 프로그래머들은 이제 인도나 중국, 기타 중진국으로 하청이 넘어간 지 오래다. 이제 프로그래밍은 기술이 아니라 기능이다.

실리콘밸리는 상상력만이 존재하는 브레인 집단이다. 결국 2040년의 최고의 부를 누리는 자는 창조적 상상을 하는 자다. 상상을 잘하면 창조를 할 수 있다. 상상을 통해 창조만 잘할 수 있다면 그 나머지는 다른 전문가들의 몫이다. 그들이 당신의 상상을 실현시켜 줄 것이다.

이제 하이브리드(hybrid)의 시대가 도래했다. 하이브리드란 두 가지 전혀 다른 기술이 접목하여 하나의 융합된 제품을 생산해 낸다는 개념이다. 일례로 아이팟 시리즈가 세계인에게 각광받을 수 있었던 이유는 단순한 기계장치가 아니라 인문학의 감성이 내제되어 있었기 때문이다. 즉 아이팟(iPod)은 인간의 감성과 기술이 만들어낸 서사(이야기)가 있는 하이브리드 제품인 것이다.

기억해야 할 점은 너무도 빨리 세상이 변하고 있다는 것이다. 한국 고교생의 90%는 대학을 간다. 이건 비정상적인 비효율의 극치이다. 비효율이란 결국 자본주의사회에서 도태될 수밖에 없다. 생각해 보라. 누구나 다 가는 대학에 무슨 의미를 부여할 수 있다는 말인가. 결국 겉모습이 아니라 내실이 중요하다.

도태되어 가고 있는 대학이란 시스템에 몸을 담그려고 아우성치지 말고 먼 미래의 가치를 두고 공부를 해야 한다. 필자가 말하는 의도는 대학을 가지 말라는 뜻이 아니다. 대학을 가더라도 미래의 진정한 창조적 소수가 되기 위해 끊임없이 자신의 분야뿐만이 아니라 다른 학문을 연구하라는 의미다.

창조적 상상이란 환상과 다르다. 창조적 상상을 하기 위해서는 우선 배경지식을 쌓아야 한다. 배경지식이 없는 상상이란 공상과 환상에 지나지 않는다.

공부를 해야 하는 이유는 바로 여기에 있다. 지속적으로 연구하고 책을 읽는 동안 내가 인식하지 못했던 그 무언가를 생각해 낼 수 있고 그 생각이 구체화되어 바로 창조적 상상력이 될 수 있는 것이다.

우리가 대학을 가고 공부를 하는 이유는 멋진 2040년을 맞이하기 위한 수단이 되어야 한다. 명문대를 가고 싶은 욕망보다는 나의 멋진 인생을 위해 공부를 해야 한다.

진정한 창조적 소수가 되고 싶다면 지금부터 미래를 긍정하고 상상하라. 상상을 하기 위해 책을 읽고 또 읽어라. 미친 듯이 전문가들의 세미나에 참여하고 배울 수 있는 만큼 배워라. 물질의 욕망이 되어서 자본주의 소비의 개가 되어서 죽어가지 말아야 한다. 자본주의란 숨을 쉴 수 없도록 각종 악마적 소비 유혹을 우리에게 보낸다. 이를 극복하고 세상을 뛰어넘는 지혜를 책에서 찾아야 한다.

새로운 2040년 형 인간이 되기 위해 공부하자

학생들은 일반적으로 공부의 최종목표를 배제한 채 극단적인 이분법적 발상으로 세상을 바라본다. 이 세상 사람을 분류하는 기준을 공부를 잘하는 학생, 공부를 못하는 학생, 집안이 좋은 사람, 집안이 나쁜 사람 등으로 편협하게 나누어서 생각한다. 그래서 공부를 못하거나, 집안이 나쁜 집단에 소속될까 두려워한다. 어디서부터 기인된 현상인지는 모르지만 몇 사람만 모여도 이런 극단적인 이분법적 현상은 일어나게 되어 있다. 이것은 아마도 급격한 산업화로 인해 발생된 사고의 오류가 아닌가 생각한다.

우리나라는 1950년대까지만 해도 1인당 국민소득을 측정할 수 없을 정도로 가난한 나라였다. 그저 평범하게 1차적 집단인 가정에서 조용히 생활하는 철저한 유교 중심적 나라였다. 그러나 60년대부터 시작된 개발로 인해 팽배해진 이기주의는 승자와 패자의 논리로 이어지기 시작했다. 승자는 모든 것을 독차지할 수 있는 사회, 이런 사회에서 패자들과 어울리는 것은 곧 가난과 굴욕의 대물림으로 이어진다는 왜곡된 시선이 자연스럽게 생겨나게 된 것이다.

초, 중, 고등학생은 공부를 일종의 수단으로 생각하고 접근한다. 거시적인 안목에서 보면 지금 불고 있는 사교육 열풍은 바람직하다고 본다. 하지만 인성과 목표의식이 결여된 무조건적인 사교육은 교육이 아닌 사회적 갈등만을 양산한다.

초, 중, 고등학생을 자녀로 둔 학부모들은 대부분 70~80년대에 학교를 다닌 세대이다. 이른바 치열한 반공의 이데올로기와 엘리트 지상주의 교육이 판을 치던 시대였다. 한 반 정원이 70명이던 콩나물교실, 불명예스러운 촌지문화, 서울대, 연세대, 고려대가 곧 출세의 보증수표가 되었던 시대에 교육을 받아온 학부모들 머리에는 반드시 명문대학에 보내서 편한 인생을 살게 해야 한다는 강박관념이 배어 있다. 그런데 가만히 생각해 보자. 과연 지금의 학생들이 자라서 생활하게 될 사회의 모습도 우리가 교육받고 자란 70~80년대의 모습과 동일할까?

공부 잘하는 학생은 가슴을 펴고 자랑스럽게 생활하고, 공부를 못하는 학생은 주눅 들어야 하는 지금의 현실은 상당히 왜곡되어 있다. 지금의 학생들을 70~80년대 학생을 보던 잣대로 판단해서는 안 된다. 산업화 시대와 정보화 시대는 사회 구조 자체가 변화되었다. 아무리 80년대식 잣대로 "내가 전교 1등이야"라고 외쳐봤자 결국 그 자랑스러움은 학교 다닐 때뿐이다. 공부를 시작하기에 앞서 당신은 미래 사회가 얼마나 변화할 것인가를 주목해야 한다.

현재 안정적이라고 불리는 선망의 직업군들은 앞으로 10년 안에 불안해질 것이다. 현재 우리들이 배우는 지식 역시 10년 뒤에는 무용지물이 될 수도 있다. 그만큼 시대는 급격하게 변화되고 있다.

미래학자들의 예언을 종합해 보면 현재 학교에서의 전교 1등과 전교 300등은 아무 의미가 없다. 그러므로 학부모들의 왜곡된 시각으로 당신의 현재 모습을 판단할 필요가 전혀 없다.

그렇다면 과연 당신이 가까운 미래에 가장 두각을 나타낼 수 있도록 공부하는 방법은 무엇이 있을까? 현재 초, 중, 고등학생들의 기대수명을 120세로 봤을 때 당신이 가장 왕성하게 활동할 시기는 2040년으로 볼 수 있다. 당신은 80년대의 잣대가 아닌 2040년에 경쟁력을 가질 수 있는 사람으로 바뀔 필요가 있다는 이야기다. 그렇다면 2040년에 두각을 나타낼 수 있는 인재로 성장하기 위한 방법에는 무엇이 있을까? 많은 미래학자들의 말들을 종합해 보면 약 세가지 정도의 해법을 찾아낼 수 있다.

2040년 성공 키워드

첫째, 2040년은 몰입(immersion)형 인간들의 성공시대이다.

몰입이라는 것이 무엇인가? 신이 인간에게 부여한 가장 큰 쾌락이라고 감히 말하겠다. 화가가 신들린 사람처럼 그림을 그릴 때, 오케스트라 지휘자가 신들린 듯 지휘할 때 그때 그들은 형용할 수 없는 쾌락과 성취감을 느낀다.

하지만 아무리 좋은 차와 좋은 집, 좋은 학벌을 가지고 있다 하더라도 몰입의 기쁨을 느끼지 못한다면 인생의 참뜻을 모르고 살아가는 것이다. 지금 당신이 공부를 못한다고 해도 걱정하지 않아도 된다. 몰입의 기술을 정확히 익힌다면 2040년에 반드시 성공할 수 있다.

둘째, 2040년 성공의 키워드는 프레젠테이션(presentation) 능력이다.

지금의 학생들이 이끌어갈 2040년은 끊임없는 설득과 표현의 시대이다. 새로운 문명과 문화의 변화속도가 빨라지면 빨라질수록 프레젠테이션 능력은 그 중요도가 나날이 높아질 것이다. 무섭게 발전하는 세계에서 살아가야 할 당신은 프레젠테이션 능력을 길러야 한다. 자신의 생각을 정확히 표현하며, 어떤 문제에 대해서 정확히 사실적으로 표현하고 쓸 수 있는 능력이 절실히 필요하다.

추상적일지 모르지만 국어능력, 영어능력, 수학능력도 이러한 차원에서 목표를 두고 공부해야 한다. 지금의 시험 성적에 연연할 필요가 전혀 없다. 코앞에 닥친 시험이 문제라면 기출 문제와 교과서만 달달 외우면 된다. 하지만 그건 공부가 아니라 닌텐도 게임을 하는 것과 다를 바 없다.

셋째, 2040년 성공의 키워드는 문제해결능력이다.

이것은 단순히 시험 문제를 해결하는 능력이 아니라 가장 순발력 있게 창의적으로 앞으로 일어날 상황을 예측하여 가장 합리적인 대안을 제시할 수 있는 능력을 의미한다.

합리적인 문제해결능력은 합리적 선택에 기초한다. 합리적 판단을 하려면 머리가 유연해야 한다. 선입견을 가지고 접근하면 안 된다.

하지만 지금의 학교 현실은 그렇지 않다. 거의 대부분의 학교수업이 문제해결능력을 둔화시킨다. 당신은 부모들로부터 받은 부정적인 정신적 유산(이분법적 사고) 덕분에 학교 내에서도 왕따 문화와 같은 극단적 이분법에 의한 삶의 방식을 선택한다.

이런 잘못된 사고에 의한 선택을 할 경우 전혀 합리적이지 않은 결과를 만들어낸다. 예를 들어 어떤 학생이 붕어빵의 맛을 획기적으로 전환할 수 있는 기발한 아이디어를 생각해냈다고 가정해 보자. 경직되고 이분화 된 사회구조에서 교육을 받은 사람은 붕어빵을 만드는 일은 천한 일이라고 판단하고 그 획기적인 기술을 그냥 방치해 버릴 것이다. 이렇듯 선입견을 버리고 오직 합리적인 해결방안을 제시할 수 있는 능력이 없는 상태에서 이루어낸 현재의 전교 1등은 아무런 의미도 없다.

당신의 미래를 너무 근시안적으로 바라볼 필요가 없다. 천천히 숙성시키면서 위에서 제시한 세 가지를 음미하면서 관리하면 얼마든지 훌륭한 2040년 형 인재로 거듭날 수 있다. 현재 당신의 가치를 따지기 보다는 2040년에 필요한 인재가 될 수 있을지를 판단해 보자. 너무 조급해 할 필요는 없다. 영어, 수학을 남들보다 조금 잘하는 것은 별 의미 없다. 잔기술에 너무 연연하다 보면 작은 것을 얻고 큰 것을 빼앗길 수 있다. 천천히 미래 비전이 무엇인가 생각해 보고 한 걸음 한 걸음 합리적으로 공부해 나아가는 것이 중요하다.

네트로피적 질서를 잡아주는 오래된 명언들

엔트로피적 무질서 상태는 자신의 삶을 자신이 사는 것이 아니라 잡념 바이러스 혹은 부정의 감정들이 살아가는 카오스의 상태를 의미한다. 이 상태를 우린 경계해야 한다. 한편 많은 선인들은 필자가 주장하는 이론을 이해하고 실천해 왔다. 대문호 괴테(1749-1839)는 그의 저서 《파우스트》에서 다음과 같은 명언을 남겼다.

"사람은 노력하고 있는 동안 방황한다."

사실 이 말은 필자가 주장하는 네트로피의 법칙과 일맥상통한다. 괴테가 말한 방황이란 네트로피 상태로 가려는 의지를 의미한다. 머릿속이 무질서한 상태에서 일어나는 모든 방황은 허무와 좌절만을 가져온다는 사실을 그는 삶을 통해 얻어낸 것이다.

조선의 대학자 율곡 이이(1536-1584)는 "잡다한 세상일에 마음을 쓰면 공부를 한다 해도 기초가 잡히지 않는다"고 말했다. 그가 말한 잡다한 세상일은 엔트로피적 무질서를 말하는 것이고, 온갖 신경을 몰입해서 공부에 매진하는 것은 네트로피로 가려는 인간의 노력을 의미하는 것이다.

결국 네트로피 학습법의 이론은 이미 수백 년 전부터 내려오는 진리이며 성공의 법칙이기도 하다. 세월이 바뀌고 시대가 바뀌더라도 가장 순수한 인간의 노력은 변치 않는 가치로 남을 것이다.

우리가 추구해야 될 가장 중요한 인생의 가치가 무엇인가? 가장 의미 있고 값진 것을 선택하라면 네트로피적 질서를 잡는 행위가 될 것이다. 기억해야 한다. 자신이 어디서 무엇을 하든 간에 네트로피적 질서가 있는 한 그 사람은 그 상태에서 최고가 될 수 있다.

그것은 단순히 공부에만 적용되는 기술이 아니라 우리 생활의 전반 아니 우리 인생의 전체를 바로 잡아주는 전 우주적 법칙이다.

에필로그

　90%의 사람들은 대개 자신이 원하지 않는 공간에서 원하지 않는 일을 하면서 살아갑니다. 자신이 원하는 꿈은 따로 있지만 여건과 경험이 부족하다는 이유로 어쩔 수 없이 지금 하고 있는 일을 지속해야 하는 경우가 많습니다.

　하지만 사람은 누구나 변화(Netropy)를 꿈꿔야 합니다! 재미없는 현실의 틀에서 벗어나야 합니다. 아름다운 자신의 꿈을 실현시키기 위해서는 꿈을 향한 흔적을 만들어야 합니다. 지금은 어쩔 수 없이 현실의 노예가 되어 살고 있지만, 언젠가는 꿈을 향한 일을 하겠다고 다짐만 해서는 안 됩니다.

　지금 당장 자신의 꿈을 향해 움직여야 합니다. 생업을 포기하라는 이야기가 아닙니다. 하루 단 10분이라도 간절한 꿈을 위해 시간을 투자해야 합니다. 요리사가 꿈이라면 하루 10분이라도 칼질을 해야 하고, 건축가가 꿈이라면 하루 단 10분이라도 건축설계를 직접 해보아야 합니다. 시간이 없거나 안 배웠기 때문에 꿈에 도달하지 못하는 것이 아니라 전혀 시도를 하지 않았기 때문에 꿈을 이루지 못하는 것입니다.

무질서(Entropy)한 사람들은 늘 미래에 어느 시점이 되면 진정한 꿈을 향한 일을 시작하겠다고 말합니다. 하지만 당신이 꿈꾸는 미래의 어느 시점은 없습니다. 오직 '오늘 하루'만 존재할 뿐입니다. 당신이 꿈꾸는 미래 시간에 도달하면 당신은 다시 생활에 쫓겨서 그 다음 미래로 꿈을 미루게 됩니다.

시작해야 합니다. 당신이 절대로 현실에서 이룰 수 없다고 생각되는 꿈이 있더라도 8시간만 관심 있게 시간을 투자하면 그 분야를 어느 정도 이해할 수 있게 됩니다.

골프선수가 꿈인데 골프채 살 돈과 연습 시간이 없다고 낙담할 필요는 없습니다. 우산을 집어 들고 골프 연습을 하면 됩니다. 지금 바로 하고자 하는 꿈을 위해 정성을 다해 꾸준히 실천해 보세요. 이것이 모든 꿈의 출발점입니다.

무질서한 사람(Entropy)들은 늘 부러움 속에서 현재를 비관하며 살아갑니다. 자신의 인생을 자신이 살지 못하고, 늘 다른 사람 눈치나 보면서 신세를 한탄하면서 무기력하게 살아갑니다. 눈치 볼 필요

없습니다. 당신은 눈치 보기 위해 세상에 온 것도, 대기하기 위해 태어난 것도 아닙니다. 당신은 당당하게 꿈을 이루기 위해 이 아름다운 세상에 온 것입니다.

내 신체와 정신의 주인은 오직 나일뿐입니다. 그 어느 누구도 내 사고와 꿈을 방해할 사람은 없습니다. 그러므로 "시간이 없다!", "돈이 없다!"는 핑계 혹은 나만 고생하고 있다는 느낌을 버려야 합니다. 오직 하고 싶은 일을 하기 위해 몸과 마음을 준비해야 합니다.

우리는 현실이라는 작은 사건 속에서 너무 고통받지 말아야 합니다. 작고 무질서한 사건들은 언제나 우리의 꿈을 방해하려 합니다. 현실이라는 참을 수 없는 고통이 밀려오더라도 맑은 꿈을 생각하며 의연하게 걸어 나가야 합니다.

연인과 헤어져도, 교통사고가 나더라도, 사업이 망해도 절대 낙담하지 말아야 합니다. 그것은 그저 일어나는 현상일 뿐입니다. 자질구레한 현실의 일들이 내 꿈을 방해 할 수 없다고 강하게 선언해야 합니다. 그리고 매일 꾸준히 지독하게 내 꿈을 향해 단 10분이라도 시간을 투자해야 합니다.

자존심을 가지고 내 신체와 정신의 주인이 나임을 주장하십시오. 꿈을 이루기 위해 우산이라도 들고 골프연습을 하십시오. 그 실천의지가 중요합니다. 나머지 모든 것(기회나 물질)은 저절로 따라오게 되어 있습니다. 꿈을 향한 실천의지만 있다면 당신은 곧 엄청난 행운을 만나게 될 것입니다. 나의 실천의지가 꿈을 향해 몸부림치고 있다면 반드시 새로운 길이 열리게 됩니다. 이것을 믿어야 합니다.

경력과 시간이 없음은 별로 중요하지 않습니다. 꿈을 이루는 데 중요한 것은 오직 그 꿈을 향한 내 의지의 꾸준한 실천일 뿐입니다. 간절히 원하는 것을 매일 10분이라도 해야 합니다. 하지 않으면 꿈이 실현되지 않습니다. 제발 바보 같은 핑계로 하루하루를 소비하지 마세요.

현실이라는 거대한 무질서 속에서 생각 없이 살아가면 꿈을 상실하게 되고 늘 부정적인 일에만 반응하며 살아가게 됩니다. 진정으로 꿈을 향해 움직여야 할 시간은 모두 하찮은 투정과 분노와 짜증으로 허비하게 되고 그저 자신의 주변 환경만 탓하면서 처절하게 늙어가게 됩니다.

꿈을 위해 몸을 움직여야 합니다. 꿈을 이루기 위한 직접적인 노력을 하루 10분이라도 실행에 옮겨야 합니다. 이 단순한 행동이 바로 꿈을 이룬 모든 사람들의 위대한 실천의지임을 명심해야 할 것입니다.

네트로피

1판 1쇄 발행 2010년 3월 12일
2판 1쇄 인쇄 2015년 7월 13일
2판 1쇄 발행 2015년 7월 20일

지은이 · 한지훈
펴낸이 · 주연선

편집 · 이진희 심하은 백다흠 강건모 이경란 오가진 윤이든 강승현
디자인 · 이승욱 김서영 권예진
마케팅 · 장병수 김한밀 정재은 김진영
관리 · 김두만 유효정 신민영

(주)은행나무
121-839 서울특별시 마포구 양화로11길 54
전화 · 02)3143-0651~3 | 팩스 · 02)3143-0654
신고번호 · 제 1997-000168호(1997. 12. 12)
www.ehbook.co.kr
ehbook@ehbook.co.kr

잘못된 책은 바꿔드립니다.

ISBN 978-89-5660-335-3 03370